아시아 이벤트

아시아 이벤트

발행일 초판1쇄 2013년 8월 10일 | **엮은이** 유선영 · 차승기

펴낸이 유재건 · **펴낸곳** (주)그린비출판사 · **주소** 서울 마포구 동교로17길 7, 4층(서교동, 은혜빌딩)

전화 02-702-2717 · **이메일** editor@greenbee.co.kr · **등록번호** 제313-1990-32호

ISBN 978-89-7682-778-4 93300

이 도서의 국립중앙도서관 출판시도서목록(CIP)은 서지정보유통지원시스템 홈페이지(http://seoji.nl.go.kr)와
국가자료공동목록시스템(http://www.nl.go.kr/kolisnet)에서 이용하실 수 있습니다.(CIP제어번호: CIP2013006675)

이 책은 2007년 정부(교육과학기술부)의 재원으로 한국연구재단의 지원을 받아 수행된 연구임(KRF-2007-361-AM0005).

나를 바꾸는 책, 세상을 바꾸는 책 www.greenbee.co.kr

아이아 총서 107

아시아
이벤트

(서로 다른) 아시아들의 경합

성공회대학교 동아시아연구소 기획
유선영 · 차승기 엮음

ㅎB
그린비

서문

이벤트(event)는 사전적으로 사건, 행사 또는 경기(경합) 등을 뜻한다. 이를 개념적으로 확장하면 이벤트는 특정한 만남의 형식, 목적과 의도를 내포하면서 새로운 접속을 가능하게 하는 동시에 외부 세력 및 요인들의 규정을 받아 의미가 재조정되는 사건 또는 문화적 장이다. 이 책의 기획과 구상을 관통하는 이벤트는 이렇듯 사건, 행사, 외부성이라는 3가지 의미소가 중첩되고 교차되는 개념으로서 포괄적으로 사용된다.

사실 기획된 이벤트(행사)가 주최자의 의도와 목적을 표상하는 형태로 실행된다 할지라도 이것이 기획·조직되는 과정에 참여하지 않는 대중에게는 다만 외부에서 주어진 사건으로 경험되고 수용될 뿐이다. 주최자의 이벤트는 당대의 대중에게는 사건이 될 수 있는 것이다. 하지만 이벤트와 그것의 사건성이 언제나 일치하는 것은 아니다. 이벤트가 당대의 사람들에게 의미 있는 사건으로 수용되고 경험되는 데서 더 나아가 그것의 의미를 해석하는 일련의 과정을 야기할 때 이벤트는 사건이 될 수 있다. 이렇게 사건이 된 이벤트는 그것이 표상하는 당대의 맥락성(contextuality)으로 인해 역사성을 획득한다. 이벤트를 둘러싼 정치적, 사회적, 문화적 요인들과 세력들이 절합되는 과정이 당대적 맥락을 구성하긴 하지만 이것의 역사성은 이벤트의 성공이나 실패 여부에 있지 않다. 그보다는 그 이벤트에 개입하는 이벤트 바깥 혹은 외부 주체들의 시선과 관점, 개입과 평가에 의해 규정된다. 다시 말해 특정의 주체 (agency)에 의해 기획된 이벤트에 다른 시선과 관점, 세력들이 개입하는 '경합'이 형성될 때 이벤트의 사건성과 역사성이 충족되는 것이다.

이상이 이 책을 기획한 편자들이 이벤트를 역사 분석의 층위이자 단위로 설정한 근거이자 논리이다. 한편 이 기획의 실질적이고 내적인 논리는, 이벤트를 단순히 행사이거나 사건이거나 경합인 것이 아니라, 일정한 지향성과 편향을 가진 담론을 표상하고 인증하며 재생산하는 담론 장치로 간주하는 것이다. 기획된 행사——대회나 회의, 작품, 기념 건조물, 올림픽 등도 포함——로서 이벤트는 일회적인가 연속적인가 혹은 정례적인가에 관계없이 대외적으로 명시된 목적과 의의가 존재하며 이는 선언문 혹은 발문, 주관 및 후원기관의 선정, 참가기관 및 참가인사의 자격과 기준, 일정한 의례와 절차, 상징들(대회 색상, 이미지, 휘장, 깃발, 주제음악, 상징물 등), 행사장소, 슬로건과 구호 등을 통해 표상된다. 그리고 이런 언어적 텍스트들과 물질화된 의례와 형식들을 통해 광범위한 대중 또는 특정 지역과 권역의 인구층, 이해관계 집단의 참여와 동의, 지지를 기대한다는 점에서 담론장치인 것이다.

담론장치로서 '아시아 이벤트'가 아시아라는 지정학적 공간과 권역에 대한 담론을 구성하고 작동시키는 이데올로기 장치이자 사건으로 기획되었다면, 이 책이 다루는 '아시아 이벤트'들은 제국이 의도하고 기획한 아시아 담론과 그것의 메커니즘에 개입하는 식민지의 다른 시선과 관점, 개입이 만들어 내는 긴장과 대치, 순응과 저항의 경합 양상을 드러내는 이벤트들이다. '서발턴(subaltern)은 말할 수 없다'는 단언의 의미가, 서발턴은 고도의 보편성을 가진 이론적 개념이나 참조체계를 포함한 담론장치를 갖고 있지 않다는 것이라면, 이 책이 주목하는 '아시아 이벤트'들이 아시아에 대한 패권을 주창한 제국 일본의 담론장치이자 이벤트들인 것 또한 예견된 것이다. 제국과 식민지의 경계가 첨예하게 작동하는 당대의 맥락 안에서 제국은 자신의 패권이 전제된 아시아를 다양한 방식, 형태와 경로로 규정하였다. 이 제국의 '아시아' 안에서 식민지와 식민지민의 경계 또한 규정되었으며 인종, 민족, 국적, 영토를 분할하고 병합하기도 하는 복수의 경계선들은 일상적으로 식민지민의 민감성을 촉발하였다. 식민지민은 제국이 규정하고 정의 내리는 모든 것들에 대해 예민해지기 때문이다. 프란츠 파농이 『검은 피부, 하얀 가면』(*Peau noire, masques blancs*, 1952)에서 백인이 자신들의 논리에 따라 규정한 흑인성에 직면해 새롭게 주위의 모든 것들을 재정의해야 하는 흑인의 신경증적 예민함을 임상학적으로 진단했듯이, 식민지민의 세계에 대한 예민성은 설사 그것이 직접적인 억압과 규율을 강제하는 것이 아닌 전시성 이벤트일지라도 그것에 정치적인 의미를 부여하고 민족주의적 기준과 감각으로 해석하고 개입해야 할 것 같은 강박으로 나타나는 것이다. 이 세계에 대한 민감성과 강박에 의해 제국의 사소하거나 전시적인 이벤트들이 경합의 장으로 전환된다는 것이 이 『아시아 이벤트: (서로 다른) 아시아들의 경합』의 기획이 서 있는 지점이다.

이러한 연구문제의 설정과 기획에 따라 연구팀(유선영·차승기·윤상길·이민주)이 조직되었으며 2012년 11월 19일 동아시아연구소 학술회의 '아시아 이벤트: (서로 다른) 아시아들의 경합'에서 극동올림픽, 아세아민족대회, 인도 청년 자전거 세계일주 환영대회, 그리고 제국의 미적 감각과 형식으로 재구성한 연극 「춘향전」을 분석·논의하였고, 이 책은 이 학술회의의 성과를 기반으로 하고 있다. 그리고 이 성과들은 다른 기고 논문들과 함께 '1부 주변의 아시아: 주변이 아시아를 전유하는 방식'과 '2부 제국의 아시아: 제국이 아시아를 드러내는 방식'에 배치되었는데, 이 배치와 제호의 주제는 서로 연관되고 충돌하고 경합하는 '아시아'에 대한 연구팀의 문제의식을 반영하고 있다.

1부는 제국의 주변인 식민지가 제국의 아시아 이벤트에 개입하면서 아시아를 넘어서고 그것의 모순적 지점들을 내파하는 양상을 다루고 있다. 아세아민족대회(1926~1927)는 제국 일본의 범아시아주의를 선전하고 실천하는 담론장치로 기획되었지만 그것을 관통하는 반서구주의, 황인종주의, 제국주의 서사는 서구의 지원과 사회주의의 국제주의 연대와 같은 초국적 연대와 지원을 통해 독립을 모색한 식민지 민족주의 운동과 충돌하였고, 이 맥락에서 아시아주의를 거리두기하는, 탈아의 지향성을 내재한 식민지 트랜스내셔널리티의 흐름이 포착된다(본서의 1장 참조). 이 글은 동시에 식민지가 제국을 넘어서기 위해 생산하는 담론이 태생적으로 지니는 한계, 즉 주변성, 축적된 참조체계를 갖지 못한 각론적 입론과 언설들, 전략적 선택이 우선하는 유동성, 상황구속성, 식민화 트라우마에 기인하는 민감성을 드러냄으로써 주변부 식민지가 세계에 대해 말하는 방식과 형식, 접근의 특성을 짚어내고자 했다.

극동올림픽(The Eastern Championship Game, 1913~1934)은 제국 일본이 미국의 헤게모니에 대항하기 위해 구상하였고, 회를 거듭하면서 아시아주의를 구현하는 근대 스포츠맨십의 경합장, 즉 제국의 장치로 변형되었다. 국가를 대표할 수 없는 식민지민은 일본선수단의 일원이 되어 올림픽에 참가하거나 중국, 혹은 만주국 대표단에 소속되는 수밖에 없었다. 조선 대표가 되고 일본이나 만주국대표로 선발되어 극동올림픽에서 타민족들과 경쟁하는 제국의 올림픽에 참가하는 것은 민족적 배일 감정과 모순되었지만 식민지민 역시 근대적 스포츠맨십을 인류적 보편성으로 전유했다. 배일 감정과 근대적 스포츠맨십은 '참여 속의 극일(克日)'이라는 민족주의 프레임 안에서 용해되고 정당화되었지만 식민지민의 진의는 제국의 올림픽을 통해 세계 만방에 조선인의 민족적 우수성을 증명해 보인다는 것이었다. 그러나 다양한 스포츠 이벤트들을 기획하고 상품화하는 스포츠상업주의의 회로 안에서 대중의 열광이 고조될수록 민족주의적 지향뿐만 아니라 아시아에 대한 상상 또한 배양되었다. 극동올림픽이라는 아시아 이벤트의 모순적이고 복합적인 효과가 근대성과 상업성의 계기를 만나 미끄러져 간 것이다(본서의 2장 참조).

1926년 자전거로 세계를 일주하던 두 명의 인도 청년이 중국으로 가기 전 조선을 경유했는데, 부산에서 평양까지의 여정에서 경유지마다 신문사 지국들과 각종 청년회 주최의 환영회와 강연회가 이어졌고 대중의 열광적인 환호와 만세를 받았다. 이 자전거 이벤트는 일본의 승인하에 2월부터 3월에 걸쳐 거의 50여 일 계속되었다. 식민지 조선의 대중에게는 동병상련의 인도에 대한 피압박민의 연대감을 표출하는 계기였지만, 50여 일에 걸쳐 전국에서 행해진 군중집회를 허용한 일본의 속내는 반미배영(反美排英)의 기조 위에 인도를 서구백인종의 지배를 받는 아시아 약소민족으로 자리매김하는 데 있었다. 환영회마다 운집한 군중과 환영의 만세 삼창을 들여다보면 거기엔 자전거 하나로 세계를 순력(巡歷)하는 약소민족 청년의 의지와 역량, 세계를 향한 도전의식을 식민지의 민족자결주의 역량을 방증하는 것으로 보는 집단심리가 있었다. 근대가 고도의 이동성에 기반한 체제이듯이 자전거 하나로 세계를 이동하는 식민지 청년의 근대성 또한 서구인의 그것과 본질적으로 다르지 않다는 인정투쟁의 서사가 자전거 이벤트를 무대에 올린 식민지민의 환영사에 들어 있는 것이다. 아시아를 전유하는 제국과 식민지의 서로 엇갈리는 시선의 교차가 드러나는 이벤트인 셈이다(본서의 3장 참조).

2부는 제국이 식민지와 아시아의 주변부 민족과 국가들을 새롭게 재배치하면서 제국의 중심성을 확립하는 사건들을 다루고 있다.

유럽 아방가르드 예술운동과 프롤레타리아 연극운동에 인연을 맺고 있던 무라야마 도모요시(村山知義)는 조선의 전통 이야기 '춘향전'을 일본의 가부키 형식과 결합한 예술적 아상블라주를 실험했다. '춘향전' 이야기와 가부키 형식이 놓여 있던 시간성-공간성-신체성을 탈맥락화하여 분할·재맥락화하는 방식으로 계급적·민족적 경계를 넘어서는 새로운 지평에 '춘향전'을 놓고자 했던 것이다. 그러나 일본에서 상대적으로 다양하게 수용되며 흥행에 성공했던 신극 「춘향전」은 조선 순회공연에서는 참담히 실패하고 만다. 조선에서 예술적 아상블라주의 실험은 '조선적인 것'을 문화적으로 횡령하는 제국의 아상블라주로 해석되었던 것이다. 그러나 조선인들의 비판은 '탈정체성'의 지향을 내포한 아상블라주적 실험에 대해 '정체성'의 차원에서 이의제기한 것이라는 점에서 처음부터 어긋난 것이었다. 이 어긋난 만남이야말로 '사건'을 구성하는 계기가 되었고, 이 사건은 식민지/제국 체제가 공약 불가능한 것들이 불화하는 세계임을 의미심장하게 일깨워 준다(본서의 4장 참조).

일본은 이왕가박물관을 순종의 새로운 취미생활을 위해 설립했다고 모호하게 주장했다. 조선 왕궁의 위용을 허물고 왕의 취미를 위한 공간으로 재편하면서 조선의 왕실은 이왕가(李王家)로, 제국의 보호와 배려의 대상으로 재배치한 것이다. 박물관이라는 근대적인 제도와 장치를 매개로 하여 조선 왕궁과 왕실을 전시의 대상으로 만들었고 제국과 식민지의 관계, 즉 지배와 피지배의 위계관계에 물질성을 부여하고 가시화한 것이다. 조선 왕실과 왕궁은 구경되는 이벤트가 되었고 이왕가박물관은 식민지 관광의 기본 여정지가 됨으로써 조선이 제국의 신영토로 복속되었음을 알리는 상징물이 되었다. 제국은 식민지 왕실의 권위와 지위를 강등시키는 형태로 제국에 편입시키는 동시에 조선의 문화와 심미적 감각들을 국민문화의 한 구성요소로 포획하고는 그것을 근대적 취미생활로 재구성하는 전략을 구사한 것이다. 이왕가박물관이라는 근대적 이벤트에 참여한 식민지 대중에게 이 전략은 식민자 일본에 대한 평가와 입장을 분열적으로 구성하는 하나의 계기로 작용했다. 박물관 이벤트에서 전시된 것은 제국의 아시아에서 식민지가 어디에 어떻게 배치되는지에 대한 감각일 것이다(본서의 5장 참조).

　관광을 선전의 일환으로 간주했던 일본은 국제관광국, 만철, 조선총독부, 철도국 등 일본 영화사 등의 기관들을 통해 여러 편의 관광문화영화를 기획, 제작, 상영했는데 이 중 「동경-북경: 조선과 만주국을 거쳐(Tokyo-Peking: Through Tyosen and Manchoukuo, 1939)는 옴니버스 형식으로 「조선」, 「만주」, 「북중국」 편으로 구성되어 있다. 철도와 기차의 시선과 이동선을 따라 간 관광문화영화는 제국의 영토와 동아의 심상지리지를 스펙터클로 전시한 이벤트인 것이다. 이 이벤트의 주체는 제국의 기차이다. 기차의 남근적 시선은 동경-조선-만주-북경으로 이어지는 철도노선을 따라가면서 제국의 영토를 시각화하고 철도연선 도시들의 풍광과 민족들의 차이를 스펙터클화함으로써 동아신질서에 장소감을 부여했다. 여성화된 조선과 오래된 동양의 박물적 공간으로서 북중국 만주의 철도네트워크는 각기 다른 장소와 민족들을 포괄하며 확장하는 제국의 이미지를 구축하였다. 근대성을 상징하는 기차와 직선으로 끝없이 뻗은 철도의 이동성이 제국의 아시아를 가로지르고 횡단하는 가운데 다민족과 다문화를 아우르는 제국의 장소감과 메커니즘이 시각화된 것이다(본서의 6장 참조).

이상의 총 6편의 글들이 다루고 있는 각기 다른 '아시아 이벤트'들은 이벤트라는 속성 자체가 갖는 주변성과 미시적 관점을 내재하고 있다. 이는 성공회대학교 동아시아연구소의 인식관심이 대중, 주체, 일상, 문화, 실천을 키워드로 하여 거대 담론에 가려진 대중주체들의 미시적 언설들, 보편성과 추상성에 가려진 구체적이고 경험적인 실천들, 구조와 체계에 속박된 일상의 감각과 지향성, 지배적 담론에 질식된 주체들의 다르거나 저항적인 세계인식을 향해 있는 것과 연관이 있다. 미시적이고 일회적이고 주변적으로 보이는 이벤트들 안에 제국의 기획과 충돌하는 식민지민의 일상 감정과 정서구조를 드러내고자 하는 것이다. 제국과 식민지의 서로 다른 '아시아'가 존재하는 지점으로 '아시아 이벤트'를 설정하고 그것이 어떻게 경합의 장으로 작동하는지를 드러냄으로써 제국과 중심부의 지배적 세계상과 경합하는 식민지민의 우발적이고 비일상적이고 경험적인 '아시아'를 우회적으로 구성하고자 한 것이다.

2013년 4월 19일
전체 집필자를 대신해서
유선영·차승기

차례

1부

주변의 아시아:
주변이 아시아를 전유하는 방식

1장_주변이 아시아를 사유하는 탈아의 시선과
'소소한' 역사
: 제국의 '아시아' 이벤트와 식민지 민족주의의 트랜스내셔널리티

유선영

1. 주변의 '소소한 역사'에 접근하는 시선의 재구성

1926년과 1927년 일본과 상해에서 개최된 '아세아민족대회'는 일본이 범아시아주의(Pan-Asianism)를 표방하고 과시하기 위한 정치적 프로그램으로 기획한 행사, 곧 이벤트이다. 중국 북경과 일본 동경에 본부를 둔 두 개 민간단체를 주최자로 내세운 이 이벤트는 일본 내에서도 언론을 포함하여 그다지 관심을 받지 못했고, 중국과 조선에선 일본제국주의를 호도하는 술책에 지나지 않는다는 거센 비난과 반발을 불러일으켰다. 이를 반영하듯 1926년의 1회 대회는 우여곡절과 분란 속에 종료되었고, 2회 대회(상해)는 중국과 일본 간의 예견되었던 의견충돌로 개회하자마자 분쟁 끝에 서둘러 종료되었다. 그리고 2회 대회에서 예고했던 3회 대회(아프가니스탄)는 개최되지도 못했다. 아시아 국가들에서 순회 개최하는 국제회의 형태로 기획되었던 제국의 '아시아' 이벤트는 결국 일과적 행사로 끝났고, 이후에도 논의되거나 조명되지 못한 채 잊혀졌다.[1] 이런 이유로 이 이벤트는 오늘날 학술공동체의 기준과 관습에 비추어 봐도 역사적 의미를 부여할 만한 가치가 없는 듯 여겨지기도 한다. 당대의 세계를 성찰하고 조율하는 사상도, 현실의 변화를 유도한 제도와 정책도, 대중의 의식과 행동에 미친 영향력도, 목표했던 성과도 부재한 사건이고 정치적으로도 문화적으로도 실패한 이벤트였기 때문이다. 이 실패는 '아세아민족대회'를 역사적으로나 학술적으로 별 가치가 없거나 대수롭지 않은 '소소(小少)한 역사'로 잊혀지게 한 결정적 요인이다.

　그러나 이 실패는 제국의 실패이지 제국에 복속된 식민지의 실패는 아니다. 제국의 입장과 식민지의 입장은 서로 엇갈리고 대립하거나 평행하고 반동하는 관계에 있기 때문에 제국의 실패가 그대로 식민지의 실패로 등치될 수는 없는 것이다. 같은 논리로 제국의 소소한 이벤트는 식민지에서도 소소하다는 법칙 또한 성립하지 않는다. 제국의 식민지, 변경, 주변 그리고 타자의 시선에서 제국의 소소한 행위들과 기획이 소소하게 느껴질 때도 있지만 때로는 위협적으로 받아들여지는 상황, 맥락이 존재한다. 그것은 식민지배의 상황이고 현실을 어찌해 볼 수 없는 무력감과 열등감에서 기인하는, 공포를 수반하는 상시적 불안감의 맥락이다.[2] 실패했기에 소소해진 제국의 이벤트 '아세아민족대회'를 놓고 1925~1926년에 중국과 조선에서 일어난 거센 반대운동과 저항, 부인(否認) 투쟁은 이 시기만 한정해 보면 결코 소소하지 않았던 '소소함'의 다른 국면이다. 그 다름은 반대운동이 직접적이고 구체적으로 '아세아민

---

1) 1920년대 조선의 아시아연대론을 개괄한 조경희에 의하면 일본에서 '아세아민족대회' 관련 연구는 水野直樹, 1994, "1920年代日本朝鮮中國における アジア 認識の一 斷面 - アジア民族會議おめくる三國の論調" 古屋哲夫 編, 近代日本の アジア 認識. 京都大 人文研가 거의 유일하다고 한다. 趙慶喜, "植民地 朝鮮における アジア連帶論の行方-1920年代お中心に" 孫歌/陳光興/白永瑞編, 2006, ホスト東アジア. 作品社가 水野直樹의 이 글을 토대로 아세아민족대회-아세아민족회의(일본표기)를 언급하고 있다.

족대회'를 겨냥했지만 실제로는 그 배경이 되는 일본의 범아시아주의, 곧 제국의 '아시아'에 대한 저항이고 반대였다는 사실에 기인한다. 범아시아주의의 이데올로기적인 위험성을 감지하고 논리적·이론적으로 공박하고 해체할 필요를 절감한 식민지/주변/변경의 입장과 시선, 감정과 세계감각은 적어도 주변의 입장에선 소소할 수 없는 역사적 사태인 것이다.

1차 대전 종전 이후 민족자결주의와 국제연맹주의의 부상에 힘입어 3·1운동이 시도되었으나 실패했고 일본이 명실공히 강대국으로 부상한 1920년대 초반의 현실 여건에서, 범아시아주의와 그것을 대내외적으로 표상하는 담론장치로서의 '아세아민족대회' 이벤트는 결코 소소하게 대할 수 없는 절박함이 있었다. 범아시아주의에 대한 위협감이 촉발되었고 제국/중심의 논리를 공개적으로 부정하고 부인하기 위한 주변의 시선이 가동되었다. 하지만 이 주변의 시선은 제국/중심과의 관계 속에서 고도의 긴장과 민감성, 불안감으로 목표 대상에만 집중하는 한계를 노정

---

2) 식민지민의 양가성, 불안정성, 유동성을 무의식에서 에너지 상태로 존재하는 불안감을 통해 설명하는 방식은 파농(F. Fanon)과 바바(H. Bhabha)를 비롯한 후기식민주의에서 일반적이다. 프로이트(S. Freud) 불안 개념은 이런 논의의 시작점이다. 프로이트는 불안을 증상은 상이하지만 감각적으로는 구분할 수 없는 신경증적 불안과 현실불안으로 구분하는데, 현실불안은 외계의 현실에 존재하는 상해와 위험을 예측하고 자기보존을 위해 상시적 대비상태, 즉 주의력 고조, 운동성 긴장상태에 있는 것을 말한다. 신경증적 불안은 3가지 유형이 있는데 기회만 되면 어떤 대상이든지 간에 가장 두려운 가능성을 예상하는 불안증, 공포증 그리고 히스테리 증상이 그것이다(지그문트 프로이트, 『정신분석입문』, 이규환 옮김, 육문사, 1992, 476~477쪽). 식민지민은 현실불안과 신경증적 불안이 중첩되어 있다. 현실에선 제국과 정복자로부터 가해질 위험을 예측하면서 항상적으로 긴장하고 대비하는 상태에 있기 때문이다. 불안은 위험상태에 대한 반응이지만 공포는 위험한 대상에 대한 반응이라는 프로이트의 관점을 따르면 제국 일본은 공포의 대상이 된다. 식민지민은 따라서 항상 위험을 예상하는 불안 속에서 제국의 소소한 말, 행동, 제스처도 위협적으로 받아들인다. 식민지 조선의 지식인들이 제국의 소소한 이벤트인 '아세아민족대회'에서 위험을 감지하고 치열한 반대투쟁을 시도한 것을 불안 개념으로 설명해 볼 수 있는 것이다.

한다. 이 한계는 체계적이고 총체적인 사상과 이론을 입론하는 대신 특정 주제와 소재에 천착하는 각론 수준의 논설, 가설, 세평, 세론, 논평 수준에서 제국의 아시아를 발설하는 것이다. 아시아를 하나의 단위로, 전체로 사유하지 못하게 하는 식민지의 절박함과 주변의 시선이 갖는 이러한 한계로 인해 아시아는 식민지 문제에 가려져 후면으로 미끄러진다. 하지만 그렇다고 해서 제국의 아시아가 문제적이지 않은 것은 아니다. '아세아민족대회'를 둘러싼 식민지 조선의 논란은 제국의 '아시아'를 해체하고 비판하면서 다른 아시아를 사유하는 개입이었다. 그러나 그 개입은 주창적인 것이 아니라 작용에 대한 반작용, 즉 대응적인 것이었다. 범아시아주의의 이론적 전제인 반서구주의, 반백인종주의, 황인종주의에 대응해서 이를 부정하거나 수정하는 발설을 통해 식민지/주변의 '아시아'를 구성한 것이다. 범아시아주의에 대응하는 식민지의 아시아론을 체계적으로 구성하는 것이 아니라 범아시아주의의 논리를 부정하는 각개격파 형태의 언술을 통해 우회적으로, 함축적으로, 파편적으로 주변/식민지의 아시아 인식을 구축해 가는 것이다. 제국의 황인종주의(A)에 대한 식민지의 부정(-A)이 식민지의 반황인종주의(-B)나 황인종주의(B)는 아닌 것처럼, 부정의 언술을 통해 구성된 식민지의 아시아는 서사적 기승전결의 구조나 완결성을 갖춘 아시아론 혹은 아시아주의를 입론하기 어렵다. 식민지로 전락한 조선에서 아시아 전체를 단위로 사고하는 것이 그다지 절박하지 않았기에 민족주의나 (중국과의) 연대론에 치우친 것도 한 요인일 것이다.[3] 결과적으로 총론과 각론의 체계적인 문맥을

---

3) 백영서, 「진정한 동아시아의 거처: 20세기 한·중·일의 인식」, 최원식·백영서 엮음, 『동아시아인의 '동양' 인식: 19~20세기』 문학과지성사, 2005, 22~26쪽.

갖추지 못한 주변의 아시아론은 부분적이고 모호한 채로 소소한 서사로 취급되고 묻혀진다.

주변의 위치와 시선은 그런 점에서 권역적 상상과 사유를 구성하는 데 치명적이거나 중대한 장애요인이다. 아시아가 단순히 문화적이고 정치적인 구성물인 것만은 아니며 역사적이고 문화적인 공통기반으로 결합된 경험세계임을 인정한다 하더라도, 한국(조선)이 중국과 일본의 바깥과 주변에 위치했었다는 사실, 그래서 세계에서 동아시아라는 주변과 동아시아에서 주변이라는 '이중적 주변의 눈'으로 아시아를 재론해야 한다는 백영서의 제안[4]은 유용하지만 그것이 가능할지는 의문이다. 주변/식민지의 주체들은 아시아를 각론 형태로 발설하였고 이는 동아시아의 중심이자 제국인 일본과의 관계항 안에서 대응적으로 이뤄졌기에 초래된 한계와 제약이기도 하다. 20세기 전반기 아시아의 패권을 상실한 과거의 대국 중국도 일본과의 관계항 안에서 아시아를 사유했고, 이 과정에서 아시아에 대한 인식은 미약해지고 그나마 중화주의를 벗어나지 못했다.[5] '중국이 없으면 아시아도 없다'는 리따자오(李大釗, 1889~1927)의 신아시아주의는 일본의 대아시아주의에 대응한 것이었으며 쑨원의 대아시아주의도 이 관계항에서 벗어나지 않았다. 이들의 아시아론에서 중국과의 연대에 독립의 희망을 걸었던 주변의 식민지들은 고려되지 않고 대국의 시선과 중심을 향한 시선만 작동한 것이다.[6]

이 연구는 1차 대전 이후의 국제정세의 변화 속에 일본의 범아시아

---

4) 백영서, 「주변에서 동아시아를 본다는 것」, 정문길 외 엮음, 『주변에서 본 동아시아』, 문학과 지성사, 2004, 13~36쪽.
5) 백영서, 「중국에 '아시아'가 있는가?」, 『동아시아의 귀환: 중국의 근대성을 묻는다』, 창비, 2000, 48~66쪽.

주의가 선전되고 '아세아민족대회'(1926.8.1~8.4)가 개최되기까지, 그리고 그 직후의 정세 안에서 구성되어 간 식민지/주변의 아시아, 제국과 세계의 중심을 향한 시선을 분석하고 재구성하고자 한다. 왜냐하면 '아세아민족대회'와 범아시아주의는 1차 대전 이후의 국제정세 변화와 그것에 대응한 식민지 민족주의와 독립운동 노선의 변화라는 두 가지 흐름이 교차하는 지점에 놓여 있고, 또 그 맥락 안에서 해석되고 수용되었기 때문이다. 1차 대전 이후의 국제정세, 범아시아주의 그리고 여기에 대응하는 식민지 민족주의의 교차와 중첩 지점에서 주변의 시선이 배양되고 주변의 언어와 문법으로 세계에 대한 발설이 이뤄지기 때문이다. 1920년대 초중반의 시간대에서 식민지의 주변적 시선이 자기 보존을 위해 자신과 세계를 어떻게 분리하고 연관지어 갔는지 보고자 하는 것이다. 제국의 아시아를 배반하기 위해서 범아시아주의를 부정하는 논의는 부득이 탈아(脫亞)의 언설을 구사하게 하고 탈아는 필연적으로 세계와 직접적으로 연계되는 트랜스내셔널리티를 기도하게 한다. 코즈모폴리터니즘의 정치윤리학을 통해 서구와 접속하려 하고, 이 결합이 불확실하고 흔들릴 때 사회주의의 인터내셔널리즘에 의존하는 역동적이고 유동적인 대응방식을 모색한 시기가 1920년대 초중반인 것이다. 두아라(P. Duara)의 표현을 빌리면 민족주의의 트랜스내셔널리티 역사가 구현되는 시기이고 이는 20세기 전반기 아시아, 아프리카, 무슬림은 물론 제국주의 열강들도 공유한 역사이기도 하다.[7]

---

6) 리따자오, 「신아시아주의」(1917), 최원식·백영서 엮음, 『동아시아인의 '동양' 인식: 19~20세기』, 문학과지성사, 2005, 160~165쪽; 쑨원, 「대아시아주의」(1917), 『동아시아인의 '동양' 인식: 19~20세기』, 166~178쪽.

그러나 주변의 시선은 '소소한 사건'들을 다룬 각론들에 내재하게 된다. 한국에서 90년대 이래 식민지 근대성이나 근대성에 대한 다수 연구들이 신문과 잡지 외 단편적이고 소소한 자료들을 통해 재구성되어 온 것은 미시사, 일상사, 신문화사 그리고 문화주의의 영향만으로 설명할 수 없는 한국적 특수성을 반영한 것일 수도 있다. 가설적이지만 식민지의 주변성과 식민지 주변성이 만든 지식의 주변성이 식민지의 역사를 내재적으로 구성하는 과정을 일부 규정했을 수 있는 것이다. 거대 담론과 사상이 중심에서 구성되는 것이 불가피하다면 주변의 시선이 미시적이거나 일상적인, 부차적이거나 지엽적인 사건들에 대한 소소한 세론들을 통해 구성되는 것 또한 불가피하다. 식민지에서 그 각론들이 국가, 대학, 연구소가 아닌 신문과 잡지 같은 미디어를 통해 생산·유통된 것 또한 불가피했다. 1920년대 초중반의 조선 사회는 1924년 친일적이었던 『조선일보』가 사회주의 논조가 문제가 되어 쫓겨난 『동아일보』 기자들을 채용하면서 편집의 혁신을 도모하는 등 1926년 8월 『개벽』이 폐간될 때까지 가장 강하게 민족주의와 사회주의 논조를 전개했던 시기이다.[8] 다시 말해 총독부가 문화통치로 전환한 직후의 정세에서 가장 강도 높게 식민지의 시선을 드러낼 수 있었던 시기이다. 이 맥락 안에서 범아시아주의와 '아세아민족대회'에 대한 저항과 부정의 언어들이, 사회단체들의 집단행동이 시도될 수 있었다.

---

7) Prasenjit Duara, "Transnationalism and the Predicament of Soverighnty: China, 1900-1945", *The American Historical Review*, vol.102(4), 1997, pp.1030~1031; Selcuk Esenbel, "Japan's Global Claim to Asia and the World of Islam: Transnational Nationalism and World Power, 1900-1945", *The American Historical Review*, vol.109(4), 2004, pp.1140~1170.

제국의 아시아에 대항하고 넘어서기 위한 사상의 방향이 논의될 수 있었던 것이다. 정교하고 체계적이며 논리적 정합성에 기반한 이론과 사상, 주의로 구성되는 것이 아니라 거칠고 감정적이고 정세 변화에 따라 달라지는 기민한 대응성이 미덕인 각론들이 신문과 잡지를 통해 개진되고 주창되었다. 그리고 이 각론들에서 제국의 아시아를 부정하는 탈아시아의 논조와 태도, 지향성이 불거지곤 했다. 하지만 이것들은 후쿠자와 유키치의 탈아론(脫亞論), 일본의 탈아입구(脫亞入歐) 같은 사상담론의 반열에서 평가받지 못한다. 식민지에서 주변의 시선을 따라 각론 형태로 거칠게 구성된 '탈아'의 각론과 지향성은 실재했던 사상적 흐름으로 인정받지 못한다. 그것은 식민지 지성의 한계를 드러내는 각론이기도 했지만, 세계를 향해 발설할 수 있는 수단과 통로를 갖지 못했고 영향력도 없었던 소약(小弱)민족의 식민지라는 주변성에 구속돼 있었기 때문이다. 이 주변의 시선이 중심의 이론에 의해 소외되는 메커니즘을 우회적으로 드러내는 것 또한 이 연구의 문제지점이다. 주변의 연구자들이 주변의 시선이 향했던 '소소한 역사'를 적극적으로 재구성하지 않는다면 진정

---

8) 1926년 3월 『동아일보』는 두번째 1개월 반짜리 무기정간 처분을 받았는데, 이유는 모스크바 국제농민조합 본부가 3·1운동 기념으로 보낸 「조선 농민들에게」라는 전보문을 전문 게재했기 때문이었다. 창간 이래 친일적이었던 『조선일보』는 1924년 『동아일보』 파동으로 대거 이직한 기자들을 중심으로 혁신을 이루었고, 박헌영·김단야 같은 공산주의자가 이상재 사장 밑에서 기자로 있었다. 1924년 『동아일보』 파동이란 1923년 송진우 등이 조선 사회를 영도할 민족단체를 만든다면서 '연정회'(研政會)를 조직하고 합법적 민족운동 방향을 제시하고, 1924년 1월부터 이광수가 칼럼 「민족적 경륜」을 5회에 걸쳐 연재하자 사회주의자 및 강경민족주의 진영이 거세게 반발한 일을 가리킨다. 1925년 4월 홍명희가 『시대일보』 사장으로 취임했고, 1928년 3차 공산당 사건인 ML당 사건 연루자인 김준연이 『동아일보』 편집국장을 역임했을 정도로, 1920년대 중반은 조선어 언론이 가장 강하게 민족주의와 사회주의 논조를 펼쳤던 시기이다. 1926년 8월 『개벽』이 출판법 위반을 이유로 폐간된 사건은 이 소용돌이의 정점에 있다(정진석, 『한국언론사』, 나남, 1990, 401~422쪽; 정진석, 『일제하 한국언론투쟁사』, 정음문고, 1982, 144~148쪽).

한 의미의 '주변의 역사'는 구성될 수 없다.

2. 제국의 아시아에 대응하는 식민지의 트랜스내셔널리티

1차 세계대전 이후 유럽에선 이론적으로나 현실적으로 제국주의가 쇠퇴하고 대신 계몽주의적 시민 개념을 대체하는 민족과 인종 그리고 국민 개념이 경합하면서 국민국가주의가 중요한 사상으로 자리 잡아 간시기이다. 제국주의가 국민국가의 식민지 확장 논리로 정당화되긴 했지만 국가 간 분쟁이나 이권은 (영토나 식민지) 전쟁이 아닌 국제적 회의체를 통해 조정되어야 하며 회의 주체는 영토와 국민, 주권으로 구성된 국민국가여야 한다는 인식의 변화가 동시에 진행되었던 것이다.[9] 이 흐름에서 윌슨의 민족자결주의와 국제연맹론은 전후 세계질서를 탈제국주의의 방향으로 견인할 것으로 기대되었다. 이렇게 서구에서 제국주의와 민족(자결)주의, 국민국가주의가 충돌하고 경합하는 가운데 러시아 혁명 이후 사회주의 전선은 반자본주의와 반제국주의로 집결되고 있었다.

　이런 국면에서 1922년 미국은 일본인 이민을 제한하기 위한 입법조치로 신이민법을 제정하는 등 배일(排日) 분위기가 고조되었고, 일본은 범아시아주의(Pan-Asianism)를 통해 서구에 맞설 아시아의 지도국으로서 패권을 확립하고자 했다. 아세아연맹론, 동양평화론의 서사들이 생산되었고 1924년 무렵 식민지에서도 이에 대한 대응과 각론들이 구성

---

9) A. Wimmer & Nina Glick Schiller, "Methodological Nationalism, the Social Sciences, and the Study of Migration: An Essay in Historical Epistemology", *International Migration Review*, vol.37, no.3, 2003, pp.586~588.

되었다.[10] 국제 정세의 변화 속에서 '아세아민족대회'가 실천적이고 가시적인 담론장치로 기획된 것이다. 그리고 이 제국의 아시아에 대한 대응은 1차 대전 이후 민족자결주의와 국제연맹론에 호응하여 식민지 민족주의를 세계주의의 방향에서 고민하던 사유와 맞닿아 있다. 1920년 8월 『동아일보』 사설 「국제상 일본의 지위」가 그러한 사유의 흐름과 연결논리를 잘 예시해 준다. 사설은 '조선인은 조선인이고 동양인이며 세계인'이라고 선언하고 조선인은 "조선만 편애하거나 동양만 협애하지 않고 세계를 널리 사랑하여 세계인과 같이 문화를 창조하고 행복을 향유하여 세계적 생활로 인도(人道)의 진실을 규명"할 것이라고 역설했다. 그리고 세계가 군국주의 일본을 배척하는 정세가 심화되고 있다면서, 미국 신이민법이 황인종 차별을 기도한 것이 분명하므로, 동종 인종으로서 분노하지만 미국이 차별하는 황인종은 일본인에 국한된다는 논법으로 일본이 주장하는 황인종 배척론과 거리를 두었다. 신이민법이 규정한 '동화불능의 인종'은 일본을 가리키는 것이며, 이는 황인종 중 오직 일본 인종만을 질시하는 표시이므로 일본의 국제적 고립을 적(吊)하면서 조선은 정의와 인도의 길인 세계주의로 가야 한다고 주장한 것이다.[11]

민족적 국가를 세계적 통일조직으로 확장하는 세계주의의 기운에 의해 동양의 단합과 협동을, 자유 의사와 평등 지위에 의한 연합주의로 가져가야 하는데, 자본주의에 입각한 전제주의를 지향하는 일본인의 동양주의는 세계주의가 아니라고 지적하였다. 1921년 5월의 이 각론(사

10) 『동아일보』와 『매일신보』 DB검색을 하면 아세아연맹론에 대한 논의가 1924년부터 등장하는 점에 주목하여 시기를 1924년 후로 설정하였다.
11) 「국제상 일본의 지위」, 『동아일보』, 1920.8.5.

설)은 그 무렵 일본의 자유주의 사상가들이 조선에 들어와 범아시아주의(동양주의)를 세계주의 사상으로 홍보하는 행태를 겨냥해서 쓰여졌다.[12] 이 시기 범아시아주의는 다른 범아랍주의나 범아프리카주의와 마찬가지로 트랜스내셔널 이데올로기였다. 그러나 인종적, 문화적, 정치적으로 이질적이고 다양한 공동체들, 민족들, 국가들을 하나의 국가, 영토, 문화 안에 통합하는 일국주의에 기반하여 민족주의를 정당화했고[13] 결과적으로 제국주의 이데올로기로 기능한 것이다. 식민지의 지식인들은 범아시아주의가 세계주의로 오인되는 것을 원치 않았고, 일본 '동양주의'는 자유주의와 평등주의를 결여한 채 세계주의 언어를 차용하고 있음을 지적해야 했다.

1924년 박영희가 개념풀이한 '세계주의'의 영어표기가 'cosmopolitanism'인 데서 알 수 있듯이, 당대 유형어 세계주의는 서구 근대 계몽주의의 코즈모폴리터니즘을 가리킨다. 박영희의 설명은 이렇다. 세계주의는 개인의 도덕과 자유를 중시하는 사상으로 개인들이 우정이라는 직접적 도덕관계로 단결하여 점차 진보하고 보편화하여 국가 간 차별 없는 이상세계를 지향한다, 세계주의의 최고 의무는 정의와 인의(仁義)이며 이를 기초로 인류는 세계동포적 정신으로 단결하여 (자국의 국민만을 우선하는) 제국주의·국가주의·군국주의와 대립하는 대외정책을 구현한다. 그리고 세계주의와 자유주의는 동일 계통의 이념으로 타국민의 자유를 존중한다면서 칸트를 인용하였다.[14] 식민지에서 칸트의 '영구평화

---

12)「협동의 원리 如何: 일부 일본인의 동양주의 세계주의를 평하노라」, 『동아일보』, 1921.5.14.
13) Duara, "Transnationalism and the Predicament of Soverighnty: China, 1900~1945", pp. 1030~1033.

론'은 반식민주의론으로 해석되는데, 『개벽』(1920.9)의 「칸트의 영원평화론을 독(讀)함」에서 필자는 평화론의 결정적 조항은 세계시민의 관대권(款待權/歡待權)의 원칙(2장 3조)에 대한 것으로 식민정책은 관대권을 남용하여 세계평화를 교란한 사례로 해석했다. 18세기 근대 계몽주의자로서 칸트가 평화를 고양하는 이상이자 도덕으로 제창한 이 논의가 당대에는 미약했으나 윌슨의 14개조, 국제연맹론, 워싱턴군비축소회의 (1921~1922) 등이 결과적으로 '영원평화론'의 주창에서 영향받은 것이니 인류의 지덕(智德)이 발전함에 따라 영원평화는 실현될 수 있을 것이라고 기대했다.[15]

이러한 세계주의 및 세계주의의 핵심 개념인 환대권, 영구평화론에 대한 식민지 지식인의 각론(개념풀이)은 오늘날 통용되는 코즈모폴리터니즘의 요체에서 크게 벗어나지 않는다. 서구의 코즈모폴리터니즘은 근대 계몽주의 정치프로젝트로서 모든 개인은 평등하며 동등한 세계시민이라는 전제하에 국가나 집단이 아닌 개인이 인간존엄성, 평등, 권리, 정의를 도덕적 의무로서 실천해야 한다고 주창하는 인간주의적이고 규범적인 정치윤리이다. 근대의 개인은 이러한 도덕적 원리를 타자에 대한 원리로 사유하고 공유한다는 것이고 이는 칸트의 영구평화론에서 제시된 '환대의 윤리' 개념을 통해 발화되었던 것이다.[16] 칸트에게 환대권은 다른 공동체의 타자들에게 평화적으로 처신하는 한 '적으로 간

---

14) 박영희, 「중요술어사전: 思想部」에서 다룬 12개 사상 용어들 중 하나로 『개벽』, 51호(1924년 9월호) 부록으로 출판되었다(33~34쪽).

15) 새봄, 「칸트의 永遠平和論을 讀함」, 『개벽』, 4호, 1920, 9월호, 77~81쪽.

16) Garrett Wallace Brown & David Held, "Editor's introduction" in Garrett Wallace Brown & David Held, *The Cosmopolitanism Reader*, Cambridge: Polity Press. 2010, pp.1~14.

주되지 않는 권리'이며 이는 세계시민법이 규정하는 모든 인류의 권리이자 계약의 문제였다.[17] 이러한 계몽주의 정치윤리학은 식민지의 집단적 희망사항(wishful thinking)이 되었으며 1차 대전 이후의 국제정세에서 세계주의를 강대국이 조선의 독립을 지원하고 지지할 사상이자 정치사상으로 이해하고 수용했다. 전후 중국의 입장을 지지하며 일본과 대립각을 형성하고 있는 미국과 서구 열강이 심정적인 우군으로 비쳐진 정세와 정황이 만들어졌던 셈이다.[18] '현대 도덕의 근본은 자유와 평등'이라는 주제로 "칼날을 들고 청중의 심장을 찌르는 듯하고 입살과 혀에서는 불비가 쏟아지는 듯"한 연설을 토하는 식민지의 청년에게 "소낙비 같은" 박수를 보내는 청중과 이에 대응하여 집회를 해산하는 경찰이 공존하는 1920년대 초 무수히 개최된 식민지 강연회의 장면들은,[19] 민족주의가 서구 근대의 세계주의를 지향하고 서구 근대의 보편 언어로 말해지며 유통되었음을 말해 준다.

일례로 『개벽』(1923.3)의 논설 "구주대전 이후의 민족적 이상의 진화"는 1차 대전이 독일, 프랑스, 러시아의 제국주의 욕망의 충돌로 발발했지만 영국이 벨기에의 중립을 보장하기 위해 정의, 인도의 도덕적 동기로 참전하였고 미국의 참전은 보다 농후하고 엄숙해진 도덕적 동기에서 비롯된 일로 평가하였다. 특히 월슨은 "전 세계의 도덕적 양심을 대표한 위인"으로서 비록 그의 계획이 유치하고 불분명했다 할지라도 그의

---

17) 김애령, 「이방인과 환대의 윤리」, 한국현상학회 엮음, 『철학과 현상학 연구』, 39호, 2008, 183~187쪽.
18) 전상숙, 「파리강화회의와 약소민족의 독립문제」, 『한국근현대사연구』, 50집. 2009, 13~16쪽.
19) 「千餘의 관중, 火舌의 열변」: 천도교교당에서 열린 학우회의 제2회 순회강연」, 『동아일보』, 1921.7.18.

도덕적 동기만은 의심할 수 없다고 했다. 파리강화회의(1919)는 이 도덕적 동기가 변질하여 낭심(狼心)이 발로된 탓에 파멸되었지만[20] 코즈모폴리터니즘의 도덕성에서 시작된 일임은 인정했던 것이다. 3·1운동 33인 선언에 가담했던 인사들 중 세 사람이 법정에서 윌슨 민족자결주의에 영향 받았는가를 묻는 재판관의 질문에 "약소민족에게 자유를 주는 정의, 인도에서 나왔고 영구세계평화를 도모한다 하고 세계 강국인 미국이 주창하는 것이 극히 유력하게 느껴져서, 또 일본이 정의 인도를 애호한다고 하기에 조선독립을 허할 줄 믿고" 참여했다고 답했다. 미국 참전을 독일 침략주의에 대한 전쟁으로 오인했고, 민족자결주의가 모든 약소민족에 적용되는 것으로 오해했음이 밝혀진 것은 그 이후이다.[21]

파리강화회의에서 아시아와 아프리카의 식민지들이 논의에서 배제된 데 이어 워싱턴회의(1921.11.12~1922.2.6)에서도 영국과 미국이 일본을 제어하지 못하고 끝나자 자본주의 구주(歐洲)문명의 자유방임주의가 다수의 사회적 약자를 양산한다는 현실인식에 도달했고 사회주의가 국내 민족주의 진영에 또 다른 대안으로 부상하였다. 국제질서에서 아세아 약소민족들은 '민족자결주의의 적용을 받지 못한 예외 중에도 예외지(例外地)이므로 민족운동과 적화운동이 서로 보조를 취하는 것이 필연이라는 분위기가 형성되어 간 것이다.[22] 1920년대 중반 사회주의자로 활동했던 이여성(李如星, 1901~?)이 애초 민족주의자에서 1922년

---

20) 필자 미상, 「歐洲大戰 以後의 民族的 理想의 進化」, 『개벽』 제33호, 1923, 16~20쪽.
21) 3인은 중앙청년회 감사였던 박희도(1889~1951), 감리교 대표 정춘수(1875~1951), 당시 교사 김세환(1889~1945)이다. 「선언동기의 진실한 고백: 독립선언문 공표자 48인에 대한 공판」, 『동아일보』 1920.7.16, 2~3면.
22) 「사설: 아세아연맹의 제창―인도 국민대회 결의」, 『동아일보』, 1924.1.8;「피압박민족의 연합」, 『동아일보』 1924.7.17.

사회주의자로 전향하면서 사회주의를 '억울한 사람들이 부르짖는 소리'로 수용한 것은 워싱턴회의 직후 식민지 사회에서 일어난 사상과 운동의 변화가 어떠한 것이었는지 보여 준다.[23] 서구 열강은 평화의 적이며 인도주의는 약탈주의의 미명(美名)이며 정의론은 침략주의의 무기가 되었다고 비난하면서도 평화, 인도, 정의, 평등, 민족 같은 이상들은 자유주의에 기초해 있으므로[24] 세계주의는 좌파 국제주의와 함께 제국주의의 과대망상적이고 배타적이며 광폭적인 민족주의의 표현'을 중지시키고 도덕화할 수 있는 대안이고, 열강이 극동에 자유주의와 평화주의 정책을 채용하려는 것은 사실이므로 중국이 워싱턴회의를 비난만 하는 것은 옳지 않다는 식의 정세 해석도 제시했다.[25] 이 기조 위에서 "극동에 침략주의를 배제하고 구주의 민주주의를 확장하는 것이 구미의 권리이자 의무"라는 규범적 주장도 할 수 있었다.[26]

사회주의가 부상하면서 다소 세력이 약화되었지만 세계주의에 대한 식민지의 기대가 유지된 것은 국내 민족주의 운동 노선이 유럽, 특히 미국의 도덕적 지원을 얻어 세계 여론을 환기하고 일본을 압박하여 식민지를 포기케 하는 것을 가장 빠른 독립방안으로 간주했기 때문이다.[27]

---

23) 신용균, 「1920년대 이 여성의 세계관과 민족해방운동론」, 한국현대사학회 엮음, 『한국 현대사연구』, 60호, 2012, 89~122쪽.

24) 「사설: 세계평화를 위하야—화부회의와 민중의 운동」, 『동아일보』 1921.10.19; 「사설: 세계 개조의 벽두를 당하야 조선의 민족운동을 논하노라」, 『동아일보』 1920.4.3.

25) 「민족주의의 장래」, 『동아일보』 1923.6.6; 「사설: 화부(華府)회의에 대한 중국인의 비관」, 『동아일보』 1921.12.12; 「사설: 민족주의와 세계주의」, 『동아일보』 1922.3.29; 「사설: 모든 사상의 근저는 조선인이라는 의식」, 『동아일보』 1924.2.18.

26) 「사설: 국제생활의 변동—정치와 문화의 관계」, 『동아일보』 1921.7.29.

27) 나카타 아키후미, 『일본의 조선통치와 국제관계: 조선독립운동과 미국, 1910~1922』, 박환무 옮김, 일조각, 2005, 145~146쪽.

이는 결국 서구 근대를 인류 진보의 방향, 즉 보편성의 체계로 받아들였던, 이것 아닌 다른 사회주의와 공산주의 운동노선, 아나키즘, 무장투쟁 등의 대안은 고려하지 않았던 국내 문화적 민족주의의 한계였다. 제국주의에 대항하는 저항성을 견지하면서도 다른 한편으론 서구제국주의 국가발전 유형을 모방하고자 하는 열망이 공존하는 이중성에서 비롯하는 한계이기도 했다.[28]

　　이러한 국제 및 국내 정세의 변화에 대응하면서 만들어진 식민지/주변의 시선이 세계주의와 민족주의를 결합하여 아시아가 아닌 세계, 서구 그리고 사회주의의 국제주의를 주시하는 시기에 '아세아민족대회'가 기획되었다.

3. 제국의 소소한 이벤트 : 범아시아주의와 '아세아민족대회'

일본이 '아세아민족대회'를 통해 선전하고 과시하고자 했던 범아시아주의(Pan-Asianism)는 잘 알려져 있다시피 서구가 과학과 물질문명을 무기로 제국주의적 확장을 계속하면서 동양평화를 위협하므로 먼저 근대화한 일본이 같은 문화와 정신, 역사를 공유한 아시아민족들을 보호할 필요가 있다는 주장과 논리로 구성되어 있다. 모토사다 주모토가 「태평양문제연구소」(Institute of Pacific Relations)의 『뉴스블레틴』(*News Bulletin*)에 기고한 「일본과 범아시아 운동」은 이런 범아시아주의 취지를 자세히 설명하고 「아세아민족회의」(Pan-Asiatic Congress)가 이의 구

---

28) 진덕규, 「한국민족운동에서의 코민테른의 영향에 대한 고찰」, 『한국독립운동사연구』, 2호, 1988, 392~393쪽.

현임을 적시하고 있다.[29] 흥미로운 대목은 그럼에도 일본이 특히 근린의 유색인종인 아시아민족들에게 미움받는 이유는 근접한 이웃을 증오하고 경멸하는 인간본성 때문이라면서 (이성적으로 보면) 일본도 서구의 위협을 받는 평화적인 동양문화를 공유한 아시아민족임을 강조한 점이다. 아시아에서 군비증강은 유럽의 노예가 되지 않기 위해서이며 두 번의 전쟁은 청국과 러시아의 공격 때문이라면서 일본이 '기타 아시아민족들'의 보호자로서 사명을 다하기 위해 대회를 개최했다고 하였다.[30] 일본 대 '기타 아시아민족들'이라는 이분법적 아시아 인식 위에서 서구와 '기타 아시아민족들'을 향해 일본에 대한 근린 민족의 증오는 인간본성에 입각한 반응일 뿐 사실과 합리에 근거한 것이 아님을 주장하고 '아세아민족대회'를 이런 국면전환을 위해 기획했음을 토로한 것이다.

『매일신보』에는 1924년부터 아세아민족의 단결 혹은 결합을 주창하는 사설과 논단 그리고 보도가 등장하며[31] 1927년 8월 '아세아민족대회' 기간까지 일본 범아시아주의의 논의구조를 재생산하는 데 주력했다. '서구 제국주의와 인종차별에 공격당하는 아시아민족들'이라는 서사를 반복하면서, 조선에 대한 언급은 전혀 없는 쑨원의 대아시아주의 연설(도쿄, 1924)[32]을 인용하여 동아시아 최대의 민족인 일본과 중국의 협력, 각성과 동조를 촉구하곤 했다.[33] 『매일신보』는 서구, 특히 미국

---

29) Motosada Zumoto, "Japan and the Pan-Asiatic Movement", Institute of Pacific Relations, *News Bulletin*, Feb., 1927, pp.8~15.
30) ibid., pp.8~15.
31) 『매일신보』 검색DB(www.mediagaon.com)에서 '아시아'(제목)을 검색하면 1924~1927년 기간에 약 45개 정도가 검색되고, 1933년 이후에 일본 만주국과 연관하여 대동아주의에 대한 기사가 등장한다.
32) 쑨원, 「대아시아주의」, 최원식·백영서 엮음, 『동아시아인의 '동양' 인식: 19~20세기』, 문학과지성사, 2005, 166~178쪽.

을 겨냥하여 이들의 세계 및 아시아정책이 기본적으로 자본주의, 군국주의, 무력강압주의이며 파나마운하, 베링 해, 괌, 필리핀, 하와이를 복속하고 중국에 대한 야심을 드러내는 한편 신이민법(1922)을 제정하여 황인종의 유색인종과 일본인을 배척하고 있다고 역설했다. 그리고 이는 동양평화를 위협하고 모멸하는 것이라며 아세아의 대동단결을 주창하였다. 인도, 아프가니스탄, 필리핀, 태국 등 영국과 미국의 지배를 받는 아세아 약소국가들의 독립운동 동향도 반서구주의 문맥 안에서 거론되고 예시되었다.[34] 이 식민지에서 재생산된 범아시아주의 서사에서 조선과 대만은 아시아 약소민족으로도 식민지로도 규정되지 않은 채 논외로 치부되었고 민족주의 용어도 사용되지 않았다.[35]

이런 정치적 문법을 구사하며 1926년 8월 1~4일에 일본 나가사키에서 열린 '아세아민족대회'는 명목상으론 중일 양국의 주최였으나 실제로는 민간기관인 북경의 '아세아민족대동맹'과 동경의 '전 아세아협회'[36]의 공동주최였다. '전 아세아협회'는 미국의 배일이민법 시행을 전후해서 정우회(政友會) 간사장 암기훈(岩崎勳)이 설립한 단체로 선진국인 일본을 중심으로 아시아민족의 각성을 촉구한다는 취지문에서 보듯

<hr/>

33) 「사설: 미국의 태평양정책 — 아세아민족 奮起의 秋」, 『매일신보』 1924.12.24; 「時事觀」, 『매일신보』, 1925.8.28; 「사설: 아세아민족의 단결문제(상/하)」, 『매일신보』 1925.10.17~18.
34) 「지나의 각성을 기회: 아세아민족개방운동」, 『매일신보』, 1925.7.3; 「배영열선동」(排英熱煽動), 『매일신보』 1925.7.7.
35) 유용태, 「일본 역사교과서의 동아시아 인식: 탈아(脫亞)관념의 지속과 변화」, 역사교육연구회 엮음, 『역사교육』, 98호, 2006, 115~117쪽.
36) 『독립신문』 1921년 10월 14일자 보도에 의하면, '아세아민족의 자각과 통일'을 목적으로 '소위' 대아시아협회라는 것이 10월 1일 동경에서 21개국 대표자 200여 명의 참석하에 창립식을 열었고 중국, 인도, 일본, 헝가리 등 대표가 참석했다.

범아시아주의 관변기관이었다. 북경의 '아세아민족대동맹'은 1925년 북경 주재 중국인, 일본인, 인도인 등이 연대해서 만든 단체로 아세아 각 민족이 연합해서 세계 제국주의에 반항한다는 취지로 설립되었다.[37] 그럼에도 일본의 '전 아세아협회'와 적과의 동침 같은 제휴를 한 것은 국제정치에서 일본이 가진 힘을 이용하려는 중국인들이 있었기 때문이었다. 이렇듯 동상이몽의 두 단체가 손을 잡은 만큼 준비 단계부터 종료될 때까지 분란이 끊이지 않았다.[38] 1925년 8월 두 단체는 제1회 대회를 1926년 4월에 상해에서 열기로 했으나 결국 8월에 일본 나가사키에서 개최하는 것으로 변경하는 등 시작부터 삐걱거렸다.[39] 조선에서도 1924년과 1925년 일본인들과 함께 아시아 단결을 표방한 단체가 조직되었으나[40] '아세아민족대회'와는 관계가 없었다. 대회 준비위원회는 7월 15~17일간 동

---

37) 중국 북경 중앙공원에서 1925년 8월 3일에 결성된 배외운동단체로 '아세아 소약민족'이 대동단결하여 제국주의에 대항한다는 기치를 내걸었다. 여기에는 조선, 중국, 일본인, 인도인 120여 명이 참석했다. 조선인 유장생과 김홍선이 참석했고 동참한 일본인에게 "일본은 제국주의가 분명하며 자신들은 제국주의를 반대한다"는 해명을 요구하는 등 소동이 있었다(「아시아민족대동맹 참석자 가운데 한일인사 포함」, 『중국언론신보』, 1925.8.6; 『광주민국일보』 1925년 8월 18일자는 최종적으로 「아세아민족자유대동맹」으로 결정되었다고 보도; 「아세아민족동맹」, 『동아일보』, 1926.8.13).

38) 水野直樹, 「1920年代 日本朝鮮中國における アジア 認識の一 斷面 - アジア民族會議おめくる三國の論調」 古屋哲夫 編, 近代日本の アジア 認識. 京都大 人文研.: 趙慶喜, "植民地 朝鮮における アジア連帶論の行方: 1920年代お中心に", 孫歌/陳光興/白永瑞編, 2006, ホスト東アジア. 作品社, 1994에서 재인용.

39) 「지나 민심의 추이와 대세」, 『매일신보』, 1926.2.27. 『매일신보』는 일본과 지나 간 친선을 바라는 인사들에게는 나가사키 대회가 환영되고 있으나 중국 국민당과 공산주의자들이 반대하고 있다고 우려하였다.

40) 1924년 4월 아세아민족의 결합을 기조로 내선융화를 도모한다는 취지의 동민회(洞民會)가 총독부 유길(有吉)정무총감 외 이완용, 박영효 등 조선귀족들의 참석하에 창립되었다(「아세아민족의 결합을 기조로」, 『매일신보』, 1924.4.17). 1925년엔 동경에서 조선과 일본 청년들이 아주(亞洲) 문화부흥과 민족단결을 표방하고 '아주공존회'를 만들었으며 조선을 방문해 선전활동을 벌이기도 했다. 주요 사업목표는 직업소개소건설, 인사상담부 설치, 간이숙박소 신설 등이다(「아주공존회의 선전」, 『매일신보』, 1925.12.25).

경에서 각 민족 대표를 1인씩 선정하였고, 상당한 유력자의 참석을 기대했으나[41] 결과는 만족스럽지 않았다. 준비위원회가 결의한 2개 항의 회의 규약은 "제반을 공동且정의에 기하야 진실한 세계항구평화의 건설에 노력할" 것과 "계급並피부색及종교 등의 차별 없이 모든 인류의 자유행복 증진을 위한"다는 것이었다.[42] 그리고 실업가, 학자 등 일본 측 30명, 북경 10명, 상해 10명, 광동과 홍콩에서 10명, 인도 5명, 필리핀 2명, 터키 3명 등과 몽고 국왕, 라마승과 말레이인, 인도의 혁명지사가 각국 대표로 참석할 예정이라고 발표했다.[43]

대회 첫날(8월 1일)엔 개회사(일본), 의장 추천(일본) 순서 후 중국, 터키, 인도, 태국, 필리핀, 말레이반도 대표의 개회사가 이어졌다. 2일엔 13인의 대회위원을 선정하고[44] 각국 대표가 제안한 안건에 대한 심의 및 결의투표가 행해졌다. 안건은 일중 공동제안, 일본 제안, 중국 제안의 3개 범주에 총 11개가 상정되었는데, 이 중 중국이 '21개조 철폐' 안건 상정을 고집하면서 다시 양측 간의 갈등이 표면화되었다.[45] 3일엔 아세아

---

41) 「아주민족회의」, 『동아일보』, 1926.7.12.

42) 「전 아세아 민족규약」, 『동아일보』 1926.7.20.

43) 「전 아민족대회 구미각국 주시」, 『동아일보』 1926.7.14.

44) 일본인 6명, 중국인 4명, 인도인 2명, 필리핀인 1명으로 조직하고, 의장은 인도의 보스가 맡았다.

45) 일본과 중국의 공동 제안은, ① 아세아통신기관 설치, ② 아세아횡단철도 건설, ③ 아세아회관 건설, ④ 아세아금융기관 설치였고, 중국의 제안은 ⑥ 일본 정부의 중국노동자 및 상인 입국취체 명령 즉시 철폐, ⑦ 아세아대학원 건설이었으며, 일본의 제안은 ⑧ 전 아세아민족의 통용어 결정, ⑨ 국제연맹에 대해 인종평등안 통과를 도모하기 위한 일치 협력이었다. 그리고 다시 일중제안으로는 ⑩ 전 아세아민족을 상징할 깃발 또는 마크를 제작할 일이었으며, 일본이 제안한 ⑪ 중일친선을 저해하는 양국 간 오해가 많으므로 전 아세아연맹 및 연구기관을 설치할 것이었다. 『매일신보』(「21개조문제」, 1926.8.4)의 이 기사에서 ⑤번 안건이 빠졌는데 기사 후반에 가면 그것이 중국이 제안한 21개조 철폐 문제였음을 알 수 있다. 의결회의에서 ①·③·⑪는 가결, ②·④는 보류됐는데 나머지 중국과 일본 제안은 21개조 문제로 의결되지 못한 것으로 보인다. 추가안건으로 인도독립원조안을 의결하였다.

민족대회 시위기(示威旗) 행렬식, 4일은 각지 시찰(동경, 교토 등)의 일정으로 진행되었다. 대회 출석인원은 일본 30명, 북경에서 온 115명, 기타 30명으로 총 175명이 참가했다.[46] 중국의 21개조 철폐안 상정 주장으로 인해 회의가 원만히 진행되지 못한 데다 인도 대표가 일본 외무성의 지시로 오사카 상륙은 허가되었으나 숙소에 연금되어 회의 참석을 못하는 등 문제가 끊이지 않았다. 결국 4일 2회 대회를 1927년 북경에서 개최하기로 결의하고 폐회하였다.

1927년 2회 대회는 8월경 북경에서 개최하기로 계획되었지만 우여곡절 끝에 결국 10월 11월 1~3일간 상해 조계지(租界地)에서 개최하는 것으로 변경되었다.[47] 그러나 인도 혁명지사로 알려진 인도 대표의 출석 곤란으로 개회 자체가 불투명해졌고 시시각각 연기, 보류, 개회 등의 잡음이 이어지는 등, 1회 대회에 비해 중국과 일본 대표 간 갈등은 더 고조되고 조직은 현저히 위축되었다. 1회 때 숙소연금 상태에 있다가 중국 천진으로 송환된 바 있는 인도의 "메한드라 프라탑"[48]은 2회 때도 일본 입항 후 여권 문제로 상해로 오지 못했고 참가자들은 그를 기다린다는 이유로 개회식을 차일피일 미루다가[49] 7일 개회로 가닥을 잡았으나 준비위원회 회의에서 아시아문제를 다루자는 일본 측과 중일 간 현안을 다루자는 중국 측의 갈등이 첨예하게 되어 다시 연기되었고, 6일 남경정부가 상해 아닌 남경으로 회의장소를 옮겨 8일 개회하라고 지시하는 등 난항이 계속되었다.[50] 일본은 인종차별 문제, 국제연맹의 서구중심주의에 대한 반성 촉구, 아시아에서 공산주의 폐지 등을 안건으로 다룰 것을 제

---

46) 「아세아민족대회일정」, 『동아일보』, 1926.7.19.
47) 「아세아연맹대회 금년은 상해에서」, 『동아일보』, 1927.10.19.

안했으나 이는 중국과 조선의 경각심만 높였을 뿐이다.[51] 한편 중국대표는 일본의 만몽침략정책 폐지 및 아시아의 국제 불평등조약 철폐를 중국 측 제안서에 명시하였고 이에 일본대표가 격렬히 반대하면서 분란이 재개되었다.[52] 결국 인도 대표의 중재로 자구를 수정하고 임원을 선출한 후 3회 대회는 아프가니스탄에서 1928년 10월에 개최키로 하고 종료하

---

48) 당시 신문에서 '푸라타푸' 혹은 '푸라탑'으로 이름이 표기된 이 참가자는 이 대회와 관련하여 자주 언급되곤 하는 인물이다. 「排英熱煽動」, 『매일신보』, 1925.7.7; 「지나의 각성을 기회: 아세아민족해방운동」, 『매일신보』, 1925.7.3의 두 기사에 의하면 북경에서 열린 아세아민족해방 국민대회에서 연설한 인도혁명지사로서 영국 외교부에서 범인 인도를 요청하는 인물이다. 북경국민대회에 참가한 것은 아프가니스탄 왕의 사절 자격이지만, 영국의 아세아 압박을 알리는 일을 수행하는 전력으로 인해 『동아일보』와 『매일신보』의 1925~1928년 보도를 보면 아프가니스탄 대표, 인도 대표 등으로 표기되는 등 혼선이 계속되었다. 1928년 3회 대회를 아프카니스탄에서 개최하기로 했을 때 일본대표가 이 사람과 동행했다는 보도(「전아세아대회 일본대표 결정」, 『동아일보』, 1928.9.22)로 보아 중국과 일본을 근거지로 하여 인도 독립운동을 하는 인물로 짐작된다. 이런 이력과 인맥으로 2회 대회에서 중국이 상정하고 일본이 반발한 '만몽(滿蒙)침략정책폐지'안에서 '만몽침략' 문구를 수정하도록 중재역할을 했다(「인도지사 중재로」, 『매일신보』, 1927.11.9; 「無證券의 阿대표는 천진으로 송환」, 『매일신보』, 1926.8.5; 「인도 대표 미착으로」, 『매일신보』, 1927.11.3). 이 인물의 동정과 관련된 조선 신문들의 혼선과 부정확성은 주변에서 생산하는 각론들의 실태이기도 하다.

49) 「아세아민족회의」, 『동아일보』, 1927.11.2; 「인도 대표 미착으로」, 『매일신보』, 1927.11.3; 「아세아민족대회 필경 연기」, 『동아일보』, 1927.11.4; 「阿扶汗斯坦의 志士 프씨 도일」, 『동아일보』, 1927.10.15.

50) 11월 7일은 러시아혁명 기념일이므로 일체의 정치집회를 금지한다는 남경정부의 계엄령이 떨어짐에 따라 회의도 '유지회합'이라는 명목을 내세워 편법으로 개최하였고 바로 폐회하였다.

51) 일본은 다음의 5가지를 제안하였다. ① 인종적 차별 철폐를 기함, ② 동양평화를 위해 싱가포르와 진주만에 해군 근거지의 철폐를 권고함, ③ 국제연맹은 강대국의 이익 확보에만 편집하는 감이 있으니 그 반대를 구함, ④ 전 아세아연맹을 완성할 제일보로 일중간 총조약을 개정하고 일중 간 경제병공수(經濟並攻守)동맹을 체결, ⑤ 아세아에서는 공산주의를 폐함. 이에 대해 중국뿐 아니라 인도 대표 중 1인은 사사건건 일본을 반대하고 나서 회의의 전도에 암운이 드리워졌다는 『매일신보』의 보도가 있었다(「인도 대표 미착으로」, 『매일신보』, 1927.11.3).

52) 개회일이 5일이나 지체(연기)되는 가운데 중국은 관세자주 및 일본 치외법권 철폐운동의 원조, 만몽침략정책 폐지, 일중 간 및 아세아 국제 간의 총불평등조약 철폐의 3안을 완강히 주장했다. 일본이 이를 본회의 안건으로 상정하는 것을 거절하면서 개회일은 다시 연기되었다(「일중 대표 의견 충돌」, 『매일신보』, 1927.11.7).

였다.[53] 결과적으로 본회의를 개회하자마자 폐회한 셈이었는데, 중국 관헌이 11일까지 정치집회를 금지함에 따라 본회의도 제대로 갖지 못하고 서둘러 종료된 것이다. 2회 대회도 중일 간의 갈등이 노정되면서 유야무야해졌고[54] 이를 반영하듯 조선에서도, 특히 『동아일보』는 2회 대회 개최 사실만 단신으로 전했을 뿐 거의 주목하지 않았고, 오히려 그해 벨기에 브뤼셀에서 열린 반제국주의동맹회의에 집중하였다. 하지만 일본 측은 대표 3인이 '프라탑'을 대동하고, 1928년 9월에 아프가니스탄을 방문하여 3회와 4회 대회 개최를 주선하는 등 노력을 이어갔다.[55]

결론부터 말하면, 이 대회는 미국과 유럽의 일본 주재 특파원들이 다소 선정적으로 자국 언론에 보도한 것 외에 아무 결과 없이 끝난 대회였으며, 어느 나라도 중요 인사가 참가하지 않았고, 일본 언론들도 거의 주목하지 않아 회의 의미에 대해선 회의적이라는 자체 평가가 나올 정도로 일본 안에서나 아시아에서 반향을 얻지 못했다.[56] 심지어 1회 대회 개최지인 나가사키 시당국의 협조도 충분하거나 원만하지 않았던 것으로 보인다.[57] 『매일신보』는 "회의의 효과는 다소 개개의 입장에서 불평불만도 있어 한두 개의 분규"가 있었으나 전체적으로는 "공통의 구미제국에 향하야 위대한 자극을 주었"다고 자평했다. 하지만 1~2개국 대표

53) 「프라탑 씨 중재로 아세아민족회의 무사종료?」, 『동아일보』, 1927.11.9; 「인도지사 중재로」, 『매일신보』, 1927.11.9.

54) 「아세아민족회의 결국 유야무야?」, 『동아일보』, 1927.11.6; 「소위 아세아민족회의 결렬」, 『동아일보』, 1927.11.7; 「아세아민족회의 유야무야 종결」, 『동아일보』, 1927.11.10.

55) 「전 아세아대회 일본대표 결정」, 『동아일보』, 1928.9.22; 대련대회는 1934년에 개최되었다. 이것이 4회 대회인지, 아닌지는 신문 기사로는 파악하기 어렵다. 회차가 언급되지 않았기 때문이다. 1934년 1월 중순에 준비위원회, 2월 중순에 본회의 개최를 예정하였다. 「2월 중순 대련에서 아세아민족대회」, 『동아일보』, 1934.1.30.

56) Zumoto, "Japan and the Pan-Asiatic Movement", p.15.

의 불평불만이란 곧 '일본에 대한 극단의 반감'이었음을 짐작케 했다.[58]

4. 식민지/주변의 시선으로 구성한 '아세아민족대회'

『동아일보』는 '아세아민족대회'는 "구미 각국에서 아세아몬로주의를 고취하는 대회"로 간주하고 있다거나 "미국은 세력 없는 과격분자들의 회의" 정도로 무시한다는 등 서구권의 무관심을 강조하면서[59] 1926년 7~8월간 일본의 범아시아주의를 반박, 규탄, 폭로, 선전하는 분위기를 이어갔다. 대회를 종종 소위 "아세아민족회의"로 표현하면서 중국의 여론도 이 대회를 지지하지 않는다는 점을 상기시키곤 했다. 그러면서도 시종 대회의 추이를 지속적으로 보도하는 한편 수시로 사설, 기고기사란을 통해 공박하였다.[60] 대회 1년 전인 1925년 8월에 개최 예정 사실을 처음 보도하였고[61] 다음 해 1월 「북경아세아민족대동맹」과 「동경아세아협회」 주최로 7월 15일부터 30일까지 대회 준비위원회가 열리며 중일 양국 명

---

57) 일례로 회의 개최지인 나가사키 시 당국도 원만하게 협조하지 않았던 듯하다. 8월 1일 대회 개최를 앞두고 대회조직위원들[중국의 황민원(북경대학교 교수, 중의원의원中議院議員), 임옥원 (국무원 참의), 일본 대표 2인(변호사 포함), 터키 대표]이 7월 25일 오전 10시 나가사키 시 상야옥(上野屋) 여관에서 회합한 후 나가사키 현지사(縣知使), 시장(市長), 상업회의소두취, 중화민국영사를 방문하고 회의 개최의 양해를 구했으나 (협조를 얻지 못한 듯) 일단 동경으로 돌아갔다가 8월 1일에 다시 나가사키로 돌아와야 했다. 행사 준비를 위한 숙박 등 편의 제공을 요구하였으나 거절당하자 일단 동경으로 철수한 것으로 추정된다(「아세아민족대회일정」, 『동아일보』, 1926.7.19).

58) 「아족회의 명년 추계」, 『매일신보』 1926.8.10.

59) 「전아민족대회 구미 각국 주시」, 『동아일보』, 1926.7.14; 「아주민족대회, 미국은 도외시」, 『동아일보』, 1926.8.3.

60) 그중 특기할 것은 3일 연속 사설에서 다룬 「아세아민족회의와 일인흉량(日人胸量)(上中下)」(『동아일보』, 1926.7.27~29)과 익명의 필자(RYS生)가 기고한 4회 연재기사인 「아족(亞族)대회검토」(『동아일보』, 1926.8.3~8.5)가 있다.

61) 「전아세아회의」, 『동아일보』, 1925.8.27; 「전아세아회의」, 『매일신보』, 1925.8.27.

의로 인도, 베트남(安南) 등에 통고문이 발송되었음을 알렸다.[62] 조선의 30여 사회단체들은 1926년 7월 19일 조선민족 차원의 대책회의를 갖고자 했으나 경찰의 해산 조치로 무산되었고, 결국 일본이 지정한 친일파 5인[63]이 조선 대표로 참석했으나 명단은 공개되지 않았다. 대책회의 해산 이후 기자 친목회인 '무명회'(無名會)[64] 명의로 나가사키 준비위원회에 2차례 장문의 전보를 보내는 등 집단행동을 한 후에야 조선 대표 3인의 이름을 확인할 수 있었다.[65] 이에 7월 27일 상기 사회단체들은 조선 민족을 대표하여 대회를 부인한다고 선언하는 동시에 참가하는 조선 대표들은 조선 민중의 대표자가 아니라는 내용의 결의문을 나가사키로 전송하였다.[66] 26일 전주 전북청년회는 '아세아소약민족운동의 정신에 배치된

---

62) 「아세아민족회의」, 『동아일보』, 1926.1.7.

63) 5인 중에 포함된 박춘금은 1924년 『동아일보』의 송진우, 김성수, 『조선일보』의 유문환 등 민족지 발행인과 사장을 협박·폭행하고 권총으로 위협하는 등의 만행을 저질렀고, 일본에서 조선인 노동자들을 가입시킨 노동상애회(勞動相愛會)를 만들어 노임에서 구문(口文)을 착취했을 정도로 질이 나쁜 '깡패' 친일파였다(정진석, 『일제하 한국언론투쟁사』, 정음문고, 1982, 132~148쪽).

64) 무명회는 1921년 신문기자 11인이 만든 친목회지만 목적이 분명하지 않아 활동이 미비하다가 1924년 시국에서 기자단체의 필요성을 절감하여 30여 명의 기자들이 모여 재창립 수준의 논의를 거친 후 일본인 기자, 『매일신보』 기자를 회원에서 배제하는 등 민족주의를 강화하였다(같은 책, 155~159쪽).

65) 「소위 아세아민족대회와 조선 대표」, 『동아일보』 1926.7.26; 「아세아민족대회 대표 부인의 결의」, 『매일신보』 1926.7.29. 종교, 언론, 사상 부문 30여 단체가 7월 19일 모여 대책을 협의하려다 경찰의 집회 금지 조치로 해산되었다. 다음 날 기자친목 단체인 '무명회' 명의로 나가사키의 아세아협회에 조선인 대표 명단 확인을 요구하는 전보를 보냈으나, 수신인 불명으로 발송하지 못한다는 통고를 나가사키우편소로부터 받았다. 다시 일본전보통신사 나가사키지국으로 재차 발송, 24일 이기춘, 박춘금, 이모 등 5명의 명단을 받게 된다. 「소위 아세아민족대회에 참칭 조선 대표 출현」, 『시대일보』, 1926.7.26. 이들 5인이 상애회, 국민협회 등 어용단체 회원이라고 보도되었다.

66) 「소위 아세아민족대회와 조선 각국 연합 반대」, 『동아일보』 1926.7.29; 「아세아민족회의 대표 부인의 결의」, 『매일신보』 1926.7.29. 결의문에 서명한 단체는 무명회, 천도교청년회, 천도교청년동맹, 조선 청년총동맹, 형평사, 조선변호사협회, 조선여성동우회, 경성여자청년동맹 등 총 24단체이다.

다'면서 대항을 결의했고,[67] 29일 마산에선 기자단, 청년연합회 등 15단체가 아세아민족대회를 반대한다는 결의문을, 같은 날 대구에서도 14개 단체가, 8월 1일엔 평남 안주의 8개 단체가 '불순한 동기와 비겁한 술책으로 조선민족을 농락하는' 대회를 절대 반대한다는 결의문을 경성 각 단체연합회에 전달하기도 했다.[68] 일본 내 조선인 단체 23곳도 동경에서 부인(否認) 결의를 하고 반대 성명서를 발표했다.[69] 그리고 조선인 대표에 대해 민족대표로 인정할 수 없다면서 이미 대회 자체도 원만하게 치러지기 어려운 상황이니 민간기구 답게 민족대표가 아닌 (일개) 위원으로 지칭하라고 요구했다.[70] 대회의 의의나 가치를 전혀 인정하지 않는다면서도 민족 차원의 집단적 반대행동을 하는 '식민지 민족주의의 딜레마'가 연출된 것이다.

사회단체들이 집단행동을 모의하고 해산 및 감시당하는 과정에서 『동아일보』가 대변한 조선 사회의 여론은 '아세아민족대회'가 일본인 이민을 제한하는 미국의 신이민법(1922)에 자극받아 국제정치에서 일본 고립이 심화되는 것을 저지하기 위한 돌파구로 기획되었고, 범아시아주의는 국면돌파용 이데올로기일 뿐이라고 규정하였다.[71] 프랑스를 비롯하여 강대국들이 식민지를 소유한 것은 '세계의 항구적 평화를 건설하고 자유와 행복, 평등에 공헌하기 위함'이라고 표방하듯이 일본도 아세아 약소민족과 동양평화를 위해서라고 말한다는 것이다. 그리하여 국제

---

67) 「아세아민족대회 대항결의」, 『시대일보』 1926.7.29.
68) 「소위 아족대회와 각지의 반대 봉화」, 『동아일보』, 1926.7.31; 「안주(安州) 8개 단체」, 『동아일보』 1926.8.2; 「마산서도 아족대회 반대로」, 『시대일보』, 1926.7.31.
69) 「소위 아족대회와 재일각단의 반대」, 『동아일보』, 1926.8.5.
70) 「사설: 아세아민족회의와 日人胸量(下)」, 『동아일보』, 1926.7.29.
71) 「사설: 소위 아세아민족회의: 조선경찰의 금지를 보고」, 『동아일보』 1926.7.21.

연맹이 소약민족을 압박하는 무기로 악용되듯이, 아세아민족대회가 아세아 소약민족의 이익을 착취하는 조직적 폭력의 원인이 될지 알 수 없으나 민간 조직이 주최하므로 그리 효과는 없을 것이라고 일축했다. 이는 '몇십 년 전 유행하던 외교적인 천박한 기만책'에 불과하며 교통통신이 발달하고 지식이 보급된 오늘날에는 통하지 않는 비겁하고 추잡한 일이라는 것이다.[72] 그리고 "서세의 박해를 당하는 일본제국주의가 아세아민족에게 동서양의 대립관념을 격려하여 서세를 몰아내고 아세아에서 홀로 군림하기 위해",[73] "구미인의 인종적 차별감과 배(排)동양인의 비도(非道)를 설파하지만 일본은 이런 주장을 할 자격이 없다. 백인의 지배를 받는 인도, 중국, 필리핀, 베트남이 이 회의를 찬동하는 것은 이해할 수는 있지만", '진정한 해방운동자'의 견지에서 보면 이는 통찰력이 박약하고 전술상 큰 착오이다. 아세아인과 황색인종이라는 동류의식은 사실 앞에서 깨어졌고 아세아는 이분되었다고 선언했다.[74]

독립운동의 가장 중요한 연대 대상인 중국의 반대 여론과 사회단체의 움직임도 주시했다. 국민당 상해특별시 당부에서 발표한 반대 선언서를 위시하여[75] 중국의 사회단체들도 대회를 일본인 측의 '이용거리'에 지나지 않다며 무시하고 있으며 일부 찬성하는 인사들이 아주피압박민족을 부조할 것, 상호 간 불평등조약을 폐지하여 아시아영구평화를 유지할 것, 아주에 흩어진 거류민은 상호평등으로 대할 것 등을 요구했지만

---

72) 「사설: 아세아민족회의와 日人胸量(1)」, 『동아일보』, 1926.7.27; 「사설: 아세아민족회의와 日人胸量(중)」, 1926.7.28.
73) 「亞族대회검토(4)」, 『동아일보』, 1926.8.6, RYS生.
74) 「사설: 소위 아세아민족대회」, 『동아일보』, 1927.11.5.
75) 「대아주민족대회 국민당 반대 선언」, 『동아일보』, 1926.8.2.

이는 통과될 희망이 없는 제안들로 자체 평가하고 있다는 내용을 전달했다.[76] 조선인도 참가한 상해학생연합회는 대회를 찬성하는 중국 총상회장(總商會長)에게 이 대회는 일본이 아세아의 패자가 되려는 야심하에 어용단체를 만들어 발기했고, 중국 내 배일저항운동에 대한 유화수단에 불과하며, 아세아민족을 노예화하려는 술책에 불과하다면서 불참을 요구했다.[77]

이제까지 보았듯이 1926년과 1927년 '아세아민족대회'에 대한 조선 사회의 비판 논조는 제국주의 일반에 대한 적대를 드러내면서, 근대 계몽주의의 자유평등의 언어와 영구평화론의 허구성을 지적하고, 국제연맹의 서구 열강 편향성을 역설했다. 그리고 이 맥락에서 범아시아주의 또한 제국주의 이데올로기에 불과하다는 현실 인식을 사회주의 언어로 담아냈다. 파리강화회의 등 전후 처리과정에서 월슨 민족자결주의에 대해 가졌던 기대가 깨지고, 마지막으로 희망을 가졌던 국제연맹 정신도 무용이 되어 버린 세계 정세와 아세아 정세에 대한 인식이 사회주의적 반제국주의 운동으로 응축되는 식민지의 시간대에 '아세아민족대회'가 위치하고 있는 것이다. 1925년 조선공산당이 창립되고 코민테른의 계급투쟁과 결합된 반제국주의 투쟁 노선을 이해하고 수용하게 되면서 약소민족연대를 통한 반제국주의 운동이 식민지 민족주의 사회주의자들의 의제로 부상한 시기였던 것이다.[78] 그리하여 '아세아민족대회'에 대한 반동으로 몇 개월 후인 1927년 2월 벨기에 브뤼셀에서 코민테른의

---

76) 「전아민족회 중국 측의 제안」, 『동아일보』, 1926.7.17.
77) 「사설: 아세아민족회의와 日人胸量(中)」, 『동아일보』, 1926.7.28.
78) 진덕규, 「한국민족운동에서의 코민테른의 영향에 대한 고찰」, 395~398쪽.

지도하에 개최될 「피압박민족대회」(League Against Imperialism, LAI) 로 관심이 이동한 것은 자연스러운 전환이었다. 1회 '아세아민족대회' (8.1~8.4)가 진행 중일 때 경성에선 각 청년단체 등이 중국의 학생연합 회와 손을 잡고 '아족대회에 대한 반향'으로 '아세아약소민족동맹'을 조 직하여 대규모 약소민족 반대운동을 전개하기로 한 것이다.[79] 약소민족 운동이 범아시아주의에 대응하는 과정에서 보다 응집력 있는 운동으로 부상한 것이다.

5. 민족주의의 트랜스내셔널리티: 약소민족의 연대

아세아약소민족 태반은 이미 '아세아민족대회'의 정체를 알았으니 대회 는 흐지부지될 것이며 아주의 진정한 평화는 오직 제국주의 자본열국으 로부터 완전 해방하는 것이고, 이 대회에 참가하는 자는 '배신자'일 뿐이 라는 선언은 코민테른의 반제국주의 운동을 식민지 민족주의가 전유한 다는 것을 의미했다.[80] 1927년 벽두부터 '피압박민족대회' 동향에 촉각 을 세우게 되는 것이다.[81] 이 대회는 1926년 2월 베를린에서 발기되어

---

79) 「아주민족회의 반대로 약소민족이 단결」, 『매일신보』, 1926.8.3; 「소위 아족대회의 반향으 로-전아약소민족회의-재상해조중각단체의 궐기」, 『동아일보』, 1926.8.11; 「중국과 한국 의 두 단체 아시아민족대회를 반대」, 『중국언론신보』, 1926.8.3; 「한국청년동맹의 아시아 회의 반대」, 『중국언론신보』, 1926.8.3; 「민당(民黨) 학생회는 아주대회 반대」, 『동아일보』, 1926.7.25; 「약소민족동맹조직」, 『동아일보』, 1926.8.2.

80) 「아족대회검토(4)」, 『동아일보』, 1926.8.6, RYS生.

81) 「피압박민족대회와 해외각단체의 시위」, 『동아일보』, 1927.1.8; 「피압박민족 반제국주의대 회: 상설기관으로 대연맹창립」, 『동아일보』, 1927.3.23; 「대회 벽두에 조선 대표가 일본압 박을 탄핵」, 『동아일보』, 1927.2.11; 「백국(白國) 수도에 개최된 반제국주의대회 記」, 『동아 일보』, 1927.3.21; 「자유전당 '에그멍궁전' 색채 다른 만국기」, 『동아일보』, 1927.3.22; 「출 석하엿든 조선 대표」, 『동아일보』, 1927.5.26.

1927년 2월 10~15일간 브뤼셀에서 총회를 개최했다. 대회에 관여했던 일부 인사는 LAI가 소련의 지시를 따랐다는 항간의 설을 부정했지만 남겨진 문서들은 이 대회가 코민테른의 전략에 따라 움직였음을 입증하고 있다. 주요 목적은 서유럽 통합전선을 확대하여 코민테른의 (피압박) 우방들을 지지하는 것으로 멕시코의 노동운동과 중국 국민당이 주요 지원 대상이었다. 자체의 민족주의 조직을 결성하지 못한 식민지들은 우선 순위가 아니었고 이런 이유로 인도가 아프리카에 비해서 우대받았다.[82]

1926년 8월에 개최되기로 한 이 대회가 준비부족으로 연기된다는 소식을 접한 독일의 한인학생회인 '유덕(留德)고려학우회'가 이 기회에 조선 실정을 알리기로 결정하고 상해임시정부 및 조선 내 단체들과 협의하면서 조선 사회의 관심사로 급부상했다. 이를 방증하듯 1926년 말 "브뤼셀에서 개최되는 피압박민족대회를 기회 삼아 남북만주, 상해, 러시아에 산재한 각 모험단체가 경성으로 넘어와 전 조선에서 시위운동을 하리라는 첩보"에 따라 경성은 해를 넘기도록 무장경관들의 경계가 삼엄한 시국이 되었다.[83] 우여곡절 끝에 프랑스에서 유학 중이던 김법린(파리 한인친목회 대표), 이극로(베를린대 학생), 황우일(한일작가언론인협회), 이의경(재독한인학생회) 4인이 참가했다. 본회의 첫날 김법린이 일본의 식민학정을 규탄하는 연설을 했으나 조선 문제를 안건으로 상정하는 데는 실패했다. 회의 마지막 날 아시아 문제를 다룰 아시아민족회의가 중국, 인도, 시리아, 조선 등 4개국 위원으로 구성되었고, 2차 대회

---

82) J.D.Hargreaves, "The Comintern and Anti-colonialism: New Research Opportunities", *African Affairs*, vol.92, no.367, 1993, pp.255~257.
83) 「피압박민족대회와 해외 각 단체의 시위」, 『동아일보』, 1927.1.8.

는 1927년 12월 9~11일에 개최되었다.[84] 분명한 것은 코민테른의 아시아문제-동방민족문제에서 중심은 일본과 중국이었고, 조선은 부차적이었다는 점이다.

코민테른 국제주의에 입각한 반제국주의 운동과 약소민족 연대로 이어지는 민족주의 운동의 흐름은 서구 계몽주의적 세계주의(코즈모폴리터니즘)의 방향과 다른 길, 즉 사회주의적 트랜스내셔널리즘으로 선회했음을 의미한다. 코민테른 인터내셔널리즘이 노동자계급의 초국적 연대를 의미한다면 사회주의 트랜스내셔널리즘은 노동자연대, 계급연대보다 광의의 피억압, 피압박, 약소민족의 초국적 연대를 지향한다는 점에서 조선에서 코민테른과 레닌의 반제국주의를 수용한 방식은 국제주의보다 일반적 의미의 트랜스내셔널리즘에 가깝다. 노동계급보다 약자를, 계급혁명보다는 약소민족의 해방운동을 우선한다는 전제하에 계급운동과 민족운동을 구분하지 않았고 노동자가 아닌 피억압약소민족이 운동의 주체로 상정되었다.[85] 전후 서구열강에 의해 민족자결주의의 '예외지'(例外地)로 판명 난 아시아의 식민지 민족들이 약소민족연대, 피압박민족연대론, 동방피압박민족연대 같은 초국적 연대 개념과 레닌의 반제국주의론 및 아시아해방전략이 가진 실천적·현실적 운동 자원을 결합하는 방안이 1920년대 전반기 식민지 사회에서 공론화되는 변화를[86] 민

---

84) 조준희, 「김법린의 유럽에서의 민족운동」, 한국불교학회 엮음, 『한국불교학회 학술발표논문집』, 2008, 71~99쪽 ; 조준희, 「김법린의 민족의식 형성과 실천: 1927년 브뤼셀 연설을 중심으로」, 한국불교학회 엮음, 『한국불교학』, 제53집, 2009, 55~98쪽.

85) 「사설: 을축년간 약소민족운동 雲岡 其三」, 『동아일보』, 1926.1.5; 「사설: 민족과 계급, 의식의 논점」, 『동아일보』, 1926.6.19; 「사설: 승패의 내용」, 『동아일보』 1926.8.20.

86) 전상숙, 「제1차세계대전 이후 국제질서의 재편과 민족지도자들의 대외 인식」, 한국정치외교사학회 엮음, 『한국정치외교사논총』, 제26집 1호, 2004, 313~344쪽; 전상숙, 「파리강화회의와 약소민족의 독립문제」, 『한국근현대사연구』, 제50집, 2009, 7~36쪽.

족주의의 트랜스내셔널리티로 규정할 수 있는 것이다.

1910~1920년대에 유럽과 미국을 떠돈 아프리카 흑인들이 민족주의를 포기하고 트로츠키주의 노선을 따라 전 세계의 흑인연대와 세력화를 도모했던 흑인 트랜스내셔널리즘(Black Transnationalism)의 부상 과정,[87] 그리고 20세기 초반 인도·터키·이집트·페르시아 무슬림 디아스포라들이 유럽, 미국 그리고 일본에서 서구 문명을 이용해 서구제국주의를 물리친다는 전략을 구사하면서 민족주의 운동을 전개했던 무슬림 트랜스내셔널리티의 형성 과정[88]은 1920년대 식민지 조선의 민족주의 운동의 변화와 본질적으로 다르지 않았다. 또한 신해혁명을 전후로 중국에선 아나키즘이 맑시즘을 압도했을 정도로 유행했는데 여기엔 1900년대 파리와 도쿄의 초국적 공간에서 배양된 중국인 아나키스트들의 영향이 컸다.[89] 이렇듯 중국 사회주의가 일부 급진적 아나키즘을 지향한 것도 트랜스내셔널리즘의 노선을 추구한 것이다.[90] 조선의 민족주의자들이 제국의 아시아를 벗어나 미완의 세계주의를 추구했던 운동에서, 그리고 다시 약소민족의 연대에 방점을 둔 사회주의적 국제주의 운동에서 동시대 세계의 다른 식민지 및 반식민지 민족들이 추구한 민족주의의 트랜스내셔널리티 역사가 구성되고 있었던 것이다.

---

87) M. A. Stephen, "Black Transnationalism and the Politics of National Identity: West Indian Intellectuals in Harlem in the Age of War and Revolution", *American Quarterly*, vol.50, no.3(Sep.), 1998, pp.367~369.

88) Esenbel, "Japan's Global Claim to Asia and the World of Islam: Transnational Nationalism and World Power, 1900-1945", pp.1140~1170.

89) Arif Dirlik, "Vision and Revolution: Anarchism in Chinese Revolutionary Thought on the Eve of the 1911 Revolution", *Modern China*, vol.12(2), 1986, pp.123~165.

90) Duara, "Transnationalism and the Predicament of Soverighnty: China, 1900-1945", p.1033.

6. 식민지의 트랜스내셔널리티와 탈아의 세계감각

19세기 말에서 20세기 전반기 동안 일본의 아시아주의가 세계에서 수용되는 맥락은 각기 달랐다. 한국과 중국은 일본을 동아시아의 위협으로 간주했지만, 구미의 식민지였던 인도·필리핀·베트남·인도네시아 등에선 아시아의 보호자로 인정하는 분위기였다.[91] 중국에서도 러일 전쟁 이후 일본을 황인종의 지도국가로 인정하는 분위기가 있었고, 도쿄는 아시아 반체제 인사들이 일본 지식인들과 교류하는 트랜스내셔널 공간이었다.[92] 터키, 이집트, 페르시아, 토고 등 이슬람권에서도 일본은 2차 대전 이전까지 서구 제국주의에 대항하는 구세주로 환영받았고 도쿄는 이들 무슬림 민족주의자들의 거점 역할을 하기도 했다.[93] 20세기 전반기 아시아의 트랜스내셔널리티는 일본의 국제도시에서 형성되고 있었고 이는 범아시아주의가 전파되고 '아세아민족대회'를 기획하는 데 유용한 자원과 네트워크를 제공했다.

제국의 범아시아주의가 트랜스내셔널 이데올로기로 구성되는 동안 식민지에서는 민족주의를 넘어 세계주의로 가는 운동 노선을 정립했다. 1920년대 전반기 조선에서 세계주의와 사회주의는 "세계일가(世界一家)의 이상을 실현할 2개의 안"이었으며 민족자결의 희망은 이 '세계일가'의 이상에 있다고 간주했다.[94] 이는 민족주의는 개별 민족의 발전을

---

91) 구나완 모하마드, 「인도네시아의 아시아」, 야마무로 신이치 외 엮음, 『파워: 아시아의 응집력』, 양기호 옮김, 한울, 183~196쪽.

92) R. E. Karl, "Creating Asia: China in the World at the Beginning of the Twentieth Century", *The American Historical Review*, vol.103(4), 1998, p.1104.

93) Esenbel, "Japan's Global Claim to Asia and the World of Islam: Transnational Nationalism and World Power, 1900-1945", pp.1140~1170.

담보하는 "근대 사상의 일초점(一焦點)이며 정수"이므로 다원적으로 진화해야 하지만 (배타적 민족주의의) 제국주의 시대에는 세계주의가 민족주의가 필요 없어질 때까지 민족주의를 제어하고, 세계의 구심점이 되어야 한다는 의미였다.[95] 세계주의 또는 코민테른 국제주의에서 실천 논리를 찾으면서 민족주의를 세계주의로 가는 중간단계로 간주하는 식민지 민족주의의 각론을 개진한 것이다.[96] 태평양 전쟁기에 대동아주의로 전향한 사회주의자들이 '항상 꿈꾸었지만 미완이었던' 세계인의 이념형, 즉 코스모폴리턴이 되기 위한 단계로 팔굉일우(八紘一宇)의 황도(皇道) 사상을 선택했다고 정당화한 것[97]은 변명을 위한 변명이 아닌 당대의 세계 감각을 드러낸 것이었다.

세계주의를 궁극에 두고 민족주의를 세계주의로 가는 과도적 단계로 규정한 것을 강대국의 지원을 모색하는 종속적 민족운동의 한계, 곧 식민지 민족주의 지성의 한계라고 규정할 수도 있지만[98] 세계의 주변인 동아시아에서도 주변인 식민지를 구속하는 이중의 주변성을 인정한다면 세계주의로 탈제국주의를 모색하는 '탈주변성'의 지향 또한 인정할 수 있다. 그것은 이중의 주변성에 구속된 식민지 민족주의의 트랜스내셔널라이제이션(trans-nationalization)이다. 일본과 중국을 오간 중국인 아나키스트들, 도쿄의 무슬림들과 범아랍주의자들, 유럽과 미국을 근

---

94) 「사설: 동양제국의 국제연맹—기도설과 가능설」, 『동아일보』, 1926.11.3.
95) 김영식, 「민족주의의 장래」, 『동아일보』, 1923.6.6.
96) 조동걸, 『우사 조동걸 저술전집』 3권(한국독립운동사총설), 역사공간, 2010의 5장 '중기(1919~1931)의 독립운동'의 '1절 1920년대 독립운동단체'에서 인용.
97) 공임순, 「자기의 서발턴화와 코스모폴리탄이라는 이념형: 전향과 김남천의 소설」, 상허학회 엮음, 『상허학보』, 14호, 2005, 71~102쪽.
98) 진덕규, 「한국민족운동에서의 코민테른의 영향에 대한 고찰」, 379~380쪽; 조동걸, 『우사 조동걸 저술전집』 3권.

거로 흑인 트랜스내셔널리즘을 모색한 카리브해 연안 출신 아프리카인들, 이들과 교류하며 범아시아주의의 연대망을 구축하려 한 일본인들과 같은 유형의 트랜스내셔널리티는 아니지만 조선인들도 일본, 중국, 미국, 유럽을 오가며 '세계일가'의 사상과 운동을 모색했다. 인종, 지리, 문화의 경계를 넘어 세계적 보편성을 지향하고 그것과 접속하고자 했다는 점에서 트랜스내셔널리즘의 세계감각을 보여 준 것이다.

분명한 것은 식민지의 트랜스내셔널리티는 제국에 대한 대응이었고 나아가 제국의 아시아와 아시아주의에 대한 대응이었다는 사실이다. 세계주의적 감각은 필연적으로 탈아시아주의와 탈아시아의 각론들과 교차되고 절합될 수밖에 없었다. "조선인은 조선인이고 동양인이며 세계인"이라는 선언은 사실 "미국이 차별하는 동화불능의 황인종은 오직 일본 인종"을 가리키는 것이므로 동양인이라는 이유로 서구를 배척할 수 없다는 선언이다.[99] "동색인종(同色人種)이 받는 불이익에 동정하지 못하게 된 것, 인도와 정의를 무시하는 미국에 반항적 태도를 갖지 못하는 것"은 모두 일본의 책임이라면서 황인종의 정체성을 유보하다가 "제국주의 박멸이 중요한 전후의 세계정세에서 우리의 운동은 민족적 범위를 초월하여 인류 전체와 동일한 이상을 가진 정신적 친족관계에 서 있고 다만 육체적 유사(類似)에 의하는 일시적 사감(私感)을 위하야 우리와 이상을 달리하는 일본의 교책(狡策)인 아세아연맹이라는 함정에 빠지랴. 이상을 위해 사감을 무시할 수 있으며 대의를 위하야는 육친(肉親)을 멸할 수 있다"[100]는 결론에 이른다. 이 각론의 논리는 서구 제국주

---

99) 「사설: 국제상 일본의 지위」, 『동아일보』, 1920.8.5.
100) 「사설: 아세아연맹운동에 대하야」, 『동아일보』, 1924.7.17.

의와 인종차별주의와 황인종 제국주의 사이에서 자기 입장을 정립해야 하는 주변의 시선, 주저하다 서구를, 세계를, 운동을 선택할 수밖에 없는 식민지의 시선을 내재하고 있다.

이 식민지/주변의 시선은 주저하고 유보하지만 범아시아주의에 내재한 일본인중심주의를 서구의 백인종주의보다 위협적인 것으로 간주하는 시선이고, 문화적 동질성이 아닌 문명적 세계성과 보편성을 지향하는 '탈아'의 시선이다. 이때 탈아는 정식으로 발설되지 않았지만 감정, 태도, 감각으로 작동했다. '동양 제국(諸國)이 일치하여 서방의 동점(東漸)을 막는다는 일본의 동양주의를 제창하는 자는 매국노이거나 무식자이고 일본에 화답하는 자에 불과하다. 황인종으로서 동양을 사랑해야 하지만 마을의 단결이 우리집의 흥망과 무관하다'고 한 신채호의 시선이 탈아의 감각인 것이다.[101] 그리고 인종·문화·역사의 "자연적 경계"를 깨트린 것은 일본이며 그로 인해 동양에는 평화가 없다[102]는 인식에서 보면 조선인이 아시아라는 지리적·역사적·문화적·정치적 권역 안에 배치될 이유가 없음도 분명했다.

이는 일본을 백인으로 분류하고 아시아연대를 주창한 움직임과도 차이가 있다. 1907년 일본에서 중국인 지식인들이 일본, 인도, 필리핀, 베트남인들과 반제국주의, 비국수적인 문화, 비국가적인 아시아 담론에 기초해서 아시아연대(Asian Solidarity Society)를 만들면서 일본을 백인종으로 분류하고 나머지 '아시아 약종'(weak people)이 일본과 서구로

---

101) 신채호, 「동양주의에 대한 비평」(1909), 최원식·백영서 엮음, 『동아시아인의 '동양' 인식: 19~20세기』, 문학과지성사, 2005, 216~220쪽.
102) 「사설: 일본인의 동양평화」, 『동아일보』, 1925.5.17.

부터 오는 이중의 위협을 모면하기 위해 연대한다는 논리[103]와 차이가 있는 것이다. 일본이 스스로를 백인종의 문명에 분류시키는 논리를 수용한 ASS가 일본을 백인종 제국주의로 분리하면서 나머지 아시아 약소민족의 연대를 주창하는 시선에선 아시아가 존재하지만 일본의 직접 식민지였던 조선에서 일본은 서구, 백인, 보편성의 체제로 분류되지 않았고 아시아도 일본이 패권을 노리는 아시아였을 뿐이다. 이 차이는 단계적 문명론자였던 유길준은 아시아연대에 대한 사유가 없었던 데 반해 인종을 문명의 상위에 두었던 윤치호는 중국과 조선의 문화, 생활방식 등에 혐오를 나타내면서 아시아연대를 진지하게 사유했던 차이[104]와 상통한다. 세계주의가 서구 근대 문명을 기준으로 단계적인 민족의 진화를 소망한 것이라면 일본의 아시아연대와 아시아주의는 인종을 중심으로 서구에 대한 동양의 대립과 투쟁을 내세우면서 아시아의 '기타 민족들'을 문명화 위계의 하단에 배치하는 인종주의였고, 이 차이를 가장 실감나게 체득하고 경험한 것이 조선인들이었던 것이다.

식민지와 주변성이 중첩된 조선만의 시선이 구성될 수밖에 없었으며 이 당사자의 시선이 갖는 진정성은 존중될 필요가 있다. 조선이 연대의 상대로 중시했던 근린 중국이 '황종'(黃種)의 아시아인종 코드를 서구제국주의에 대항하는 논리로 삼아 아시아연대를 주장할 때 면면히 작동한 것은 중화주의였다. 그리고 이 중화의 아시아에서 역사적으로 관계없는 터키, 이란 등 아시아 국가들에 대해서는 연대감이 비교적 명확했

---

103) Karl, "Creating Asia: China in the World at the Beginning of the Twentieth Century", pp.1100~1104, pp.1113~1116.
104) 김경일, 「문명론과 인종주의, 아시아연대론: 유길준과 윤치호의 비교를 중심으로」, 『사회와 역사』, 제78집, 2008, 129~167쪽.

지만 전통적 조공체제에 있었던 조선이나 안남, 대만, 부탄, 네팔 등은 중국의 변강, 번속(藩屬)으로 취급했을 뿐이다.[105] 아시아의 주변인 조선이 아시아를 단위로, 전체로 사고하는 것이 오히려 불리한 상황이었던 것이다. 이 문맥에서 '아세아연맹론'을 사이비로 규정하고 일본이 세계동포주의를 실현해야 할 혼란한 시기에 인종차별을 부추기는 것은 옳지 않다면서 "지구가 한 덩어리이고 전 인류가 내시동근(乃是同根)"이므로 황색인종 단결로 백인횡포에 대항하자는 것은 이론상 당연하지만 일본이 제국주의를 철폐하지 않는 한 아세아연맹론의 목적에 동의할 수 없다는 탈아의 각론들이 발설된 것이다.[106]

사상과 이론으로 체계화된 '탈아론'을 구성하지는 않았어도 탈아의 시선과 감각은 모호하고 단편적이거나 파편화된 탈아의 각론을 구성하는 데 작용했음을 부정할 수 없는 것이다. 주변이 각론을 통해 세계에 대한 감각과 경험을 전유하는 방식을 인정할 때 현존하는 사상과 이론의 위계구도를 돌파할 수 있을지도 모른다.

---

105) 김하림, 「1930년대 중국 지식인의 아시아론과 민족주의: 『신아시아』, 『신동방』을 중심으로」, 『중국근현대사연구』, 제35집, 2007, 85~86쪽.
106) 「사설: 사이비적 아세아연맹론」, 『동아일보』, 1924.5.2.

2장_상상된 아시아의 화합축제, 극동올림픽

: 극동올림픽 관련 스포츠이벤트에 대한 조선인의 인식

윤상길

1. 들어가며

'극동올림픽', 정식 명칭으로 극동선수권경기대회(The Eastern Championship Game)는 현재 거행되고 있는 아시아경기대회(The Asian Games)의 전신이라고 할 수 있는 대회로서, 필리핀 YMCA에 파견된 미국인 브라운(E. S. Brown)이 1910년에 창설한 극동체육협회(The Far Easter Amateur Athletic Association)의 제창으로 1913년 마닐라에서 일본, 중국, 필리핀이 참가해 제1회 대회를 개최한 이래,[1] 1934년 제10회까지 계속되었으나 만주국의 참가문제로 인해 그해 해소되었다.[2] 특히 만주국 참가문제로 인해 해소되었다는 점은 이 대회가 일본의 침략주의적인

---

1) 최초의 구상은 필리핀, 중국, 홍콩, 말레이시아, 일본, 샴 등 6개국이었으나 실제로는 필리핀, 일본, 중국 3개국의 대항전으로 전개되었다. 경기종목은 육상경기, 수영, 야구, 정구, 축구, 농구, 배구, 복싱 등이었으며 모두 남자들뿐이었다. 스포츠백과사전편찬실, 『스포츠백과대사전』, 예조사, 1974 참조.
2) 같은 책; 김려실, 「인터/내셔널리즘과 만주」, 『상허학보』, 13집, 2004; 池井優, 『オリンピックの政治學』, 東京: 丸善, 1992.

아시아주의하에서 전개되었던 한계를 여실히 보여 준 스포츠 이벤트였다는 것을 말해 준다.[3]

세계체제의 관점이라는 거시적 맥락에서 보면, 1910~1930년대는 영국의 헤게모니가 아직 지속되는 가운데 미국이 새로운 헤게모니 국가로 부상한 일종의 과도기였다. 이 시기에 서구에서 미국의 헤게모니에 대한 경쟁자로 독일이 등장했던 사정을 배경으로 일본도 점차로 동아시아 지역에서 미국의 헤게모니에 대한 도전자로 부상했다. 이러한 점에서 이 시기 동아시아의 지역 연대에서는 미국의 주도에 의한 것과 일본이 중심으로 역할을 한 것 두 가지가 서로 경합하면서[4] 헤게모니를 다투는 양상이 전개되었다.[5]

이러한 측면에서 보면, 미국의 유명한 프로야구 선수 '홈런왕' 베이브 루스가 극동올림픽 위원회에 기증한 볼을 일본 선수가 쳐서 홈런으로 만들었다는 일화가 상징적으로 잘 보여 주는 것처럼, 극동올림픽이라고 하는 스포츠이벤트는 미국의 헤게모니와 일본의 헤게모니가 경합하는 장이기도 하였다. 처음엔 미국의 민간단체에 의해 주도된 것이었으나 일본이 이를 점차 침략적 아시아주의적으로 전유한 것이기 때문이다.

---

3) 伊達由實,「極東選手權競技大會の世界: アジア主義的ポーツ觀の理想と現實」, 平井肇 編,『スポーツで讀むアジア』, 東京: 世界思想社, 2000.

4) 김경일에 의하면, 동아시아 지역에서 미국이 주도한 지역 연대는 다양한 차원에서 전개되었는데, 때로는 동아시아에만 한정되지 않은 경우까지 포함하여 성이나 직업, 세대, 종교에 따라 범태평양부녀회의, 국제부녀참정회의, 변호사대회, 신문기자대회, 간호부대회, 태평양의학자대회, 범태평양학생회, 청년회대회, 기독교대회 등의 여러 국제회합들이 조직·개최되었다. 반면 이러한 미국의 동아시아 전략에 대한 대응으로 일본은 1924년 무렵에 제기된 아세아연맹이나 1926년에 일본 나가사키(長崎)에서 제1회 대회가 개최된 아세아민족회의 혹은 미완으로 끝나버린 1934년의 아세아민족대회 등을 개최하였다. 김경일,『제국의 시대와 동아시아 연대』, 창비, 2011 참조.

5) 같은 책, 14쪽.

다테 요시미[6)]는 제5회 대회(1921년 마닐라) 이래 "극동대회는 극동의 손에"라고 하는 아시아주의적 발상을 가지고 일본인 임원들이 극동올림픽에 임함으로써 반미국적인 언사(言辭)를 빈번히 하였음을 보여 주었다. 뿐만 아니라 '문화적 지리'로서의 아시아를 사고할 때도, 서구적 시각에서 비롯된 창안물인 '극동'이라는 개념을 일본적 개념인 '동양'으로 대체하여 '동양선수권대회'로 전화시키려고 하였다는 점에서도 일본이 극동올림픽에 대해서 가졌던 생각을 읽을 수 있다.

　미국과 일본이 각기 주도한 아시아 연대의 움직임들에 대해 조선인이 그것을 어떻게 인식하고 어떠한 반응을 보였는가 하는 것은 동아시아연대에 대한 당대의 인식을 살피는 데 흥미로운 주제가 될 것이다.[7)] 서구와 근대를 지향한 미국과 아시아와 전통을 강조한 일본, 통상의 자유와 인권이라는 보편적 가치에 호소한 미국과 '아시아인에 의한 아시아의 단결'이라는 특수주의의 언설에 의지한 일본의 경우는 여러 가지 점에서 대조되는 것이었지만, 아시아의 일원이면서 동시에 일본의 직접적 식민 지배를 받았던 당시의 한국은 동아시아에서 특수한 지위를 반영하여 매우 복합적이고 모순적인 양상을 보였다.[8)] 따라서 아시아에서 경합하고 있는 두 국가, 특히 일본에 의해 주도된 스포츠이벤트였던 극동올림픽은 아시아에 대한 당대 식민지인들의 사고를 읽어 낼 수 있는

---

6) 伊達由實, 「極東選手權競技大會の世界: アジア主義的スポーツ觀の理想と現實」, 217~220쪽.
7) 김경일에 의하면, 동아시아 차원의 비교라는 거시적 시각에서의 분석은 이 지역에 개입하고 있는 다양한 차원의 변수들, 즉 근대/전통, 제국/식민지, 서구/아시아, 국가/시민사회, 정부/민간, 민족주의/국제주의, 국가주의·민족주의/자유주의·개인주의, 수평적 연대/수직적 위계, 보편주의/특수주의와 같은 여러 층위에서의 상호배제적이고 때로는 모순적인 대립쌍들이 서로 경합하는 결절점들을 드러낼 수 있게 하는 장점을 가지고 있다. 김경일, 『제국의 시대와 동아시아 연대』, 18쪽 참조.
8) 같은 책, 15쪽.

중요한 연구대상이라 할 수 있다. 하지만 이와 관련된 본격적 연구는 국내에는 전무하고 극동올림픽과 관련된 단편적 언급들이 기존 문헌들에 산재해 있는 상황이다. 반면 상대적으로 연구가 활발히 진행된 일본을 중심으로 한 해외의 극동올림픽 관련 연구들은 대체로 일본 측 자료를 중심으로 극동올림픽 창설의 경위, 경기종목과 참가국 추이 등과 함께 만주국 참가문제와 극동올림픽의 해소 경위 등에 초점 맞춰져 있을 뿐,[9]

---

9) 극동올림픽 관련 기존 문헌들은 대체로 다음과 같은 연구들이 있다. 伊達由實, 「極東選手權競技大會の世界: アジア主義的ポーツ觀の理想と現實」, 平井肇 編, 『スポーツで読むアジア』, 東京: 世界思想社, 2000; 高嶋航, 『帝国日本とスポーツ』, 東京: 塙書房, 2012; 高嶋航, 「滿洲國の誕生と極東スポーツ界の再編」, 京都大学文学部研究紀要 第47號, 2008; 高嶋航, 「極東選手権競技大会と YMCA」, 夫馬進編(2007), 『中国東アジア外交交流史の研究』, 京都: 京都大学学術出版会, 2007; 何 文捷, 「第10回極東選手権競技大会満州国参加に対する中国の反応: 「申報」記事の分析を通して」, Japanese Journal of the History of Physical Education (16), 1999; 中村哲夫, 「昭和初期大日本体育協会のスポーツ論の一断面」, Proceedings of the Congress of the Japanese Society of Physical Education (37A), 1986; Ikuo Abe, Historical Significance of the Far Eastern Championship Games: An International Political Arena, Bull. Inst. Health & Sports Sci., Univ. of Tsukuba 26, 2003; Gerald R. Gems, "Sports et imperialisme amrican en Asie", velyne Combeau-Mari eds., Sports et loisirs dans les colonies, XIXe-XXe siecles, Paris : Le Publieur, 2004. 이 연구들의 개략적인 내용에 대해 살펴보면, 우선 中村哲夫(1986)의 연구는 제10회 극동대회가 일본의 스포츠론이 국가주의적 스포츠론으로 전환되는 계기가 되었음을 보여 주었고, 何文捷(1999)의 연구에서는 만주국 참가문제에 대한 중국의 반응을 살펴보았는데, 이들은 만주국 참가문제에 대해 중국 측은 만주국 불승인이라는 이유로 시종일관 반대입장을 표명하였음을 밝혔다. 伊達由實(2000)의 연구는 극동올림픽이 표방한 아시아주의적 스포츠관의 이상과 현실을 일본선수단의 인식을 중심으로 살펴보았다. Abe(2003)의 연구는 극동올림픽에 대한 종합적인 연구로서, 극동올림픽 창설의 경위, 경기종목과 참가국의 추이를 살펴보고 있었지만, 중국과 필리핀의 상황을 다루지는 않았다. 반면 Gems(2004)의 연구는 일본과 필리핀, 중국의 상황을 다룬 예외적인 연구였지만, 필리핀 전문연구자였던 저자의 중국과 일본에 대한 이해가 제한적이었다. 이런 측면에서 高嶋航(2007)의 연구는 극동올림픽의 역사와 그 성격을 YMCA와의 관계를 핵심 축으로 하여 20세기 전반기 동아시아의 국제질서와의 연관성을 고찰하였으며, 다른 高嶋航(2008)의 연구에서도 만주국 탄생이 극동 스포츠계에 가져온 변화를 다루었으며, 2012년의 최근 저서에서는 극동올림픽의 역사와 함께 극동올림픽 해소 이후에 결성되었던 '동양선수권경기대회', '동아경기대회' 등을 살펴봄으로써, 극동선수권경기대회의 계보를 정리하였다.

식민지 조선의 반응에 대해선 거의 다루지 않았다는 한계점을 가진다.

따라서 이 글에서는 극동올림픽과 연관된 사건들을 중심으로 극동올림픽에 대한 식민지 조선 지식인들과 대중들의 인식과 반응을 살펴봄으로써, 극동올림픽에 대한 사고 속에 투영된 당대 식민지 조선인의 아시아 인식이 지닌 복합적이고 모순적인 양상을 살펴보고자 한다. 이를 본격적으로 살펴보기에 앞서, 이 글은 먼저 기존 연구 성과를 중심으로 근대 일본의 대중스포츠 정책과 함께, (근대 일본 대중스포츠 정책의 제국주의적 확대판이라고 할 수 있는) 극동올림픽이 개최되는 기간 중에 발생했던 배일(排日)운동에 대해 일본이 어떤 식으로 대응하였는지를 살펴보고자 한다. 그런 다음 극동올림픽과 연관된 세 가지 사건들에 주목하여, 이 세 사건들을 통해 드러난 아시아 인식의 제 층위들을 살펴볼 것이다. 세 가지 사건은 모두 극동올림픽에 대한 참가와 관련된 이벤트이지만, 그 이벤트가 가지는 성격은 다소 다르다. 첫번째 사건은 조선지역 예선을 거쳐 선발된 식민지 조선의 대표선수단이 일본 제국으로 건너가 일본 본토 내 다른 지역 대표들과 벌이는 일본대표 선발전이다. 이 이벤트에 참가한 식민지 조선의 선수단은 조선민족을 대표한다는 자부심을 가지고 일본의 지역대표들과 직접적으로 경합을 벌인다는 점에서, 아시아 인식의 한 단면을 보여 준다. 두번째 사건은 극동올림픽 일본대표 선발을 위한 지역 예선전으로 벌어진 스포츠이벤트이다. 국가 간 경합의 장이었던 극동올림픽에 국가를 상실한 민족인 조선인이 참가할 수 있는 기회가 매우 제한적으로 주어진 시기였다는 점, 공개적으로 개최된 조선지역 예선전은 조선인들만을 대상으로 한 것이 아니라 식민지 조선에 거주하는 여타 민족 성원이 참가했다는 점에서 식민지 조선인의 아시아 인식의 또 다른 단면을 잘 보여 준다. 마지막으로 세번째는 극동올림픽에 참가해 좋은 성적을 거두었던 일본대표팀이 귀국 길에 일본 제국 내 식민지들을 순회하면서 벌였던 스포츠 대회이다. 실상 앞의 두 사건들과 달리 이 이벤트는 직접적으로 극동올림픽과 관련성은 떨어지지만, 식민 지의 조건 속에서 극동올림픽에 참가했던 팀과 대결을 벌인다는 점에서, 앞 두 사건에서의 아시아 인식과는 다른 층위의 인식을 보여 주는 사건 이다.

2. 제국 일본의 스포츠 환상 만들기와 극동올림픽

1) '참여의 환상'의 조건, 제국 일본의 대중 스포츠 정책

사실 메이지시대에 이입된 서구 근대 스포츠는 주로 소수의 고등교육기 관을 중심으로 엘리트계급의 독점적인 여가활동으로서 출발하여 '대중 부재의 스포츠'라는 인상이 강했다. 예를 들면 1911년에 대일본체육협 회(이하 일본협회)가 설립되고 같은 해 11월에 일본이 처음으로 참가하 는 제5회 올림픽(스톡홀름)의 예선경기대회가 열렸는데, 그 참가자격은 "학생이거나 신사로서 부끄럽지 않은 이"로 규정, 노동자를 배제했었다. 그리고 1921년 3월 대일본체육협회의 아마추어 규정에 따르면, 경기자 를 '보통경기자', '경기지도자', '준직업경기자', '직업경기자'로 구분하여 준직업경기자(車夫, 우편배달부 등)에 관해서는 "특별히 본회가 인정한 경우에 한하여 허락함"이라고 하는 차별조항을 규정하였다.[10]

이러한 신분차별적인 스포츠 현실 속에서 스포츠의 대중화를 촉진

---

10) 이리에 가츠미, 「근대 천황제와 메이지신궁경기대회」, 요시미 순야 외, 『운동회, 근대의 신
　　체』, 이태문 옮김, 논형, 2007, 175쪽.

시킨 것은 ① 다이쇼 시대의 민주주의 영향에 따른 민주적인 제 권리 획득과 도시화 확대에 따른 신중간층의 대두, ② 교통기관(특히 사철私鐵)의 발달과 매스미디어(신문, 라디오, 저널리즘)의 등장,[11] ③ 일본 정부의 대중스포츠 정책 등 때문이었다. 특히 미국에서 불던 배일운동(排日運動)의 영향으로 1923년 책정된 '제국국방방침'에서 '가상적국' 제1위로 미국이 등장하거나 미일전쟁을 예견하는 출판물들이 출판되는 등 당시의 위기감에 대응하기 위한 차원에서 강구된 일본 정부의 정책이 크게 작용하였다. 즉, 일본 정부는 군사적·경제적인 맨 파워의 개발, 그리고 사상선도라는 이름을 빌린 천황제 내셔널리즘의 침투를 획책하기 위해 대중조작의 수단으로 스포츠에 눈을 돌려, 이를 적극적으로 국가정책으로 끌어들일 것을 자각해 대중문화와 매스미디어를 매개로 한 정책을 만들어 가게 되었다. 이렇게 일본 정부는 천황제 국가주의 정체성과 파시즘 체제의 기반을 형성시키기 위하여, 대중화되어 가던 레저와 매스미디어를 적극적으로 이용하여, "각종 학교와 지방공공단체, 청년단 그리고 재향군인회와 연락·협력"하여 "불평등, 불이익을 초계급적 자기정체성이라는 체제의 주장을 지지하는 방향으로 전환"시키는 한편, 중앙만이 아니라 지방과 현을 포함한 전국적인 네트워크의 확립을 통해 그 정점이라고 할 수 있는 신궁대회와 '전국체육의 날' 등과 같은 국가적 이벤

---

11) 가령, 한국에서도 널리 알려진 고시엔(甲子園) 구장에서의 전국 중등학교 야구대회는 사철인 한신(阪神)전철이 1920년 8월에 고시엔 구장을 개장하면서 1915년 여름부터 개최되었던 것을 이곳으로 옮겨 개최한 것이었다. 또한 1920년대 오사카 마이니치신문(毎日新聞) 등의 신문사 주최 내지 후원의 각종 스포츠 대회가 개최되었고, 1925년 도쿄와 나고야 방송국이 개국한 이후 1927년부터는 야구와 수영이 실황 중계되어 대중스포츠가 자리 잡는 데 큰 역할을 하였다. 아울러 다이쇼 시대 후기는 '스포츠'라는 용어가 정착된 시기로서, 잡지 『스포츠』(1919), 『스포츠맨』(1919), 주간지 『아사히 스포츠』(1923) 등 스포츠 저널리즘이 성립되었다. 이리에 가츠미, 「근대 천황제와 메이지신궁경기대회」, 177쪽 참조.

트로 수렴시키고자 하였다.[12]

이에 따라 일본제국은 1924년 10월 30일 메이지신궁경기장의 축조를 계기로 경기장을 메이지천황의 신전에 봉납하였고, 일본 국민의 신체 단련과 정신 작흥(作興)을 목적으로 내무성에 의해 발안(「메이지신궁 경기대회 개최에 관한 건」, 1924년 8월)되었던 일본 최초의 전국 규모의 근대적 이벤트인 제1회 신궁대회를 개최하였다. 제1회 신궁대회의 경기는 15개 종목에 걸쳐 전국 12개 지구의 지방예선을 거쳐 열렸는데, 주목할 점은 이때 대만과 만주 등지의 관동주(關東州)와 함께 조선 등지와 같은 식민지가 포함되었다는 점이다.[13]

일본 최초의 전국 규모의 근대적 이벤트인 제1회 신궁대회의 지방예선을 식민지에서 개최하기로 했던 것에 발맞춰, 비슷한 시기인 1925년 10월 서울에도 본격적인 공설운동장이 마련되었다. 25만 원의 예산으로 1년간의 공사 끝에 준공을 보게 된 것이 경성운동장(서울 동대문운동장)이었다. 이 경기장은 원래 조선신궁경기대회를 개최할 것을 목적으로 세워진 것이었다. 조선신궁은 이른바 '천조대신'(天照大神)과 메이지천황을 제신(祭神)으로 모시는 곳이다. 일본인 단체인 조선체육협회는 경성운동장이 조선신궁대회를 하기 위해 지어졌다는 명분을 내세워, 조선체육회 측에 은근히 압력을 넣는가 하면 모든 일정을 그들이 우선해서 정하는 등 두 조직 사이에는 갈등이 없지 않았다. 1925년 10월 16~17일, '협회' 측은 경성운동장 준공을 기념하여 제1회 조선신궁대회를 경성운동장에서 개최했다. 조선신궁대회는 메이지신궁대회의 조선

---

12) 같은 글, 177~179쪽.
13) 같은 글, 170쪽.

예선을 겸하도록 되어 있었다.[14]

이로써 1920년대 식민지조선의 스포츠는 제국일본의 대중스포츠 네트워크 아래 편입되게 되었다. 더구나 1920년대 식민지 조선의 상황이 문화통치에 따른 조선어 민간지의 등장으로 스포츠 대중화의 조건이 이미 형성되었다는 점도 크게 작용했다.

2) 강제된 화합 축제와 '스포츠맨십', 민족 갈등

오늘날의 국제스포츠행사가 그러하듯이, 극동올림픽은 제1회 이래로 참가국 간의 '국제친선'이 개최의 중요한 덕목이었다. 그러나 이러한 이상과 달리 일본제국주의의 침략에 대한 반작용으로서 등장한 개최지 중국과 필리핀에서의 배일(排日)운동은 일본선수단에 큰 부담으로 작용했었다.

제2회 대회(1915년 상해)에서는 '21개조 요구'에 대한 배일운동이 고조되는 가운데 대일본체육협회에서는 선수단 파견을 지연시켜 결국에는 대회가 시작된 이후 중간에 참가하기도 했다. 그 밖에 제4회 대회(1919년 마닐라) 때의 '청도환부'(靑島還付)에 대한 배일운동(5·4운동), 제6회 대회(1923년 오사카) 때의 '여순·대련 접수'에 대한 배일운동, 제7회 대회(1925년 마닐라) 때의 '5·30사건'에 대한 배일운동이 있었다. 이와 같은 배일운동은 제2회 대회 때 선수단 참가가 늦어지는 직접적 영향을 끼친 것을 제외하곤 표면적으로 (나머지 대회에서는 모두 대회가 예정되고 진행되는 등) 거의 영향을 미치지 않는 것처럼 보였지만, 배일운동

---

14) 김광희, 『여명: 조선체육회, 그 세월과의 싸움』(이야기한국체육사17), 서울올림픽기념국민체육진흥공단, 2001, 218~219쪽.

의 빈번한 등장은 일본 측, 특히 파견단체인 일본협회로 하여금 이 문제에 대해 미리 대처하도록 하는 방향으로 간접적 영향을 미쳤다.[15]

한편 제8회 대회(1927년 상해) 때 장개석의 북벌(1926년 7월)의 영향으로 상해 지역에 일본의 1차 산동(山東) 출병(1927년 5월)[16]에 대한 배일운동이 고조되어 가는 과정에서, 일본 측의 '배일운동에 대한 대처'는 중국 정부를 상대로 한 일본협회장의 선수단 안전문제에 대한 제기로까지 이어졌다. 심지어 일본협회는 자체 직원을 파견하여 상해의 상황을 조사하게 하여, 개최 장소인 상해 조계지와 중국인 거주지인 시가지 사이에 철조망을 설치하고 경비대를 파견했기 때문에 걱정할 필요가 없다는 조사보고서를 접수하기에 이르렀다. 또한 선수단원들에게는 배일운동을 유발할 행위를 가능한 한 피하도록 하는 행동지침을 하달하기까지 하였다.[17]

주목할 점은 일본 측의 배일운동에 대한 대처가 경기 외적인 측면에만 국한되지 않고 경기 내적인 측면까지 포함하고 있었다는 점이다. 경기장 내에서 선수가 문제행동을 일으킨다면 배일감정을 자극할 수 있다는 생각으로부터, 제8회 대회에서 일본협회는 일본선수단에게 '스포츠맨십의 준수'를 강력히 요구하였다. 이러한 제8회 대회에서의 '스포츠맨십의 준수'에 대한 요구는 제7회 대회(1925년 마닐라)에서의 일본육상선수의 자진퇴장문제를 둘러싼 경험으로부터 비롯된 것으로 심판에 대한 절대적 복종을 강조하는 것이었다. 제7회 대회 4일째 일본육상선수

15) 伊達由實, 「極東選手權競技大會の世界: アジア主義的ポーツ觀の理想と現實」, 209~210쪽.
16) 8회 대회까지 대체로 극동올림픽의 개최는 5월경에 치러졌다.
17) 같은 글, 208~210쪽.

는 심판의 불공정을 이유로 자진퇴장하였는데, 이를 스포츠맨십과 국제친선의 정신에 위배되는 행위라고 본 일본협회 직원은 현지 총영사관 직원, 내무성 직원, 현지 재류일본인단체까지 합세하여 선수에게 경기에 복귀하도록 설득하였지만 결국 선수는 복귀하지 않았다. 이러한 제7회 대회에서의 사건은 일본 선수의 투철한 스포츠맨십이 배일감정에 대한 대책이 될 수 있다는 인식으로 이어졌던 것이다. 이에 따라 설령 심판의 불공정성이 있더라도 '국제신의(國際信義)'를 위해선 이를 감수하는 것이 선수단 직원과 선수 모두에게 요구되었다.[18]

이러한 측면에서 볼 때, 극동올림픽이 내세우는 '스포츠를 통한 아시아 국가 간의 화합'이라는 이상적인 슬로건과 달리 현실 속의 경기장 안과 밖에서는 민족갈등과 배일의식의 표출이 빈번하게 발생함에 따라, 일본은 아시아주의적인 대의를 위하고 현실의 '배일'(排日)을 가리기 위하여 '스포츠맨십' 담론을 적극 활용하고자 했다고 할 수 있다. 그리고 일본에 의해 적극적으로 전유된 스포츠맨십 담론은 조선 내 스포츠 엘리트에게도 적극 받아들여졌다. 일례로 조선체육협회 이사로서 1930년 도쿄에서 개최된 극동올림픽을 다녀왔던 김규만(金圭晩)은 잡지 『삼천리』에 쓴 기사에서 심판 문제에 대한 대책으로서 '페어플레이' 정신을 강조하였다.

심판문제는 어느 대회에서든지 누누히 보는 바이나 더욱이 극동대회는 동양 친선 화합의 심심한 의미가 포함하엿슴으로 분요(紛擾)가 잇

---

18) 伊達由實, 「極東選手權競技大會の世界: アジア主義的ポーツ觀の理想と現實」, 210~212쪽.

게 되어서는 안이될 것이다. 「폐야, 풀레이」로 종시(終始)하지 안이하면 안이될 것이다. 그런데도 불구하고 극동대회에서도 자조-문제가 생기게 됨은 큰 유감이다. 극동의 시대를 초월하야 세계적으로 진출함이 가할 줄로 생각하는 바이다.[19]

더 나아가 평양 숭실전문학교(崇專) 코치이자 평론가였던 최능진(崔能鎮)은 1931년 잡지 『동광』에 수록된 글을 통해 식민지 조선 운동계의 스포츠맨십 결핍에 대한 원인 진단을 하고 있었다.

과언일는지는 모르나 금일 우리 운동계의 도덕 及[및] 정신이 이처럼 결핍하여진 그 원인은 무엇에보다도 교육자들이 운동경기를 교육의 일방식(一方式)으로 간주하지를 아니하고 청년들의 일종 발열수단으로 간주하는 까닭이라고 나는 본다. 일례를 들면 운동 교사나 코취를 선택할 때에 그들의 인격이나 도덕 여하보다도 그 기술에만 치중한다는 것이다.[20]

3. 극동올림픽의 아시아 연대에 대한 기대감과 의구심

1) 식민지 대중의 참여에의 감격과 호응

극동올림픽은 당시 올림픽과는 인연이 먼 극동 3국이 이 대회를 통해 스포츠를 장려하고 장차 올림픽 참가를 위한 발판으로 활용하기 위해 개

---

19) 김규만, 「극동올림픽 대회: 東京에 단녀와서」, 『삼천리』, 제7호, 1930.
20) 최능진, 「스포츠맨 쉽, 운동정신 及 도덕」, 『동광』, 제22호, 1931.

최된 것이었다.[21] 따라서 극동올림픽은 최종적으로 정점인 (세계)올림픽에의 참가를 지향한다는 측면에서는 비참가국의 '보편'에 대한 열망을 담고 있었지만, 국권을 상실한 식민지 조선인에게 중국과 필리핀, 일본 등의 국가를 참여주체로 하였던 극동올림픽은 참여가 원천적으로 불가능한 대회였다. 식민지 조선인이 이에 참여할 수 있는 방법은 다른 국가의 선수단 소속으로 참가하는 방법과, 대일본체육협회가 주관하고 각 지역의 체육협회가 참여하는 지역예선 경기에 참가하여 최종적으로 대표선수로 선발되는 방법밖에 없었다. 어떠한 방법에 의한 것이든지 간에 극동올림픽에 참가할 수 있다는 사실은 당시 식민지인들에게 많은 감격과 호응을 불러일으키기에 충분했다.

조선인이 극동올림픽에 최초로 참가한 대회는 제5회 대회(1921년 상해)였는데, 당초 상해조선인체육회가 알선하여 조선인 선수를 출전시킬 계획이었으나 조선인의 정식 참가가 문제되어 "필경에는 '삼각산' 마크를 머리에 붙이고 조선인 선수 몇 명이 번외(番外)로 각국 사람이 행하는 경기에 참열(參列)"하는 것밖에 큰 소득은 없었다.[22] 이처럼 정식 참가가 아닌 번외 참가였고 또 그들이 조선을 대표한 선수단이 아니었음에도 당시 『동아일보』 사설의 반응은 '기쁨' 그 자체였다. 즉, "조선인의 참가는 선수 개인과 조선 스포츠계의 영예"일 뿐 아니라 "조선인이 국제적 무대에 제(際)하여 열국인으로 더불어 기를 다투는 시작이라 할지니 실로 조선인 전체에 큰 기쁨이 되는 것"이라며 흥분을 감추지 못했

---

21) 김광희, 『여명: 조선체육회, 그 세월과의 싸움』, 207쪽; 스포츠백과사전편찬실, 『스포츠백과대사전』.
22) 이길용, 「조선체육계의 과거 10년 회고(一)」, 『동아일보』, 1929.1.1.

다. 감격의 근거는 "쇄국주의하에 생활하여 왔으며 문약주의의 누습이 뼈와 살에 투철하기 때문에 세계에 대한 관점이 전혀 없고 무용의 정신이 부족"한 조선 민족의 과거를 극복할 수 있다는 것이었다.[23]

한편, 일본인 단체 조선체육협회에서는 1921년 극동올림픽 조선예선대회를 경성에서 열기로 하고[24] 1921년 4월 17일 극동올림픽대회 조선예선대회를 훈련원에서 개최했다. 특히 이 대회에서 조선인 김순학(金順學)과 박선이(朴善伊)가 1등과 3등을 차지했는데, 식민지 조선인의 반응은 "환호의 박수소리가 회장을 깨칠 듯"[25] 할 정도로 폭발적이었다. 이렇게 식민지 조선의 민중들로부터 폭발적인 반응을 불러일으켰던 1921년 극동올림픽 조선예선대회가 개최될 수 있었던 것은 일본체육협회 회장이 당시 동경을 방문했던 조선체육협회 회장에게 극동올림픽 조선예선을 개최할 것을 제안한 것으로부터 비롯되었다. 이때 일본체육협회 회장이 극동올림픽 조선예선 개최를 제안했던 배경에는 1920년 7월 결성된 조선인 체육단체인 조선체육회가 1921년 상해에서 열린 극동올림픽 준비위원회에 극동올림픽 참가를 신청했던 것이 배경이 되었다. 당초 미국의 YMCA 체육인사를 중심으로 한 준비위원회에서는 찬성의 의사를 보였지만, 조선인은 일본선수로밖에 참여할 수 없다는 일본 측의 의향을 받아들임에 따라 조선인의 극동올림픽 참가가 부결되었다.[26]

이러한 측면에서 볼 때, 중국선수단의 일원으로 조선인이 극동올림픽에 참가하거나, 혹은 1921년 독자적인 조선인 참가를 배제하는 조치

---

23) 천정환, 『끝나지 않은 신드롬』, 푸른역사, 2005, 142쪽.
24) 「예선대회의 절차」, 『동아일보』, 1921.3·11.
25) 「十里경주의 영관은 김순학 군의 두상에」, 『동아일보』, 1921.4.18.
26) 高嶋航, 『帝国日本とスポーツ』, 東京: 塙書房, 2012, 186~187쪽.

에 대한 반대급부로서 일본이 도입한 극동올림픽 조선예선대회에 조선인이 참가하였던 것에 대해 보였던 식민지 대중의 폭발적 반응은 식민지적 조건 속에서 억압되었던 보편주의에 대한 참여의 기대감이 반영된 것이었다고 할 수 있다.

2) '참여 속의 극일(克日)'과 민족 갈등

조선체육협회가 극동올림픽 예선을 공개적으로 거행한다는 소식은 식민지 조선인들에게는 대단한 관심과 의욕을 불러일으키기에 충분한 것이었다. 따라서 1920년에 설립된 조선인체육인단체였던 조선체육회로서는 이런 경우 속수무책이었다. 체제의 비호를 받는 조선체육협회의 사업에 조선인 선수들의 참가를 막을 명분도 없었고, 그렇다고 극동올림픽 예선과 같은 비중 있는 대회를 열 기회와 여력도 없는 것이 조선체육회의 한계였다. 극동올림픽뿐 아니라 올림픽이나 다른 세계선수권대회 역시 조선체육회로서는 창구 역할을 할 수 없는 처지였기 때문이다.[27]

당초 조선체육회는 조선체육협회와 일련의 대립적인 관계를 유지하고 있었다. 가령, 제1회 조선신궁대회는 '협회' 측이 추천제를 실시, 일본인들만이 참가하는 대회로 치러졌고 이에 대항이라도 하듯이 조선체육회는 같은 날 배재운동장에서 제6회 전 조선야구대회를 개최하여 맞불을 놓았다. 그렇지만 조선체육회는 국제무대를 향한 선수양성을 위해서는 '경쟁의 논리'를 활용해야 된다는 데 착안하고 '협회' 주최의 대회에도 선수 및 단체의 참가를 종용하기에 이르렀다. 조선신궁경기대회가 동경 메이지신궁대회의 예선전을 겸하고 있어서 이 길을 통하지 않고

---

27) 김광희, 『여명: 조선체육회, 그 세월과의 싸움』, 207쪽.

는 세계를 향한 문호가 열리지 않았기 때문이다. 특히 올림픽 예선이나 세계선수권대회, 극동올림픽 등 굵직한 대회의 참가를 위해서도 '협회'를 거치지 않고는 뜻을 이루지 못하게 되어 있었다. 그것은 일제의 정책적 유도로 조선체육문화의 흡수라는 차원에서 추진되는 시도이기도 했다. 이제 조선체육회와 조선체육협회가 본격적인 대결의 장으로 뛰어든 가운데 선수들 간의 치열한 공방은 민족이라는 이름으로 전개되는 총칼 없는 전쟁으로 치닫고 있었다.[28]

이처럼 당초 조선체육회가 설정한 계획과 목표를 크게 선회·수정하여 '참여 속의 극일(克日)'이라는 차선의 길로 접어든 사상적 배경에는 당대의 문화민족주의적 운동노선과 불가분의 관계가 있었던 것으로 보인다. 당시 체육계 지식인이었던 박석윤(朴錫胤)은 1923년 1월 1일 『동아일보』 칼럼인 「운동계의 회고와 희망」[29]이라는 글을 통해 체육에 있어서의 실력양성론을 펼쳤다.

우리는 오늘날까지 불쌍하게도 익은 감이 자기 입안에 떠러저 들어오거나 또는 누구 다른 사람이 가저다가 자기 입안에다 너주기를 바라는 '살림'을 해왔습니다. 과연 가련한 신세엿습니다. …… 우리의 압혜는 한 가지 길만이 허락되야 방긋하게 열려 있을 뿐입니다. …… 두드리는 자만의게 문이 열립니다. …… **장래의 서광을 바라보는 희망에 대한 만족**은 더 절실하고 더 영구하고 더 진한 재미가 있는 것이지마는 이 만족

---

28) 같은 책, 218~219쪽.
29) 이 칼럼은 한국 최초의 체육기자인 이길용이 한국 최초의 스포츠란이라고 평가하고 있을 만큼 당대 체육계지식인의 입장을 대표하고 있었다고 볼 수 있다. 「운동계의 회고와 희망」, 『동아일보』, 1923.1.1.

을 실현식히는데는 두 가지 필수요건을 갓초운 후의 일이올시다. …… 완전한 의식과 철저한 노력! 이것이 나의 조선운동계의 장래를 점치는 유일한 관건이올시다. …… 극동이나 세계 '올림픽'에 출전하게 될 날이 멀지 아니한 것을 밋는 나는 어서어서 이 방면으로도 단단히 정신 채려서 준비해야만 됩니다. 각 학교는 철저히 학생의게 운동을 장려해야 됩니다. 체육이 절대한 학과의 가치가 잇는 것을 확실히 이해하여여 됨이나 정신이 업는 체력이 업는 지식은 차라리 사람을 그르치는 도구가 되고 마는 것을 깨다라야 됩니다.

이와 같이 조선체육협회의 극동올림픽 예선 공개 거행은 형식적이나마 극동올림픽으로 가는 창구를 마련해 주었다는 점에서 체육계 지식인과 식민지 일반 대중들에게 극동올림픽에의 참여가 가까운 미래에 실현될 수 있으리라는 기대와 환상을 가지게 하는 현실적 효과가 있었고,[30] 이는 제국일본이 스포츠의 대중화에 기대한 효과이기도 하였다. 그렇지만 예선전이라는 제도를 통해 조선인에게 심어 주고자 했던 '보편'에의 참여 열망을 유도하였던 것과 달리, 경기 결과 판정이라는 실천 영역 속에서 민족주의적 차별에 의해 편파적으로 판정하거나 부당하게 이의제기를 하는 일본인의 행위는 식민지 조선인에게 오히려 배일(排日)의식을 가지게 만든 요인으로 작용하였다.

---

30) 이 무렵부터 『동아일보』 신문기사에서는 스포츠를 '세계적 웅비(雄飛)'의 수단으로 언급하기 시작하였다. 「세계적으로 웅비하려면 육상경기대회에 참가하라」, 『동아일보』, 1924.6.3. "현대는 모든 것이 국제화하는 때이라 운동계도 지금은 극동에는 극동올림픽이 잇고 세계에는 세계올림픽이 엇어 만일 평소의 수양만 잇스면 용이히 세계운동무대에 나설수 잇슬 것이라 엇지 우리네 사이에 사소한 승리로써 일시적 자위에 편안하고 말랴"(「육상경기대회: 세계적 활약의 첫걸음」, 『동아일보』, 1924.6.25).

다툼은 바로 조선체육협회가 1921년 처음으로 실시한 극동올림픽 육상 조선예선대회부터 발생하였다. 제1차 예선대회의 10마일 마라톤 경기에서 1위로 들어온 김순학(金順學)에 대해 심판진들이 등급을 정할 수 없다고 선언한 것이다. 바로 그가 '인력거꾼'이라는 일본인으로부터의 밀고가 있었기 때문이었다. 현재 이에 대한 당시의 정황을 직접적으로 보여 주는 자료는 없지만, 1922년부터 극동올림픽 육상종목 조선예선전을 겸한 대회로 발전한 제4회 '전 조선 육상경기선수권대회'(1924년 6월 14일)에서 인력거꾼이나 배달원의 출전을 제한했다는 기록에 비추어 보면,[31] 당시 조선인들의 많은 반발이 있었을 것으로 유추해 볼 수 있다. 특히 바로 전해인 1920년 조선체육협회가 개최한 육상경기대회 때와는 완전히 다른 판단이었다는 점에서도 그러하다. 원래 육상과 야구, 정구를 중심으로 조직된 기구인 조선체육협회는 1920년 5월 16일 처음으로 육상경기대회를 개최하였는데, 이 대회의 참가자격으로 자질이 있는 사람은 누구나 참가할 수 있도록 규정하고 있었다. 이에 따라 서울은 물론 평양, 함흥, 밀양, 수원 등지에서 꽤 많은 조선선수들이 참가하여 주목을 끌었을 뿐만 아니라, 특히 조선인 입상자들의 대부분이 인력거 차부이거나 배달원이라는 점에서 이 역시 뉴스의 초점이 될 정도였기 때문이다.[32]

이러한 1921년 극동올림픽 육상 조선예선대회에서의 김순학에 대한 일본 심판들의 판정은 1921년 3월에 제정된 대일본체육협회의 아마

---

31) 임영무, 『체육·스포츠 역사 교육자료집』, 태근, 2001, 221쪽. 하지만 『동아일보』 1924년 6월 24일자 기사에서는 '전 조선 육상경기대회'가 아무런 제한없이 보편적으로 열리기는 이번이 처음이라는 언급이 나온다. 현재 확인할 수 없지만, 최소한 1921년 이후 한동안 인력거꾼과 배달원의 참가가 금지되었던 것으로 판단된다.
32) 김광희, 『여명: 조선체육회, 그 세월과의 싸움』, 207쪽.

추어 규정에 따른 것이었지만, 대일본체육협회의 아마추어 규정은 식민지적 조건 아래에서 극동올림픽의 보편적인 규칙으로 받아들여지기보다는 민족차별적인 조치로 인식되었다. 여기서 우리는 극동올림픽이 내세우는 보편주의적 명분들에 대해 식민지 조선인들이 많은 의구심을 품고 있었고, 이러한 의구심은 실상 '아시아 안의 다양한 균열선'을 자극하는 요소로 작용하였음을 확인할 수 있다.

4. 극동올림픽의 아시아 연대에 대한 현실인식

1) 제10회 극동올림픽 아마추어 복싱 대표 선발전

1934년 제10회 극동올림픽에 대한 식민지 조선의 반응은 그 어느 때보다 뜨거웠다. 1930년대 식민지 조선 권투계의 성장 속에서 제10회 극동올림픽 종목에 권투 종목이 번외(番外)로 행해질 것이 결정되었기 때문이었다.

1930년대 초 식민지 조선의 아마추어 권투계는 일본 메이지대학(明治大學) 출신의 라이트급 황을수(黃乙秀) 선수가 혜성같이 등장하여 국제 경기에서 두각을 나타냄으로써 일종의 호황기를 맞고 있었다. 황을수 선수는 1931년 1월에 필리핀 원정경기에서 결승에 진출하고, 그해 4월 일본에서 열린 세계올림픽대회 선발 예선에서 우승하여 라이트급 동양 선수권을 획득하였으며, 1932년 라이트급 세계올림픽 선발 최종예선에서 준결승과 결승에 모두 KO승을 하여 로스앤젤레스 대회에 나가기도 했던 당대 권투계의 대중적 영웅이었다.[33]

---

33) 대한체육회, 『대한체육회사』, 대한체육회, 1965, 118~119쪽.

한편, 1931년 10월 22일에는 조선일보사 후원 아래 조선체육회 주최의 '전 조선 아마추어권투선수권대회'가 개최되는 한편, 1928년에 결성된 조선권투구락부(朝鮮拳鬪俱樂部) 주최 아래 학생선수권대회가 열리고,

사진 1 일본으로 건너갔던 조선 권투 대표와 인솔자 황을수. 출처: 「극동올림픽에 몇 명이 갈까?(중)」, 『동아일보』, 1934. 3. 31.

1931년 10월에는 배재고보(培栽高普)에 권투부가 신설되기도 하였다.[34] 1932년에 들면 일본으로부터 여러 차례의 내정(來征)이 있고, 전 일본 아마추어 연맹의 초빙을 받아 일본으로 원정 갔던 조선권투구락부의 선수들이 일본 각지로 돌아다니며 곳곳에서 승리함으로써 식민지 조선 내에서 권투가 차지하는 위상은 매우 높아졌다.[35] 이러한 분위기 속에서 조선권투구락부가 1934년 극동올림픽 대회에 선수를 파견할 계획을 가지고 있던 중, 1934년 2월 중 극동올림픽에 대한 일본 측의 제3차 준비위원회가 열려 권투 종목을 번외로 개최할 것을 제안하고 이를 필리핀 체육협회가 정식으로 회답함으로써 일본 선수단의 권투선수 참가가 공식화되었다.[36]

이에 따라 전 조선 아마추어 권투연맹에서는 1934년 2월 7일 시내 백합원(百合園)에서 이사회와 대표위원회를, 12일에는 권투연맹에서

---

34) 같은 책, 118쪽.
35) 「동경대판에 원정 조선무풍을 발휘」, 『동아일보』, 1934. 1. 1.
36) 「일본극동선수 4월 하순에 출발」, 『동아일보』, 1934. 2. 13.

심사위원회를 열어 제10회 극동올림픽 권투경기에 조선 대표선수를 파견하기로 정하고, 3월 2일과 3일 양일간 경성공회당에서 '제10회 극동올림픽 권투 조선예선대회'를 개최하기로 결의하였다.[37] 그리고 2월 말에는 '제10회 극동올림픽 권투 조선예선대회'의 규정이 공포되어, 경기방법은 토너먼트 식으로 하고 경기규칙은 전 조선 아마추어 권투연맹의 규칙에 한하며, 파견할 선수로는 플라이급에서 웰터급까지 총 5명을 파견하기로 정하였다.[38] 이후 식민지 조선 각지의 선수들로부터 참가 신청이 쇄도하여 대성황을 이루었고, 또 대회의 강령(綱領)도 공포되어 그 절차적인 공정성도 확보하고자 하였다.[39] 이윽고 식민지 조선의 권투계로서는 최초의 극동예선대표를 선발하기 위한 대회가 단성사에서 개최되었는데, 입장료(일반 50전, 학생 30전) 수입 전부를 선수파견비로 충당하였다.[40] 선발대회 결과 5명이 선발되었고, 황을수 씨가 인솔을 맡게 되었다.[41]

이러한 과정을 거쳐 선발된 조선권투선수단에 대한 세간의 기대는 매우 컸다. 특히 다음의 칼럼 기사에서 볼 수 있는 바처럼, 선수단 인솔자였던 황을수는 조선선수단과 예상 선수단 간의 승부를 각 체급별로 비

---

37) 「극동올림픽 권투예선」, 『동아일보』, 1934.2.18. 그러나 결의와 달리, '제10회 극동올림픽 권투 조선예선대회'는 3월 10일과 11일에 단성사에서 개최되었다. 이에 대해선 「제10회극동올림픽의 권투예선의 규정」, 『동아일보』, 1934.2.28 참조.
38) 「제10회 극동올림픽의 권투예선의 규정」, 『동아일보』, 1934.2.28.
39) 「극동올림픽을 목표로 임박한 권투예선」, 『동아일보』, 1934.3.7. 공포된 대회강령은 다음과 같다. ① 본 대회는 운동정신과 권투기술을 장려함을 그 목적으로 함. ② 본 대회는 제10회 극동올림픽 권투 일본예선에 파견할 조선 대표선수를 선발함. ③ 경기는 토너먼트 식으로 행함. ④ 경기순서는 개인형편에 의해 변경할 수 없음. ⑤ 심판은 본 연맹에서 제정한 규칙에 의하여 행함. ⑥ 후보선수는 본 연맹 심사부에서 此를 전형(詮衡)함.
40) 「올림픽권투예선 남은 이틀에 흥미 漸高 신청도 금일로 막음」, 『동아일보』, 1934.3.9.
41) 「극동의 覇를 목표로 조선권투 5명 출발」, 『동아일보』, 1934.3.31.

사진 2 준결승에 진출했던 조선 대표 4인. 가운데 두 명 중 좌측이 김창엽, 우측이 박용진.
출처: 「극동올림픽 권투 朝鮮四選手 優勝」, 『동아일보』, 1934.4.10

교적 상세하게 소개하기에 앞서, 조선권투선수단에 거는 흥분감을 표현하고 있다.

> 극동대회! 4년에 한 번씩 돌아오는 이번 극동올림픽대회가 금년 제10회째 열릴 터인바, 만주국이 참가되느니, 되지 못하느니 하여 개최까지가 주저되더니 결국은 남양의 상하(常夏) 나라인 필리핀의 수도 마닐라에서 예년과 같이 열게 되었다.
> 이에 참가한 각각의 선수는 자기네의 기(旗)를 '센터-폴'에 높이 솟게 하고자 용감히 자웅을 겨룰 것이라. 이 생각을 하면 벌써부터 여러 가지 생각이 머리에 떠올라 가슴은 뛰고 피는 끓는다.
> 이번 권투에 있어서는 더 한층 그러하니, 조선에서 처음으로 어찌되었든 권투 부문에 출전을 해보게 되는 이 기회라 가일층(加一層) 흥분은 극도로 높아져 있다.[42]

---

42) 「극동올림픽에 몇 명이 갈까?」(上), 『동아일보』, 1934.3.31.

이 기사의 필자인 황을수는 만일 일본에서의 선발전을 성공리에 마치고 극동올림픽에 참가하여 좋은 성적을 거둔다면, 공식 국기인 일장기가 아니라 식민지 조선의 민족기가 대회장에서 휘날릴 수 있을 것이라 생각함으로써 매우 흥분된 감정을 표현하였다.

사실 1930년 제9회 동경 극동올림픽 대회에서 인도의 독립을 갈구하였던 인도 선수가 공인된 인도 국기를 대신하여 '민족기'를 사용하였다가 영국, 인도, 일본, IOC 간의 외교문제를 촉발시킨 적이 있었다. 이 사건은 극동올림픽에 있어서의 제국주의 종주국의 주권, 식민지에 있어서의 민족주의, IOC의 스포츠 국제주의 간의 대립 도식을 상징하는 사건이었다.[43]

인솔자였던 황을수가 이 사건을 알고 있었는지는 불분명하다. 그렇지만 이와 같은 황을수의 흥분된 감정 표출이 범아시아주의를 표방하였던 극동올림픽의 이상과 달리, 결과적으로는 극동올림픽이 포괄하고자 하였던 '아시아' 내의 식민지적 균열선에 기초한 식민지 조선 체육인의 민족주의적 의식으로부터 비롯되었음은 분명해 보인다.

2) 보편주의적 전략에 의한 '극일'(克日)

극동올림픽 일본 권투대표 선발전을 치르기 위해 일본으로 건너간 조선인 선수단은 1934년 4월 8일과 9일 양일간에 걸쳐 히비야(日比谷) 시정강당에서 거행된 극동올림픽 예선전에 참가하였다. 극동올림픽 예선전

---

43) Ikuo Abe, *Historical Significance of the Far Eastern Championship Games: An International Political Arena*, Bull. Inst. Health & Sports Sci., Univ. of Tsukuba 26, 2003, p.38.

은 일본 3개 지역 대표와 조선 대표가 플라이급에서 라이트급까지 5체급에 걸쳐 토너먼트 형식으로 치렀고, 8일에는 준결승전이 9일에는 최종 결승전이 열렸다.

이 권투대표 선발과정에서는 일본인 심판들의 불공정한 판정이 문제시되었다. 1934년 4월 8~9일, 일본 3개 지역(간토, 간사이, 주부) 대표와 조선 대표가 출전한 극동올림픽 예선전이 히비야 시정강당에서 열렸을 때, 이미 조선 선수들의 실력을 경계한 일본 임원진 사이에 '조선 선수는 반만 뽑자'는 묵계가 맺어져 있었다고 한다. 이 묵계에 따라 희생된 것이 김유창이었다. 준결승전서 주부 대표인 이모토(井本)를 무차별 가격, 판정승으로 결승에 진출한 김유창은 간토 대표로 나선 나카노(中野千代人) 선수와 맞붙었다.[44]

인솔자인 황을수의 예상에서, 나카노 선수는 1932년 세계올림픽 일본대표 선발전 결승에서 석패한 선수로서, 김유창보다는 노련한 점이 있고 원기를 충분하게 지닌 선수이니만큼 3회전을 버틸 만큼의 지구력도 충분한 선수였다.[45] 치고 빠지는 기교파 복서였던 나카노는 김유창의 스트레이트와 훅 연타에 호되게 당한 1라운드 중반 이후 시종일관 링만 빙빙 돌았으나, 심판들은 3라운드가 끝났을 때 4분 1라운드의 연장전을 지시하였고 포인트 면에서 완전 우위에 있던 김유창은 어이가 없어 이번에는 KO로 보내겠다며 정신없이 주먹을 날렸다고 한다. 그리고 종료 종이 울렸을 때, 나카노의 얼굴은 차마 눈을 뜨고는 못 볼 지경이었고, 경

---

44) 노진호, 『민족혼을 두 주먹에』(이야기한국체육사 9), 서울올림픽기념국민체육진흥공단, 1999, 73쪽.
45) 「극동올림픽에 몇 명이 갈까?(中)」, 『동아일보』, 1934.3.31.

기를 취재하러 몰려든 기자들이 상대편의 얼굴을 보고 안타까운 비명을 지를 정도지만, 김유창은 우세한 경기를 이끌고도 어이없는 판정패를 당했다.[46]

이렇게 정정당당한 게임의 룰에 따른 판정이 아니라, 조선선수들의 실력을 경계한 일본 임원진 사이의 묵계에 따른 편파 판정이 이어지자, 김유창의 경기에 뒤이어 경기한 밴텀급의 김창엽(金昌燁)은 이러한 불공정한 심판판정에 대응하여 처음부터 KO를 노림으로써 좋은 결과를 이끌어 낼 수 있었다. 주목할 점은 인솔자로 나섰던 황을수가 이러한 사태를 이미 어느 정도 예견하고 있었다는 점이었다.

김군(金君)!하면 무인광야(無人曠野)를 돌진하는 듯한 감이 있으니, 2회전에 누구를 막론하고 KO를 시켜 중앙에 김군의 손이 높이 올라갈 것이다. 그러나 군(君)의 득의인 왼손(左手) 어퍼커트에 벨트 이하를 조금이라도 가격하는 때에는 심판에 있어서 불리한 처지가 있는 우리에게 어떠한 명심(名審)이 내릴지 모를 것을 주의해야 한다.[47]

이렇듯 처음부터 KO를 노리고 경기에 임했던 김창엽은 조급한 마음에 간사이 대표 안도(安藤)를 맞아 경기를 잘 풀어 나가지 못했다. 다음은 김창엽의 결승 장면에 대한 회상기의 일부이다.

김유창의 경기를 두 눈으로 똑똑히 목격한 조선의 두번째 주자, 밴텀급

---

46) 노진호, 『민족혼을 두 주먹에』, 73쪽.
47) 「극동올림픽에 몇 명이 갈까?」(中), 『동아일보』, 1934.3.31.

의 김창엽은 처음부터 큰 거 한 방을 노렸다. 그러나 간사이 대표 안도(安藤)는 절묘하게 김창엽의 펀치를 피했다. 좌우 훅이 계속 빗나가는 김창엽에 비해 안도는 김창엽의 얼굴에 정확히 펀치를 꽂았다.

3라운드 시작종이 울렸다. 이제 김창엽에게 남은 시간은 불과 3분. 초조해진 김창엽은 무방비 상태로 덤비다 제대로 들어온 안도의 카운터 한 방에 그대로 다운. 카운트 7을 세도록 일어나지 못했다. 안도는 카운트 8에 겨우 일어난 김창엽의 턱을 노렸다. 또다시 다운. 김창엽의 두번째 다운이었다. 이제 승세는 완전히 안도에게로 기울었다. 안도는 세번째 다운을 빼앗으려 대시해 왔다. 그러나 김창엽이 누구인가? 밴텀급의 천하무적, 김창엽 아닌가? 순간 김창엽의 스트레이트가 안도의 명치에 번쩍였다.

이제 링에 서 있는 사람은 김창엽 하나뿐이었다. 안도는 일본인 심판이 '원, 투, 쓰리……' 천천히 카운터를 세는데도 일어서질 못했다. 김창엽의 통계한 역전 KO승.[48]

한편, 예리한 카운터로 포인트를 올려가는 아웃복서 스타일이었던 페더급의 박용진(朴龍辰)의 경우, 황을수의 예상대로라면, 김창엽의 KO로 말미암아 불리한 점도 있을 것 같았다.[49] 막상 결승전 경기에 들어가자 일본 주부 대표였던 기타다(北田)는 '어떻게든 3회까지 버티면 이긴다'는 생각에 슬슬 피해 다녔고, 평소 스타일을 버리고 과감하게 대시하여 기타다를 그로기 상태로 몰고 가며 3라운드 경기를 마친 박용진은 결

---

48) 노진호, 앞의 책, 74쪽.
49) 「극동올림픽에 몇 명이 갈까?」(中).

국 심판 전원일치 판정승을 거두었다.[50]

결국 1934년 도쿄에서 열린 극동올림픽 권투대표 선발전에서 조선인 청년 5명이 참가하여, 밴텀급의 김창엽과 페더급의 박용진이 결승전에서 승리, 정선수로 출전이 확정되고, 결승전에서 판정으로 패한 플라이급의 김유창과 라이트급의 이규환(李圭煥)은 후보 선수로 선발되었다. 그리고 황을수는 극동올림픽 권투대표팀의 코치로 선임되었다.[51]

이 두 선수가 정선수로 출전이 확정된 것에 대한 조선인의 반응은 감격 그 자체였다. 이 두 선수가 소속되어 있었던 조선권투구락부의 사범이었던 성의경(成義慶) 씨는 다음과 같이 그 감흥을 표현하였다.

오직 감격할 뿐입니다. 여러분의 힘입니다. 그리고 홀로 중임을 맡아서 간 황을수 군의 노력은 무엇보다도 찬사를 올리지 않을 수 없습니다. 예상했던 이규환 군이 판정으로 지고 만 것과 김유창 군이 연장에까지 들어가 **판정으로 패한 것은 사실에 있어서 이긴 것보다 못하지 않게 여기는 동시에 오직 아까우면서도 건투를 감사할 뿐입니다.**[52]

판정으로 패한 것이 사실에 있어서 이긴 것과 다를 바 없다는 성의경 씨의 표현은 '아시아인에 의한 아시아의 단결'을 표방하며 극동올림픽을 제국주의적으로 전유하였던 일본의 아시아주의에 대한 식민지 조선 체육인의 인식이 매우 복합적이고 모순적인 양상이었음을 잘 보여

---

50) 노진호, 『민족혼을 두 주먹에』, 74쪽.
51) 「조선의 金, 朴 양 선수 극동올림픽 권투에」, 『동아일보』, 1934.4.11.
52) 같은 글.

준다. 조선권투구락부의
창립자이기도 했던 성의
경은 복싱을 통해 조선 청
년의 체력을 기르고 강인
한 정신을 만듦으로써 이
렇게 길러진 청년의 기상
이 민족의 번영으로 이어
지고 그러면 언젠가 식민

사진 3 1933년 일본원정 권투선수단. 출처: 노진호,
『민족혼을 두 주먹에』, 64쪽.

지 조선에 독립이 오리라는 믿음으로부터 조선권투구락부를 창설했던
인물이었고, 또 일제 통치하임에도 불구하고 1933년 일본 원정경기 동
안 최초로 운동복에 'KOREA'를 부착할 정도로 민족주의적 자각이 있
었던 인물이었다.[53] 이렇게 권투를 조선인의 정신력과 생물학적 우수성
을 과시할 수 있는 수단이라고 여겼던 성의경이 "판정으로 패한 것이 사
실에 있어서 이긴 것과 다를 바 없다"고 언급한 것은 일본 심판진의 불공
정한 판정이라 하더라도 이를 스포츠가 지향하는 보편주의적 가치인 스
포츠맨십에 의하여 일본 심판진에 절대적으로 복종함으로 극복했다는
인식에 기초하고 있다. 즉, 극동올림픽이라는 아시아주의의 제국주의적
기획이 가진 민족차별적 허구성을 민족주의적 전략이 아니라 보편주의
적 전략으로 드러내고 있는 셈이다. 이는 같은 스포츠맨십이라 하더라도
극동올림픽 대회에서 일본이 일본에 대한 아시아 국가들의 '배일'(排日)
을 가리기 위한 수단으로 스포츠맨십 담론을 활용했던 것과는 전혀 다
른 차원의 대응이라고 할 수 있다. 그러나 그렇다 하더라도 이러한 인식

---

53) 노진호, 앞의 책, 46쪽과 64쪽.

이 '극일'이라는 민족주의적 전략으로부터 완전히 벗어나 있다고 볼 수 없는 것은 결국 결과에 승복하는 것이 일본을 이긴 셈이라고 보고 있기 때문이다.

5. 극동올림픽의 아시아 연대에 대한 '상상적 참여'

1) 1927년 극동올림픽 대표 와세다 대학 축구단의 귀국길 방문 경기

1921년 일본체육협회 회장의 제안을 받아들여 조선체육협회가 극동대회 전 일본 예선을 조선에서도 개최하게 되었지만, 조선체육협회의 부당한 민족차별적 판정 등은 사실상 조선인을 배제하는 결과를 가져왔다. 이에 따라 조선인들은 1921년 상해 대회 때 번외로 참가하고, 1925년 제7회 마닐라 대회 때 주요섭(朱耀燮), 현정주(玄正柱), 김영호(金永鎬) 등이 중국 선수단의 일원으로 참가할 수 있었으며, 일본 선수단의 일원으로 참여하게 되었던 것도 1934년 제10회 대회에 들어서야 비로소 가능했다.

이렇게 사실상 조선인의 극동올림픽 참가가 불가능한 상황 속에서 1927년 극동올림픽 대표 와세다 대학 미식축구단의 귀국길 방문경기는 '극동올림픽' 참가 일본선수단과 조선인 팀과의 대결 이벤트였다는 점에서 1920년대 중반 이후 상업화 경쟁을 벌이고 있던 언론사에겐 결코 놓칠 수 없는 소위 최고의 흥행 카드였다.

1927년 8월 말 제8회 극동올림픽이 개막되기 직전인 2주일 전부터 이미 이 계획은 언론지상을 통해 보도되기 시작하였다. 1927년 8월 15일자 『동아일보』는 극동올림픽 일본대표 와세다 대학 축구팀이 대회 종료 후 귀국길에 조선을 경유할 것을 기회 삼아 평양에서 2회전, 경성에서 2회전을 개최할 것이라고 보도하였다.[54] 그리고 『동아일보』는 이 방문경기를 '제2회 구락부야구연맹전', '제5회 전 조선 중등교 대항 육상경기대회', '제5회 전 조선 여자정구대회'와 함께 1927년 가을에 펼쳐질 '4대 운동' 중의 하나인 것으로 큰 의미를 부여하기도 하였다.[55] 그 밖에도 와세다 대학 축구팀이 만주에서의 일정 탓에 늦게 도착하게 될 것이라는 소식, 그리고 9월 13일 평양에 도착하여 14일 평양 숭실전문학교, 15일 평양 무오전문학교와 경기를 가졌다는 소식

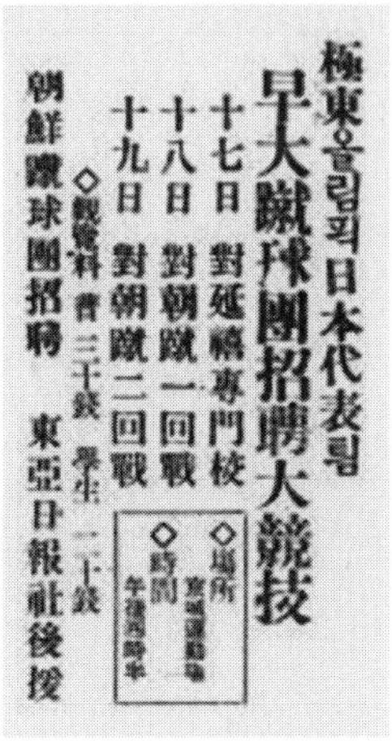
極東올림픽日本代表팀
早大蹴球團招聘大競技
十七日 對延禧專門校
十八日 對朝蹴一回戰
十九日 對朝蹴二回戰
◇場所 京城運動場
◇時間 午後四時半
◇觀覽料 普三十錢 學生二十錢
朝鮮蹴球團招聘 東亞日報社後援

사진 4 경기일정에 대한 『동아일보』의 광고

등을 상세히 보도함으로써, 9월 17일 이후 동아일보사 후원으로 펼쳐질 경성운동장에서의 경기에 대한 많은 관심을 촉구하기도 하였다.[56] 특히 9월 16일자 기사에서는 '평양의 맹장'이라고 평가받고 있는 숭실과의 상세한 경기 하이라이트까지 지면에 소개할 정도로, 와세다 대학 축구단의 전력에 대한 세심한 탐색을 하기도 하였다.

한편 동아일보사는 조선의 패자(覇者)인 조선축구단이 1926년 가을 일본 원정 경기에서 1 대 1로 비겼음을 강조하면서, 이 경기가 극동대회에서 처음으로 필리핀 대표를 이긴 일본대표와 조선의 패자 간의 일종의 리턴매치로서 다시 올 수 없는 '조선의 축구 역사상 미증유의 대경

---

54) 「극동에 출장할 조대 축구」, 『동아일보』, 1927.8.15.
55) 「신추의 4대 운동」, 『동아일보』, 1927.9.9.
56) 「조대 축구단 내정일자 지연」, 『동아일보』, 1927.9.11; 「극동의 일본대표 조대 축구 초빙전」, 『동아일보』, 1927.9.16.

기'이자 기회라고 대대적으로 홍보하였다. 또한 경성에서의 초빙경기가 당시 상당한 관심을 불러일으켰던 만큼, 동아일보사는 이 경기에 대한 기부를 적극 유치하기도 했다. 따라서 '대창양화점'이라는 곳으로부터 입장권 5천 장 인쇄를 기부받았고, 또 '갑양운동상회'라는 곳으로부터도 경기에 사용된 용구를 기부받기도 하였다.[57]

2) '상상적 참여'의 미디어 이벤트

민족주의적 표상과 경험은 피억압 민중의 세계상이 형성되는 데 큰 기여를 했다. 1919년 3·1운동, 1926년 6·10만세운동, 1926년 영화 「아리랑」의 대히트, 1929~1930년의 학생시위, 1935년 유성영화 「춘향전」의 개봉 등은 '대중'과 '민족'이 폭발적으로 화학 결합하여 생겨난 사건들이며, 사건을 통해 '대중'과 '민족'은 재생산되었다. 특히 1926년 순종 인산과 만세운동은 그 양태를 가장 잘 보여 주는 사건이었다. 그러나 '민족'의 표상이었던 순종의 죽음으로 인해 '슬픔'이 전 계층적으로 확산되는 것과는 어울리지 않게, 매스미디어를 비롯한 일부 계층은 민족주의적 정서를 자본주의적 이윤 획득의 수단으로 활용하기도 하였다.[58]

다분히 민족주의적 정서를 이용한 미디어 이벤트로서, 1927년 동아일보사 후원의 와세다 대학 축구단 초빙경기는 당시 조선의 대중들에게 극동올림픽을 경성운동장으로 옮겨놓은 듯한 착각과 상상을 불러일으키기에 충분했다. 결과는 그야말로 대성황이었다.

---

57) 「극동올림픽 패자 조대군 초빙 축구전」, 『동아일보』, 1927.9.17; 「조선의 축구사상 미증유의 대경기」, 『동아일보』, 1927.9.18.
58) 천정환, 『끝나지 않은 신드롬』, 148~184쪽.

놓치기 어려운 초기록(超記錄)의 장쾌한 접전을 보려는 관중은 정각 전부터 넓은 육상경기장의 '메인스탠드' 편이 극히 적은 부분을 남기고는 입추의 여지조차 없는 근래 희유(稀有)의 대성황을 이루었다. 이것이 비록 초빙경기라 하나 그 밖에 숨어 있는 것은 극동대표팀이 일본팀을 맞은 연희전문학교 군의 접전이 과연 어떠할 것인가 하는 초조한 가슴을 움켜쥔 천을 넘는 관중의 흥분과 긴장은 실로 옮겨져 가는 전개를 따라 때로는 박수 때로는 환호의 고함이 뒤섞여 **자못 장내의 공기는 극동경기장을 옮겨 놓은 정도로** 고조되었었다.[59]

이 경기는 경성운동장의 객석을 거의 모두 채울 정도로 입추의 여지가 없었고, 극동올림픽을 경성운동장으로 옮겨 놓은 느낌을 들게 할 정도였다. 이 초청경기에 대한 조선 대중들의 반응과 그 이유에 대해 이길용 기자는 다음과 같이 언급하고 있다.

금년은 축구의 대풍년이다. …… 이로써 얼마 동안 끊어졌던 축구계에 일대 획기적인 게임이 열리게 되었으니 그것은 동양의 스포츠 전당인 제8회 극동올림픽 대회에 일본을 대표하여 파견되었던 와세다 대학 축구단이 처음으로 필리핀 대표팀을 이겨 가지고 돌아가는 길에 평양과 경성에서 전전한바, 경성에서는 본사 후원으로 연 3일간 의의 있는 대회가 열리게 되었으니 일반 관중의 인기는 실로 그칠 바를 모를 만하였다. 그것은 와세다 대학 축구단이 조선축구단이 전년 가을 동경에 원정 갔을 때 1:1 무승부로 마쳤던 후라 그 미결된 승부를 결하는 마당이었

---

59) 「龍襄虎博秋空에 대전」, 『동아일보』, 1927.9.19.

던 때문이었다. 이보다 한층 더 일반의 기대를 자아냈던 것은 극동대회에 출장했던 팀인 관계였기 때문이었다.[60]

이렇게 볼 때, 표면적으로 1927년 와세다 대학 축구단 초빙 경기는 동아일보사가 민족주의 정서를 이용한 상업적인 미디어 이벤트로 개최되었던 것이지만, 이길용 기자가 정확하게 지적하고 있듯이, 이 초빙경기에 많은 대중들이 열광적인 반응을 보였던 것은 한일 간의 대결이라는 민족주의적 측면뿐만 아니라 극동올림픽 대표팀과의 대결이라는 점에서 극동올림픽에의 상상적인 참여라는 측면이 크게 작용했던 것이다.

6. 맺음말

1913년 제1회 대회가 개최된 극동올림픽은 표면적으로 동아시아 국가들 간의 연대를 표방한 대회였으나 1920년대 이후 동아시아에서 미국이 가지고 있던 패권에 대한 도전세력으로 등장한 일본이 이를 침략적이고 제국주의적인 아시아주의로 전유시켰다. 그렇다면 당시 국가를 상실하였던 조선, 대만을 비롯한 아시아의 식민지인들은 극동올림픽에 대해 어떠한 반응을 보였으며 더 나아가 극동올림픽이 표방한 아시아 연대에 대해서는 어떠한 인식을 가지고 있었는가? 이 글은 이 질문들에 대한 해답을 본격적으로 탐색하기에 앞서 기존 논의를 통해 잠정적으로 어느 정도의 이론적 전제를 설정해 두고 출발하였다. 즉, 극동올림픽의 참가국과 달리 한국은 지역적으로는 아시아의 일원이지만 동시에 일본의 식

---

60) 「정묘 1년간의 조선체육계 회고」, 『동아일보』, 1928.1.1.

민 지배를 받고 있었기 때문에, 아시아의 일원이 아니기도 했던 특수한 지위를 점하고 있었고, 이 때문에 극동올림픽에 대한 반응을 통해서 보여지는 극동올림픽의 참가국들의 아시아 연대에 대한 극명한 인식과는 달리, 식민지 조선인의 극동올림픽을 통한 아시아 연대에 대한 인식은 보다 복합적이고 모순적인 양상을 보일 것이라는 이론적 전제를 설정해 두고 탐구를 시작하였다.

실제로 주로 일본 연구자들을 중심으로 이뤄진 극동올림픽 관련 연구들에서는 극동올림픽에 대한 참가국의 반응을 소개하였는데, 이들 연구의 대부분은 극동올림픽 참가국의 아시아 연대에 대한 인식이 상당히 극명한 인식이었다는 결론에 도달하였다. 1920년대 이후 극동올림픽의 주도권을 잡기 시작한 일본이 이 대회를 아시아 국가들 간 화합의 제전으로 상상화시키고자 하였지만, 이러한 일본의 의도와 달리 일본의 제국주의적 침략이 가속화됨에 따라 극동올림픽 개최기간 중 일본을 제외한 참가국에서는 배일운동이 빈번히 발생하고 있음을 보여 주었는가 하면, 1934년 10회 대회 즈음 만주국 참가 문제에 대한 연구에서는 중국 측의 반응이 일관되게 반대 입장을 보였다는 연구결과를 보여 주기도 하였다.

그러나 식민지 조선인의 반응은 중국과 필리핀 등지의 반응과는 완연히 달랐다고 할 수 있다. 우선 조선인의 독자적인 극동올림픽 참가를 봉쇄한 대가로 개최된 일본대표 선발을 위한 조선지역 예선대회에 참여할 것인가의 여부에 대한 조선체육회의 결정은 타협주의적 노선에 의거한 '참여 속의 극일(克日)'이었다. 말하자면 일본체육협회가 주최하는 대회에 참가하는 것에 원칙적으로 반대하면서도 참가하는 것으로 방향 선회한 것은 극동올림픽 예선대회가 세계대회에 참가할 수 있는 유일한 '통로'였기 때문이었다. 더불어 국가를 상실한 식민지의 현실에서 극동올림픽과 같은 대회는 상호 합의된 공정하고 합리적인 룰에 의해 진행되는 가운데 동시에 조선 민족의 신체적 우수성을 만방에 알림으로써 조선 민족의 존재를 증명할 수 있는 장(場)이기도 했기 때문이었다.

따라서 대회의 개최 경위가 무엇이었든지 간에 상관없이, 극동올림픽 조선예선대회가 개최되었을 때 보인 조선인들의 열화와 같은 반응은 조선인의 극동올림픽 참가가 가까운 미래에 실현될 수 있으리라는 기대감에서 오는 지극히 자연스러운 반응이었다. 하지만 (1921년 제1차 육상예선대회의 김순학 사례에서 볼 수 있듯이) 그러한 식민지 대중들의 기대는 게임의 룰 그 자체가 공정하지 않다는 식민지 조선인의 의구심과 화학반응함으로써 조선인의 배일(排日)의식으로 전환되기 일쑤였다. 이러한 측면에서 보면, 극동올림픽 조선예선대회를 통해 본 1920년대 초반 식민지 조선인의 아시아 연대에 대한 인식은 기대감과 의구심 그 사이의 어느 영역에 속한 것이었다.

하지만 최종적으로 조선인이 조선지역대표로 선발됨으로써 극동올림픽 일본대표 선발전에 참가하게 된 1934년 복싱 대표선수단 사례의 경우, 극동올림픽이 표방한 아시아 연대에 대한 식민지 조선 엘리트 체육계 인사의 인식은 기대감과 의구심의 회색지대를 지나 보다 명확한 인식 영역으로 옮겨 가게 되었다. 1934년 조선인 두 명이 일본 권투대표로 선발되어 극동올림픽에 참가하게 된 것에 대한 감회를 표현했던 조선권투구락부 사범 성의경 씨의 "판정에서 패한 것이 사실에 있어서 이긴 것과 다를 바 없다"는 표현에서 알 수 있듯이, 당시 식민지 조선인들은 (기본적으로는 민족주의적 사고틀에 입각해 있었다 하더라도) 식민지인을 배제하려는 일본 심판들의 불공정한 판정에 대해 무조건 반발하기보다는 올림픽이라는 근대 스포츠가 지향하는 건전한 스포츠정신과 이미 정해진 룰에 대한 무조건적 승복이라는 보편적 가치를 통해 불공정 판정을 극복하고자 하였다. 이러한 식민지 조선인의 반응은 뒤집어 보면 (극동올림픽이 내세우는 이상과 달리) 현실의 극동올림픽이 '식민지인을 배제하지 않는, 공정한 룰에 의한 민족경합의 장'이 되지 못하였음을 식민지 조선인이 명확히 인식하고 있었다는 것을 보여 준다. 즉, 당시 체육계 지식인들은 극동올림픽이 표명하였던 아시아 연대가 가진 허구성에 대해 명확히 이해하고 있었던 것이다.

이렇게 1930년대 극동올림픽이 표명한 아시아 연대의 허구성을 식민지 조선인이 명확히 인식하고 있었다 하더라도 그것은 어디까지나 일부 지식인에 국한되었을 뿐이었으며, 직접적으로 조선인이 일본대표선수단의 일원으로 극동올림픽에 참가했던 것 또한 1934년 제10회 대회가 처음이자 마지막이었다. 그런 점에서 보면, 일제강점기 조선인의 극동올림픽에 대한 반응과 그를 통해서 볼 수 있는 아시아 연대에 대한 인식은 대부분 '기대감과 의구심 사이의 어느 영역에 속한 것'이거나, 혹은 1927년 극동올림픽 일본대표 와세다 대학 축구단의 식민지 순회 초청경기 사례에서 볼 수 있듯이 (상업주의와 민족주의, 그리고 세계주의가 절묘하게 결합되어 개최된 미디어 이벤트에 대해 상당수 식민지 대중들이 '자기위안적으로 열광'하였다는 점에서 보면) 상상적인 차원에서 극동올림픽에 아시아의 일원으로 참가하게 되었다는 '자기최면'에 가까운 것이었다고 볼 수 있지 않을까? 필자가 도달한 잠정적 해답을 이와 같이 의문문의 형태로밖에 제시할 수 없다는 점에 대해 필자 스스로 능력의 부족함을 통감하며, 이는 향후 일제강점기 스포츠이벤트에 대한 많은 사례연구를 통해 일반화되어 평서문으로 서술될 수 있기를 기대한다.

3장_인도 청년 자전거 조선 방문기

: 근대의 체험과 호명된 아시아

이민주

1. 근대 이벤트의 탄생: 세계일주 인도 청년의 조선 방문

1920년대 조선인들에게 인도는 '간디', '타고르', '사티아그라하'의 나라
였다. 당시 조선어 신문들은 인도와 관련된 기사를 다룰 때마다 이들 단
어를 내세워 인도를 묘사했다. 그러나 인접국가도 아닌 인도에 대해 조
선어 민간신문이나 잡지가 만들어 내고 있었던 담론은 직접적인 경험이
나 만남을 기반으로 한 것이었다기보다는 서구를 매개로 하거나 서구에
대한 저항에 집중한 결과였다. 간디나 네루가 식민지배에 저항하는 인
도 정치인들에 대한 관심의 반영이었다면 타고르나 나이두와 같은 시인
에 대한 관심은 서구가 영어로 번역하여 소개한 것에서 비롯되었다. '싸
치아그라하' 역시 간디가 주도한 비폭력 저항운동의 근본정신을 일컫는
말이었다. 여기에, 이국적인 자연환경과 '석가모니'를 위시한 종교적 영
역을 가미하면, 1920년대 조선인들이 '인도'라는 두 글자에서 환기해 낼
수 있었던 대상들의 대부분이 설명된다. 두 인도 청년이 자전거 세계일
주 중에 조선을 방문한 것은 이러한 1920년대의 중반, 1926년에 막 들어

섰을 때였다. 두 인도 청년은 미국과 일본을 거쳐 1926년 2월 5일 부산항에 들어왔고 이후 두 달에 걸쳐 자전거로 조선 땅을 답파했다.

한국의 역사서나 연표 어디에도 작은 점으로조차 기록되지 않은 '사건'이었지만 조선어 민간신문, 특히 『조선일보』는 이들의 방문을 거의 매일 지면을 통해 상세히 보도했고, 조선의 일반 민중들은 멀리 남방의 이국에서 온 검은 얼굴의 인도인을 직접 보기 위해 그들이 가는 곳마다 모여들었다. 이전에도 이후에도, 인접 국가도 아니고 서구 사람도 아닌 '동양 사람'이 조선을 방문하는 것은 흔한 일이 아니었다. 조선의 상류계층도 아닌 일반 민중에게 인도 청년을 직접 본다는 것은 더욱 희귀한 일이었을 것이다. 실제 조선어 신문들이 인도 청년들을 진귀한 손님, 즉 '진객'(珍客)이라고 불렀던 것을 통해서 이를 잘 알 수 있다. 그렇다면 두 인도 청년의 자전거 바퀴가 조선에 남기고 간 것은 무엇이었을까? 무엇보다 인도와 직접적인 접촉이 없었던 조선의 일반 민중들은 이들의 방문을 통해 무엇을 느꼈을까?

여기에서는 두 인도 청년의 조선 방문이 갖는 의미에 접근해 보기 위해 이와 관련된 조선어 신문의 사료를 모두 수집하여 분석하였다. 중점적으로 분석한 신문은 『동아일보』와 『조선일보』이며 기관지였던 『매일신보』도 분석대상에 포함하였다.[1] 이들 신문에서 1926년 조선을 방문한 두 인도 청년에 관련된 기사를 모두 수집하여 그 내용을 살펴보았다.

---

1) 당시 조선어 민간신문으로는 『동아일보』와 『조선일보』, 『시대일보』 세 신문이 발행되고 있었으나 한국학연구원에서 펴낸 『시대일보』 영인본에는 1926년 2월 4일~4월 19일 사이의 신문이 누락되어 있기 때문에 관련기사를 찾아볼 수 없었다. 『시대일보』의 경우 영인본을 살펴보면 훼손된 부분을 많이 발견할 수 있는데 잦은 체제전환으로 인해 다른 신문사에 비해 상대적으로 발행했던 신문의 보존이 어려웠을 것이다. 1926년 2~4월 신문은, 전후에 게재된 신문의 발행호수 차이로 보아 발행은 되었으나 보존되지 못해 누락된 것으로 보인다.

특히, 인도 청년의 조선 방문에 대해서는 아직까지 신문기사 이외의 공식적인 기록을 찾아볼 수 없으므로, 두 달에 걸친 신문보도 내용을 토대로 하여 두 인도 청년의 조선 방문 일정을 미시적으로 재구성해 보고, 이들의 방문을 겪으면서 일반 조선인들이 체험한 것은 무엇이었는지, 인도 청년을 통해 조선어 민간신문과 조선의 지식인들이 호명해 낸 아시아 개념은 어떤 것이었는지 살펴보고자 한다. 이를 위해 먼저 식민지 시기 조선에서 인도가 어떤 의미를 갖고 있었는지에 대한 기존 연구들을 검토해 보고 이를 통해 본 연구의 방향을 설정한 후 본격적으로 당시의 신문사료 내용을 분석해 볼 것이다.

2. 식민지 조선에서 인도가 갖는 의미에 대한 기존 탐색과 본고의 방향

식민지 시기 조선이 인도를 어떻게 인식하고 있었는지에 대한 연구는 놀랍게도 많지 않다. 당시 조선어 민간신문에서 인도가 자주 언급되었다는 점과 같은 시기에 열강의 식민지였다는 동질성을 고려해 본다면 꽤 많은 연구가 진행되었을 것도 같은데, 식민지 조선에서 인도가 갖는 의미에 대한 연구는 최근에 이르기까지도 문학적인 측면에서 타고르 시의 영향력을 논하는 것에 집중되어 있는 것으로 보인다. 특히 만해 한용운의 시집 『님의 침묵』에 타고르의 시가 어떤 영향을 미쳤는가가 주로 논의되었고[2] 이외에 타고르 시의 번역문제를 다룬 연구,[3] 시인 신석정에 대한 타고르의 영향에 대한 고찰,[4] 소파 방정환의 타고르 번역시에 대한 논의[5] 등을 찾아볼 수 있다. 이옥순은 보다 근본적으로 타고르에 접근하여 식민지 조선에서 그가 갖는 의미를 서양이 인정한 '좋은 동양'과 서구를 닮지 않은 '나쁜 동양'으로 나누어 오리엔탈리즘과 옥시덴탈리즘의

일단으로 이를 해석하였다.[6)]

타고르 혹은 타고르 시의 영향에 대한 논의를 제외하고 식민지 조선의 인도 인식을 중점적으로 살펴본 연구로는 이옥순의 연구가 대표적이다. 이옥순은 먼저 1920~30년대 식민지 시기 한국인이 동시대 영국의 식민지 인도를 바라본 방식에 대해 고찰한 바 있었는데,[7)] 이는 곧 저서 『식민지 조선의 희망과 절망, 인도』로 간행되었다.[8)] 1920년~1940년 사이에 신문에 게재된 인도 관련 기사들을 분석하여 그 다층적 의미에 대해 논하고 있는 이 책은 식민지 조선의 인도에 대한 인식을 본격적으로, 그리고 가장 광범위하게 다루고 있다. 이에 따르면, 인도의 민족주의에 대한 조선의 연민과 동일시는 일본 제국주의에 대한 비판과 저항을 은유하는 것이었다. 곧 희생자 인도를 억압한 영국과 조선을 지배하는 일본을 동일시하면서 조선인에게 희생을 강요하는 일본 제국주의의 부당함을 공격하고 나아가 그에 저항하는 조선의 민족운동을 정당화했다는 것이다. 그러나 이옥순은 또한 인도에 대한 인식이 식민지 시기 내내 동

---

2) 이수정, 「『님의 침묵』에 나타난 R. 타고르의 영향관계 연구: 『원정』을 중심으로」, 『관악어문연구』, 28호, 2003, 459~479쪽; 이은구, 「『님의 침묵』에 나타난 타고르(R. Tagore)의 사상적 영향 고찰」, 『한민족문화연구』, 32집, 2010, 215~243쪽; 하재연, 「'조선'의 언어로 한용운에게 찾아온 '생각': 『기탄잘리』와의 비교 분석을 통해 본 한용운의 『님의 침묵』」, 『한국근대문학연구』, 20호, 2009, 275~302쪽.

3) 오문석, 「1920년대 인도 시인의 유입과 탈식민성의 모색」, 『민족문학사연구』, 45호, 2011, 30~51쪽; 정영효, 「욕망으로서의 번역과 오역 사이: 타고르의 『Gitanjali』와 김억의 『기탄자리』」, 『어문논총』, 52호, 2010, 287~313쪽.

4) 박삼서, 「한국문학과 도교사상 – 석정의 시사상과 타고르의 영향을 중심으로」, 『국어교육』, 83호, 1994, 201~222쪽.

5) 장정희, 「1920년대 타고르 시의 수용과 소파 방정환의 위치」, 『인문연구』, 63호, 2011, 1~28쪽.

6) 이옥순, 「식민지 조선의 '동양', 타고르의 '동양'」, 『담론201』, 7권 2호, 2005, 55~81쪽.

7) 이옥순, 「식민지 한국의 인도 인식 I」, 『동방학지』, 126호, 2004, 253~290쪽.

8) 이옥순, 『식민지 조선의 희망과 절망, 인도』, 푸른역사, 2006.

질적인 것은 아니었음을 지적하는데, 1920년대와 30년대, 좌파와 우파, 『조선일보』와 『동아일보』 등에 따라 달랐다고 한다.[9] 게다가 여기에 동양이지만 제국으로서 조선을 지배하고 있었던 일본의 인식까지 영향을 미치면서 식민지 시기 인도에 대한 인식은 매우 복잡한 것이었다.

본고의 방향에 대한 논의는 바로 여기에서 시작된다. 이렇게 인식의 층위가 시기, 정파, 인식의 주체자, 정치적 상황 등에 따라 달라질 수 있는 것이었다면 다층적인 인식을 한 번에 그려내려고 하거나 어느 한 층위만을 따로 집중적으로 분석하기보다는 특정 사건을 중심으로 형성된 단일한 인식을 보는 것이 용이할 수 있다. 이옥순이 지적하고 있듯이 식민시 소선인의 정체성 역시 제국/식민, 복종/저항과 같은 이분법에 의해서만 결정되는 것이 아니었다는 점에서도 조선인이 인도를 바라보는 시각을 동양문명론이냐 식민지 희생자로서의 동질성이냐로 나눌 필요는 없으며 오히려 특정 사건에 미시적으로 접근하여 그 의미를 읽어 내는 것이 더욱 유의미할 수 있다. 이에 여기에서는 1926년 조선을 방문한 두 인도 청년에 대한 조선인의 인식과 그 의미를, 사건의 미시적 재구성과 이러한 경험을 통해 호명된 '아시아'의 개념이 어떤 것이었나를 중심으로 살펴보고자 한다.

이를 위해 본고는 조선어 신문에 게재된 두 인도 청년의 방문에 대한 기사들을 수집하여 그 내용을 분석하였다. 당시의 조선어 잡지들과 일본어 잡지도 일부 참조하고자 했으나 관련기사가 많지 않아 조선어 신문에 게재된 내용을 분석하는 것에 초점을 두었다. 다음에서는 수집된 기사의 내용을 바탕으로 두 인도 청년의 여정을 재구성해 보고 조선의

---

9) 이옥순, 『식민지 조선의 희망과 절망, 인도』, 82~83쪽.

민중과 이들의 만남이 갖는 의미에 대해 고찰해 보고자 한다.

3. 두 인도 청년의 자전거 조선방문기: 사건의 재구성

두 인도 청년의 조선 방문을 처음 기사로 알린 것은 『매일신보』였다. 『매일신보』는 1926년 2월 6일자 2면에 "세계일주 두 청년 4년 만에 내조(來朝)"라는 제목의 '부산특전' 기사를 게재하여 '세계자전거일주'를 떠난 지 4년 만에 두 인도 청년이 부산에 도착했음을 보도했다. 기사는 이들이 부산에서 하루 묵고 6일 아침 경성으로 향할 예정이라고 밝혔으며, "구미각국과 일본을 돌아다닌 후 조선에 이르기까지는 갖은 고생과 갖은 박해"가 많아 6명이나 되었던 일행이 둘로 줄었다고 설명했다. 또한 그들이 갖고 다니는 '서명록'에 서명한 세계의 유명인들에 대해서도 언급했다.[10] 『매일신보』는 다음 날 신문의 1면 좌측 상단에 두 청년의 사진을 3단에 걸친 크기로 "삼 년 계획으로 세계일주: 자전차로 조선을 종단하려는 인도의 이(二) 청년"이라는 제목과 함께 보도했다.

　『동아일보』와 『조선일보』 역시 2월 7일자 2면에 두 인도 청년의 부산 도착을 알리는 기사를 게재했다. 『동아일보』는 "자전차로 세계일주"라는 제목과 "부산까지 도착한 인도의 두 청년"이라는 부제로, '재재작년' 11월 15일 봄베이를 출발하여 작년 12월 10일 일본에 도착한 뒤 동경을 거쳐 조선에 들어온 일정과 경성, 평양, 천진, 북경, 상해, 캘커타를 지나 귀국할 것이라는 이후의 여정을 간략히 소개했다.[11] 『조선일보』는

---

10) 「세계일주 二청년 4년 만에 來朝」, 『매일신보』, 1926.2.6, 2면.
11) 「자전차로 세계일주: 부산까지 도착한 인도의 두 청년」, 『동아일보』, 1926.2.7, 2면.

"작열(灼熱)상하(常夏)의 인도국에서 지사청년 양명(兩名)이 내조(來朝)"라는 제목 아래 두 인도 청년의 신상과 여행목적에 대해서도 간략히 언급했는데 이에 따르면 '폼페이' 대학 철학과를 졸업한 '파파소라'군과 같은 고등학교를 졸업한 '판카라'군은 "진취적 인도의 국내적(國內的) 의기를 세계에 드러내려고 자전거로써 삼 년간 계획을 하여 가지고 1923년 가을에 장도(壯圖)의 여장을 수습 후 출발하였"다.[12] 이들 기사의 내용을 토대로 한다면, 두 인도 청년은 다른 인도인 동료들과 함께 전 세계에 인도를 알리기 위해 3년 예정으로 자전거 세계일주를 하기로 하고, 1923년 11월 15일 봄베이를 출발했다. 이후 유럽과 미국, 일본을 거쳐 1926년 2월 조선에 들어왔고, 이 과정에서 동료들이 줄어 결국 둘만 남게 되었다. 부산에서 시작한 조선답사는 경성, 평양을 거쳐 중국으로 연결될 예정이었다. 그러나 처음부터 조선을 목적지의 하나로 설정해 두었는지, 일본에서 중국으로 가는 길목으로 단순히 거쳐 갈 예정이었는지는 분명하지 않다. 확실한 것은 두 인도 청년의 조선 방문은 세 조선어 신문이 모두 보도할 정도로 미디어의 관심을 끌었다는 점이다.

5일 부산에 도착한 인도 청년들은 금방이라도 경성에 도착할 듯했지만 쉽게 경성에 도달하지는 못했던 것으로 보인다. 1926년 2월 10일 『조선일보』조간 2면에는 다음과 같은 짤막한 기사가 게재되었다.

자뎐거라는 극히 간단한 두 박휘에 몸을 싯고 상하(常夏)의 나라 인도로부터 세계일주의 장거의 길을 떠난 '따불유 빠파솔라'와 '따불유 지쀔구라' 량씨는 이래 삼 년이란 긴 동안을 '아라비아' 반도와 북'아프리

---

12) 「灼熱常夏의 인도국에서 지사청년 兩名이 내조」, 『조선일보』, 1926.2.7, 석간 2면.

카'를 횡단하야 '이타리아' 남으로부터 북으로 구라파를 밟어 영국을 거처 미국으로부터 작년 십이월에 일본에 이르럿든바 그곳의 려뎡을 마치고 지난 오일 부산에 상륙하야 류일 아츰에 북으로 향하야 출발 하얏다 함은 긔보한 바어니와 종내의 속도로 보아 느저도 구일에는 경성에 도착되얏슬터인데 아직까지 아모 종적이 업슴으로 일반은 매우 궁금히 녁이는 중이라더라[13]

아직 경성에 도착하지도 않은 인도 청년 일행에 대해 자못 궁금한 감정을 숨기지 않는 이 기사는 이들에 대한 조선의 관심이 어떠했는가를 잘 보여 준다. 이후 실제로 인도 청년들이 자전거를 타고 경성에 도착한 것은 18일이었는데 『조선일보』는 부산에 들어온 인도 청년들이 경성에 도착하는 날짜가 늦어지자 조바심을 내며 "소식이 묘연한 인도 청년의 일행"이라는 제목의 위의 기사를 냈고, 이후 경성에 도착하기까지의 여정과 차후 일정을 거의 매일 지면을 통해 보도했다. 이 기사들을 살펴보면 당일까지의 여정과 이후의 일정을 '~한다더라'와 같은 형식으로 기술하고 있지만 기사에서 제시한 대로 이후의 일정이 지켜지는 경우는 많지 않았다. 신문에 보도된 내용을 바탕으로 하되, 확인된 일정만 반영하여 두 인도 청년의 부산-경성 간 여정을 재구성해 보면 다음과 같다.

인도 봄베이 대학 철학과를 졸업한 '빠파솔라'(29)군과 아직 재학 중인 '뻼가라'(23)군,[14] 두 인도 청년은 5일 아침 관부연락선(關釜連絡船)

---

13) 「소식이 묘연한 인도 청년의 일행」, 『조선일보』, 1926.2.10, 조간 2면.
14) 「수려한 강산, 순후한 인정 歷路 도처의 환영을 感佩」, 『조선일보』, 1926.2.18, 석간 2면.

으로 부산에 도착했다.[15] 이들이 한국에 도착해서 바로 느꼈던 것은 언어가 통하지 않아 힘들다는 것과 도로가 정비되어 있지 않아 험악하다는 것, 그리고 기후가 춥다는 것이었다.[16] 다음 날 아침 부산을 떠나면서 조선말을 꼭 한마디 배웠다. '서울을 어디로 갑니까?'가 그것이었다. 당일로 경주 불국사에 이르러 하루를 쉬었다. 경주와 대구 등지를 들러 상주에 도착한 것은[17] 10일 오후 2시경. 상주에 도착하여 조선의 신문사인 『동아일보』 상주지국을 방문했다. 지국원과 기자들의 안내로 상주 시내를 구경하는데 조선 사람들이 자꾸 모여들어 어디를 가도 대성황이었다. 상주지국기자와 기념사진 촬영까지 하고 상주 '앵옥여관'이라는 곳에서 그날 밤을 쉬었다. 11일 오전 9시 다시 서울을 향해 출발했다.[18] 문경재를 넘어 충북 충주에 도착한 것이 13일이었다. 여기서는 『조선일보』 지국의 안내로 하룻밤을 쉰 후 14일 오전 9시에 다시 서울을 향해 자전거를 달렸다.[19] 그러나 충주에서부터 서울까지의 도로가 매우 험악하여 금방 서울에 도착될 줄 알았던 일정이 지체되었다. 50리가량 가서 다시 하룻밤을 쉬고 15일 낮에야 겨우 장호원에 도착했다. 15일을 장호원에서 머물고 16일 아침에 떠나면 당일 오후에는 서울에 도착할 수 있을 듯했다.[20] 장호원에서는 『조선일보』 지국기자 안병옥 씨의 집에서 쉬게 되었는데, 그날 밤 『조선일보』 본사기자가 종로 중앙기독교청년회 총무 구자옥 씨와 함께 찾아왔다. 13일에 충주를 출발했

15) 「자전차로 세계일주, 부산까지 도착한 인도의 두 청년」, 『동아일보』, 1926.2.7, 2면.
16) 「수려한 강산, 순후한 인정 歷路 도처의 환영을 感佩」, 『조선일보』, 1926.2.18, 석간 2면.
17) 같은 글.
18) 「상주에 着한 세계일주 인도 청년」, 『동아일보』, 1926.2.13, 2면.
19) 「遠來한 진객 인도 양청년 소식」, 『조선일보』, 1926.2.15, 조간 2면.
20) 「인도 청년 양씨 도로험악으로 곤경」, 『조선일보』, 1926.2.16, 조간 2면.

다는 보도를 내보냈는데 이후 소식이 막연하자 조선일보사에서 이들을 충주로 보냈다는 것이다. 말이 잘 통하지 않아 방 안에 있는 영어옥편과 세계지도로 겨우 통정을 하고 있었는데 마침 이들을 만난 두 인도 청년은 눈물이 날 정도로 기뻤다. 이들은 인도 청년들에게 지난 여정과 조선에 대한 감상을 물었고 이것을 '감상담'으로 신문에 게재할 것이라고 했다.[21] 15일을 장호원에서 쉬고 16일 오전 11시 반경에 『조선일보』 지국 총무 한필수 씨의 선창과 다수한 군중의 만세 삼창에 잘 가라는 인사를 받으며 이천으로 떠났다. 같은 날 오후 6시경 이천에 도착해서는 이천청년회의 안내로 여관에 이르러 쉬었다. 17일 오전 9시에 떠나 경성으로 향할 예정으로 수원이나 광주를 거치면 18일에는 경성에 도착할 터였다.[22] 17일 오전 예정대로 이천을 떠났고 수원에 도착해 하루를 쉬고 18일 오후에는 한강인도교와 용산전차선로를 통해 남대문통을 지나 종로 청년회관에 도착하였다.

5일 부산에 도착해서 9일쯤에는 경성에 도착할 예정이었던 인도 청년들의 일정이 늦어진 것에는 험악한 도로도 물론 영향을 미쳤겠지만 도착하는 곳곳마다 많은 사람들이 몰려 이들을 환영하고 환송했던 때문인 듯하다. 두 인도 청년이 가는 곳마다 이들을 보려고 많은 사람들이 몰려들었으며 떠날 때에도 '만세 삼창'을 하며 환송했다. 이들이 거쳐 간 도시를 살펴보면, 부산에서 서울에 이르는 당시의 도로사정을 잘 알 수 있다. 철도망이 갖춰지기 시작한 때이기는 하지만 자전거로 서울에 가려

21) 「수려한 강산, 순후한 인정 歷路 도처의 환영을 感佩」, 『조선일보』, 1926.2.18, 석간 2면.
22) 「인도 청년 이천도착」, 『조선일보』, 1926.2.17, 조간 2면.

면 철도망이 아니라 기존의 도로를 이용해야 했을 것이고, 따라서 부산-경주-대구-상주-충주-장호원-이천으로 이어지는 행로를 택한 것이다.

두 청년의 행보가 경성에 가까워지자 경성에서도 이들을 맞이하기 위한 준비에 들어갔다. 우선 『조선일보』는 '인도 청년 강연회'가 곧 열릴 예정이라는 공고를 17일 석간 2면의 우측 상단에 사진과 함께 게재하였다. 아직 날짜와 장소가 정해지지도 않은 강연회를 미리부터 큰 활자로 공고하고 있다는 점에서 『조선일보』가 이 강연회를 얼마나 중요하게 생각하고 있었는가를 알 수 있다. 다음 날 조간 2면에는 "자전차 70대로 인도 청년 출영(出迎)"이라는 제목 아래 경성 시내 영락정 이정목에 사무소를 둔 '서울륜업회'에서 두 인도 청년이 서울에 도착하는 19일 오후 3시경 회원 70여 명이 자전거를 타고 노량진까지 출영, 그들을 맞이하여 함께 종로중앙청년회관까지 올 예정이라는 기사가 게재되었다.[23] 급하게 잡은 일정이었던 것으로 보이지만 환영을 위해 회원 전체가 출동할 수 있도록 힘쓰겠다는 회장 이화성 씨의 말이 첨부되어 있고, 같은 면 좌측 하단에는 역시 강연회 공고가 간략히 실려 있다. 시간은 19일 밤 7시 반, 장소는 종로중앙청년회관으로 보다 구체화되었다.[24] 『조선일보』는 이날 석간 2면에 커다란 사진과 함께 두 청년의 감상담과 이후 일정을 지면의 1/3을 할애해 보도함으로써 한껏 분위기를 띄웠다.[25]

드디어 18일 두 인도 청년이 경성에 도착하자, 『조선일보』는 그 광

---

23) 「자전차 70대로 인도 청년 出迎」, 『조선일보』, 1926.2.18, 조간 2면.
24) 「자전차로 수륙 삼만리를 답파한 인도 청년 세계일주 강연회」, 『조선일보』, 1926.2.18, 조간 2면.
25) 「수려한 강산, 순후한 인정 歷路 도처의 환영을 感佩」, 『조선일보』, 1926. 2. 18, 석간 2면.

경을 다음과 같이 묘사했다.

자뎐거 한아로 삼 년이란 긴 세월을 두고 수륙삼만리를 돌파하야 멀리 조선에까지 오게된 인도 청년 '빠파솔라' '뻠가라' 량군은 처디와 늣김 이 가튼 흰옷입은 조선사람의 열렬한 환영 중에 드듸여 예뎡과 가티 십 팔일 오후 네시 이십오분에 무사히 서울 종로 중앙청년회관에 도착되 엿다. 량군의 자뎐거가 수원을 떠낫다는 통신이 잇자 서울륜업회원 칠 십여명은 예뎡과 가티 오후 두 시 경에 본사 앞헤 모혀 자뎐거로 멀리 로량진까지 출영을 하매 거긔에는 이미 중앙긔독교청년회 소년군과 태화교 소년군과 조선척후단 소속 소년군들의 다수한 출영과 밋 청년 회와 기타 각 방면 유지들의 출영이 잇섯다 멀리온 량군은 조곰도 피곤 한 빗이 업시 원긔가 매우 왕성하야 자뎐거에서 나려 마중나간 제씨들 과 구든 악수를 하야 무한히 감사하다는 뜻을 말하고 본사긔자에게 말 하기를 '여러분께서 우리에게 대하야 이처럼 환영하여 주시니 우리는 무엇이라고 감사하여야 조흘지 모르겟슴니다 여러 가지로 감개가 깁 슴니다' 하며 말을 마치고 즉시 또 자뎐거에 몸을 실어 신룡산서부터 칠십여대의 자뎐거와 밋 본사 자동차에 호위되여 위풍당당히 마치 개 선장군과 가티 종로청년회관까지 다다르니 때는 정히 오후 네시 이십 오분이엇다

환영나온 군중에 싸히여 청년회관까지 무사히 도착한 인도 청년 량군 은 응접실에서 잠간 수이게 되엿스나 청년회관 밧게 모혀서서 멀리온 진객을 한번 보려는 군중이 헤여지지 아니함으로 다시 청년회 로대(露 臺) 우에 그 거장한 몸을 나타내여 일반시민에게 감격한 사의를 표하자 군중 속에서는 '인도 청년만세!' 소리가 터저 나오게 되엿다.[26]

사진 1 청년회관에 도착한 두 청년과 출영한 사람들의 기념
촬영 사진 및 두 청년을 보고자 모여든 군중 사진(『조선일보』,
1926.2.19, 조간 2면).

『조선일보』는 청년회관에 도착한 두 인도 청년과 출영한 사람들의
기념촬영 사진, 이들을 보고자 몰려든 군중 사진, 이렇게 두 장의 사진
과 함께 지면의 절반을 털어 인도 청년의 입경을 대대적으로 보도했다
(〈사진 1〉참조). 종로청년회관에 도착한 이후, 오후 6시에는 중앙청년회
와 조선일보사의 초대로 청년회 식당에서 만찬을 같이하고 오후 8시에
는 낙원동 백명곤 씨 초대로 명월관 지점에서 조선 기생의 춤을 구경했
으며, 낙원동 백인기 씨의 호의로 18일은 그 집에서 머물렀다.[27] 한편, 두

---

26) 「개선장군 위의와 같은 인도 청년의 입경 광경」, 『조선일보』, 1926. 2. 19, 조간 2면.
27) 같은 글.

청년을 환영하기 위해 경성부 내 유지들이 18일 오후 시내 수표정 조선
교육협회에 모여 여러 가지 일을 논했다. 30여 명의 발의로 20일에 남대
문통 식도원에서 환영회를 개최하기로 하고, 이것에 참여하고자 하는 인
사는 누구든 회비 2원을 갖고 참가할 수 있도록 했다.[28] 주목해 볼 것은
이들 소위 '인도 청년초대회'의 '발기인의 목록'이다. 『조선일보』 2월 20
일자 석간 2면에 기재된 이름들을 보면, 남궁훈, 안재홍, 이종린, 박희도,
김동성 그리고 신석우 등 대부분이 당시 조선의 유명인사들이었음을 알
수 있다.

인도 청년 방문의 절정은 19일 오후 7시 반에 종로청년회관에서 열
린 '강연회'였다. 『조선일보』는 당시 강연회 시작 전의 광경을 두 장의 사
진과 함께 다음과 같이 묘사하고 있다.

인도의 두 청년 '빠파솔라' '쁨카라' 량군의 강연회는 예덩과 가티 십구
일 오후 일곱시반에 종로청년회관에서 열게 되엿다 멀리서 온 진긔한
손님 전 세계를 자뎐거 한아로 일주한 용감하고 의긔잇는 청년 더욱이
우리와 가튼 처디에서 신음하는 이 인도의 청년을 긔어코 보고저 뎡각
전부터 군중이 구름가티 모혀드러 일곱시경에는 수천 군중으로 대만
원 된 장내의 혼잡을 피하기 위하야 출입하는 문을 봉쇄하는 현상이엇
다 삼십분이 지나 뎡각이 되여 본사 사장 리상재 씨의 인도로 두 청년
의 모양이 연단에 나타나매 그들을 환영하는 텽중의 퍼붓는 듯한 박수
소리는 실로 청년회관이 문허지는 듯하엿섯다.[29]

_____

28) 같은 글.

사진 2 『조선일보』에 게재된 '인도 청년 강연회 당야의 광경'(『조선일보』, 1926.2.20, 조간 2면).

　　이들의 강연을 보려고 수천의 군중이 모여들어 결국 출입문을 폐쇄할 지경에 이르게 되었고, 장내의 혼잡을 정리하기 위해 '천일소년군'이 동원되기도 하였다. 군중들의 환영을 받으며 연단에 오른 두 청년은 영어로 강연을 진행하였고 '구영숙' 씨가 통역을 맡았다. '빠파솔라' 군이 먼저 '유창한 영어'로 '실지문견담'을 펼쳐 놓았으며, 이어서 '뺌카라' 군의 강연이 있은 후 이들이 가져온 '세계명승환등(幻燈)'을 비추는 순으로 강연회가 진행되었다. 『조선일보』는 사람들의 웃음이나 박수까지 포함하여 이들의 강연내용을 속기록으로 남겼는데, '빠파솔라' 군의 '세계일주기행담'의 내용을 보면 이들이 거쳐 온 세계일주의 여정을 잘 알 수 있다.

　　우리는 구십폰드라는 무거운 짐을 억개에 매이고 세계에서 가장 큰 사

---

29) 「감격에 넘치는 어조로 삼만리를 돌파한 실지담」, 『조선일보』, 1926.2.20, 조간 2면.

대 사막을 지나 자뎐거 일곱대를 잡어먹어가며 오늘날 여긔까지 왔슴니다 우리가 출발하기는 일천구백이십삼년 십월 십오일에 인도 '폼페이'에서 친척과 수천동포의 전송중에서 떠나왔슴니다 그후 '아-크다'의 태산을 넘어 인도의 수부를 거처 생명이 위태하든 '칼수탄'을 지나성디 '파레쓰타인'까지 오게 되엿는데 그 동안에 심히 험악한 곳과 무서운 즘생으로 고생을 만히 하엿스나 영어를 할 줄 아는 까닭에 길뭇기에는 힘이 들지 안엇슴니다 '팔레쓰타인'을 지나 륙백마일이나 되는 파사(波斯)의 사막에 다다럿는데 사막에서는 먹을 것은 업고 사방에 보이는 것은 사막과 해골들뿐이어서 두려운 가운대 일헤 동안을 여섯사람이 얼마업는 음식을 절약하느라고 주린 일도 잇섯슴니다 거긔서 파사수부를 지나 '빠크닷트'를 거처 '아라비아'를 지나서 '시리아'에 도착된 후에 또다시 큰 사막을 둘이나 지나고 …… '예루살렘'에 다다럿슴니다 그곳 사막을 지날 때는 모래에 발이 파무처 자뎐거는 긔차선로 위로 끄을고 우리는 한거름식 거러갓슴니다 시간이 업스닛가 간단히 함니다 그후 우리는 애급(埃及)에서 이태리(伊太利)로 이태리에서 서뎐(瑞典)으로 서뎐서 오태리(墺太利)로 오태리에서 흉아리(匈牙利)로 흉아리에서 독일로 드러갓슴니다 독일서는 큰 환영을 바더 몃 십 마일 밧까지 우리의 환영을 나왓슴니다 거긔서 우리는 독일사람의 무한한 친절로 돈도 만히 버러가지고 불란서를 거처 영국으로 가서 …… 대서양을 지나 미국으로 와서 '뉴욕'에서 '시카고'를 거처 '록키-'산을 너머 '캘포니아'주의 '쌘푸란씨스코'로 해서 태평양을 건너 일본을 거처 이가티 조선까지 오게 된 것임니다 인제는 봉턴 상해 북경을 거처 안남(安南)으로 해서 우리 인도로 도러갈 예뎡임니다 이리하야 우리는 삼만 마일을 돌파하엿는데 이미 전 려뎡의 오분의 사를 왓슴으로 남은 길이 오분의 일 가량임니다 조선와서 데일 고생하고 통절히 늣긴 것은 조선처럼 치운 나라는 업다는 것임니다 엇지 치운지 손발이 얼음 지경이 엇슴니다만은 다행히 여러분의 뜨거운 환영으로 치운 것을 이저버렷습니다 (박수) 우리가 스스로 생각할 때에 자던거 한아로 사대 OO을 돌파하고 '록키-'산을 넘고 돈도 업고 총도 업시 세계를 일주한 사람은 오직 우리 두사람일 뿐인 줄 암니다 더욱 조선을 자던거로 통과한 사람은 우리들뿐이겟슴니다 (박수) (OO은 판독불가)[30]

이처럼 '빠파솔라' 군의 자세한 여정 설명 후 '뺌가라' 군은 "조선의 여러분을 보고 마음 가운데 말씀하고 싶은 것이 퍽 많습니다만은 말할 수 없습니다. 길게 말씀하는 것보다 말씀 안하는 것이 나을 듯하야 고만 둡니다"라는 짧지만 '의미심장한' 강연을 하고 연단에서 내려왔다.[31]

이들은 일주일간 경성에 머물면서 여러 행사에 참여하고 강연을 진행했는데, 『조선일보』가 정리한 이들의 일정은 다음과 같았다.

제3일(20일) 토요 오전10시반 연전(延專)에서 강연 △정오 협성신학에서 강연 △오후1시 내쉬씨 초대 오찬 △동3시 기념사진촬영 어백씨저(於白氏邸) △동6시 식도원에서 환영만찬연

제4일(21일) 일요 오전10시 천도교 방문 △오후1시 본사 및 빠고다 공원 견학 △동2시반 만국기독교학생대회 참관 △동6시 크롤리씨 초대 만찬

---

30) 「감격에 넘치는 어조로 삼만리를 돌파한 실지담」, 『조선일보』.
31) 같은 글.

제5일(22일) 월요 오전 9시 배재고보에서 강연 △동11시 제등총독방
문 △동11시반 이화학당에서 강연 △오후1시 창덕원 및 비원 배관 △
동4시반 일본인측 강연
제6일(23일) 화요 오전 중 인천 견학
제7일(24일) 수요 오전 10시출발(북으로)[32]

이 일정을 보면 짧은 기간 동안 두 인도 청년이 많은 사람들을 만났
다는 것, 특히 강연을 통해 많은 젊은이들을 만났다는 것을 알 수 있다.
게다가 총독을 비롯한 일본인 측에서도 강연을 한 것을 보면 이들 기행
의 특이성과 당시에 '인도'라는 상상의 공간이 갖고 있었던 의미가 상당
히 다층적인 것이었음을 알 수 있다. 20일 식도원에서 열린 환영회에는
조선의 인사 50여 명이 참석하였고,『조선일보』는 사진과 함께 환영회의
내용을 기사화했다.[33] 많은 인사들이 참석했다는 점에서 이 환영회는 두
인도 청년의 조선 방문에 대한 조선 지식인들의 인식을 잘 반영한다. '인
도'라는 상상의 공간이 갖고 있었던 의미와 환영회의 내용에 대해서는
뒤에서 좀더 자세히 살펴볼 것이다.
　23일 인천을 방문하고 26일 경성을 떠난 인도 청년들은 가는 곳마
다 환영을 받았고 곳곳에서 지역 유지들이 참석한 환영회와 강연회가
열렸다. 오히려 경성에서보다 더 융숭한 대접을 받았으며 많은 인파가
몰렸다. 26일 9시 반에 경성을 떠난 두 청년은 당일 오후 5시 반경 개성
에 도착했고 여기에서도 약 80대의 자전거와 수많은 군중의 환영을 받

---

32) 「인도 청년 양군 24일에 출발」, 『조선일보』, 1926.2.21, 석간 2면.
33) 「양민족친선상 의미깊흔 환영회」, 『조선일보』, 1926.2.22, 조간 2면.

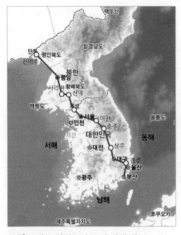

그림1 인도 청년들의 조선 여행 경로.

왔다.[34] 28일 오전 개성을 출발하여 같은 날 저녁에는 신막에 도착했고, 3월 1일에는 서흥, 3월 2일에는 사리원, 이후 황주를 거쳐 5일에는 평양에 도착했다. 평양에서 5일을 머문 후 10일 오전 평양을 떠나 11일 만성을 통과하고 20일에는 신의주에 도착, 이후 국경을 넘어 중국으로 넘어갔다.[35] 두 인도 청년이 거쳐 간 행로를 지도에 표시해 보면 〈그림1〉과 같다. 조선 방문에 대한 보도는 여기에서 마무리되었지만 1926년 5월 5일자 석간 2면에는 두 청년이 4월 25일 북경에서 보낸 편지가 게재되었다. 조선을 떠나온 후 인도 동포를 만날 때마다 조선의 후의(厚意)를 전달한다는 내용이었다. 이렇게 두 청년의 자전거 조선 방문기는 끝이 났다.

4. 조선어 미디어의 보도경향과 미디어 이벤트로서의 인도 청년 방문기

조선어 신문들이 이 사건을 어떻게 취급했는가를 기사게재 경향을 통해 간략히 살펴보자. 『조선일보』는 주로 2면을 할애해 조선을 방문한 인도 청년들의 자전거 종단을 비중 있게 다뤘다. 필요하면 같은 날 조·석

---

34) 「도처환영의 인도 청년 양군」, 『조선일보』, 1926.2.28, 조간 2면.
35) 「인도 청년 양군 조선과 작별」, 『조선일보』, 1926.3.23, 조간 2면.

간 모두에 기사를 싣기도 하고, 사진을 게재하는 데에도 인색하지 않았다. 당시 신문에 게재된 사진 수가 면당 1~2장을 넘지 않는 수준으로 매우 적었다는 사실을 고려한다면 관련기사를 글로 써서 매일 보도하는 것에 그치지 않고 수차례에 걸쳐 사진과 함께 게재했다는 것은 『조선일보』가 이 사건을 얼마나 중요시했는가를 알려 준다. 『동아일보』나 『조선일보』에 비해 더욱 적은 수의 사진을 게재하는 경향이 있었던 『매일신보』마저 인도 청년의 부산 도착을 알리기 위해 2월 7일자 1면 좌측 상단에 3단에 걸친 큰 크기로 두 청년의 사진을 캡션과 함께 사진기사로 내보냈다.[36] 1면에는 필요한 인물사진 외에는 거의 사진을 게재하지 않던 『매일신보』가 이 정도 크기의 사진을 1면에 게재한 것은 놀라운 일이다. 『동아일보』역시 이들의 도착을 알리는 2월 7일자 보도 이후 두 청년의 상주 방문을 사진과 함께 2월 13일자 2면에 게재한 바 있다. 『매일신보』나 『동아일보』는 초반의 관심에 비해 이후에는 1~2건 정도의 관련기사만 게재하여 『조선일보』에 비해 상대적으로 적은 관심을 보여 주었다. 『매일신보』는 개성에서 인도 청년을 환영하는 행사가 있었다는 지방통신을 3월 2일자 3면에 짤막하게 게재한 이외에는 별다른 보도를 하지 않았고, 『동아일보』의 경우 인도 청년의 상주 도착을 알린 이후 경성에서 인도 청년 환영회가 열린다는 단신을 2월 20일자로 내보낸 것이 전부였다. 반면 『조선일보』는 부산 도착 후 경성에 도착하지 않는 인도 청년의 소식을 궁금해하는 기사를 게재하거나, 두 인도 청년이 충주 출발 이후에 소식이 없자 본사기자를 충주로 보내는 등 초반부터 보다 적극적인 관심을 보였다. 그러한 관심의 결과로 두 청년이 충주에 도착해 『조선일

---

36) 「3년계획으로 세계일주」, 『매일신보』, 1926.2.7, 1면.

보』지국의 안내로 하룻밤을 쉬게 된 후에는 이들과 일정을 함께하며 경
성 및 지방 강연을 주최하고 보도하는 등 보도의 주도권을 쥐게 되었다.

주목해야 할 것은, 두 인도 청년이 부산에 도착했을 때 조선어 미디
어들이 보여 준 관심이나 이후 이들의 자전거 종단이 『조선일보』와 그
행보를 같이했다는 점 등을 통해 인도 청년의 조선 방문이 일종의 미디
어 이벤트로 진행되었다는 것을 알 수 있다는 점이다. 특히 『조선일보』
는 마치 스포츠 이벤트를 생중계하듯 그날그날의 일정을 생생하게 보
도했고, 주요 행사가 있은 다음에는 커다란 사진까지 함께 게재해 현장
의 분위기를 알렸다. 두 인도 청년의 강연회를 기획하고 주최하는 데 앞
장선 것도 『조선일보』였다. 인도 청년 강연회를 '본사 주최'로 개최할 예
정이라며 시간과 장소도 정해지지 않은 이 강연회 공고를 2면의 우측 상
단에 사진과 함께 냈다가[37] 바로 다음 날의 2면 기사에서 "본사와 청년
회의 공동 주최"로 개최할 예정으로 "작일 지상의 본보 단독주최라 함은
기사의 착오"였다고 보도하는 해프닝을 벌인 것도 역시 『조선일보』가
인도 청년 강연회를 주최하는 데 그만큼 적극적이었기 때문에 발생한
일이었다.[38]

두 청년이 서울을 떠나 북쪽으로 향한 뒤에도 이들의 여정에는 항상
『조선일보』가 함께했다. 2월 26일 오후 8시의 개성 강연,[39] 2월 28일 신
막 도착 환영 및 강연,[40] 3월 3일 사리원 강연,[41] 3월 6일 평양 강연[42] 등

37) 「본사주최 인도 청년 강연회」, 『조선일보』, 1926.2.17, 석간 2면.
38) 「강연은 19일」, 『조선일보』, 1926.2.18, 석간 2면.
39) 「도처환영의 인도 청년 양군」, 『조선일보』, 1926.2.28, 조간 2면.
40) 「사리원에서 인도 청년 강연」, 『조선일보』, 1926.3.2, 석간 2면.
41) 「인도 청년 신막에서 대환영」, 『조선일보』, 1926.3.5, 석간 3면.
42) 「인도 청년 강연 평양에서 대성황」, 『조선일보』, 1926.3.9, 조간 2면.

지방의 강연 대부분을 『조선일보』 지국이 지역의 단체나 유지들과 공동으로 주최하였다. 『조선일보』는 심지어 이들의 강연을 '평양지국 애독자 위안회'로 이용하기도 했다. 『조선일보』는 인도 청년의 평양 강연이 있은 후 3월 8일에 '독자위안회'를 열었는데, 그 내용을 보면 "세계를 일주하고 고국으로 돌아가는 길에 조선을 통과하는 인도 청년이 가지고 온 세계명승환등과 인도 청년의 유량하고 애연한 독창과 무도"가 있을 예정으로 독자는 신문에 게재된 '독자우대권'을 지참하면 무료로 입장할 수 있다는 것이었다.[43] 이처럼 인도 청년의 조선 방문은 분명 미디어에 의해 이벤트로서 재창조된 면이 없지 않았다.

여기에서 한 가지 짚고 넘어가야 할 것은 『조선일보』와 『동아일보』의 관련 기사 게재빈도의 차이에 대한 것이다. 두 인도 청년이 자전거 세계일주의 일환으로 조선 땅에 도착한 것은 1926년 2월 5일이었고, 조선 땅을 자전거로 답사한 후 중국으로 건너간 것이 3월 20일경이었다. 두 인도 청년이 조선을 종단한 약 두 달의 기간 동안 『조선일보』는 모두 42건의 기사를 게재했고 시평이나 사설로도 관련기사를 취급했다. 특히 두 청년이 서울에 도착해 강연회와 환영회가 열렸을 때에는 반면을 털어 집중적으로 보도하거나 큰 활자의 제목과 함께 4~5단에 걸쳐 기사를 게재함으로써 이목을 끌었다. 『동아일보』는 두 인도 청년의 도착 초기에는 유사한 관심을 나타내어 두 인도 청년이 경주와 대구를 거쳐 상주에 도착했을 때만 해도 『동아일보』 지국원과 기자들이 이들의 안내를 맡아 기념촬영을 하기도 했다. 그러나 어찌된 일인지 이후에는 경성에서 열린 인도 청년 환영회를 짤막하게 보도한 것 외에는 별다른 보도를 하지 않

---

43) 「본사평양지국 애독자 위안회 인도 청년의 독창도 잇서」, 『조선일보』, 1926.3.8, 조간 2면.

왔다. 상주를 거쳐 간 인도 청년들이 상주 다음으로 도착한 충주에서부터는 조선땅을 빠져나갈 때까지 『조선일보』 지국원의 집에 묵거나 『조선일보』 지국 주최의 강연회에 참석하는 등 『조선일보』와 일거수일투족을 함께하였기 때문인 것으로 보이지만, 이유가 무엇이었는지는 확실하지 않다. 같은 조선어 민간신문으로서 동일한 독자를 두고 경쟁하는 관계였다는 점을 고려해 볼 수 있겠으나 두 신문이 상업신문으로서 본격적인 경쟁을 시작한 것은 『조선일보』의 경영이 안정되기 시작한 1930년대 이후였다. 따라서 이보다는, 비슷한 관심에서 출발했지만 『조선일보』로 하여금 보다 적극적으로 두 인도 청년의 방문을 기사화하고 강연회나 환영회를 주최하도록 만들었던 동인이 무엇이었는가에 대해 생각해 볼 필요가 있을 것이다. 근본적으로 이는 1920년대 중반 두 신문이 갖고 있었던 입장 차이에서 비롯된다고 할 수 있는데, 대략 1924년을 기점으로 조선의 사상운동 흐름이 달라졌고 그 결과로 이전에는 사회운동상의 이념적 구분없이 독립을 갈망했던 조선어 민간신문들이 서로 다른 사회운동 노선을 걷기 시작했다는 점을 상기할 필요가 있다. 많은 이들이 지적하고 있듯, 3·1운동 이후 이념적으로 분화되기 시작한 민족운동은 민족주의 운동으로부터 사회주의 운동이 분리되는 경향을 띠었고, 1924년을 전후한 시기부터 1929년까지의 기간에는 민족-사회주의 운동의 대립 및 합작이 이루어졌다.[44] 3·1 운동 이후 사회운동을 주도했던 지식인들의 상당수가 새롭게 창간된 민간지에 들어갔다는 점을 고려한다면[45]

44) 강동진, 「일제하의 한국 사회운동사 연구」, 안병직 외, 『한국근대민족운동사』, 돌베개, 1980, 483~484쪽; 진덕규, 「식민지 시대 한국 좌파 지식인의 이념적 지향」, 『담론201』, 1권 3호, 119쪽; 최민지·김민주, 『일제하 민족언론사론』, 일월서각, 1978, 8쪽; 立田清辰, 「一九三〇年の朝鮮出版界の回顧」, 『警務彙報』(1930년 1월), 16~19쪽.

언론계도 이러한 사상의 흐름과 무관하지 않았을 것이다. '민족적 경륜'이라는 사설로 대변되는『동아일보』의 타협적 민족주의 혹의 민족 개량주의 노선과, 조선공산당 결성 이후 상대적으로 사회주의계 기자들의 영향력이 컸던『조선일보』의 노선 차이가 곧 인도 청년들의 조선 방문을 미디어 이벤트로 창출해 낼 것인지를 결정하는 시각의 차이였음을 짐작할 수 있다. 이에 대해서는 뒤에서 좀더 논의해 보기로 하자.

이상에서 살펴본 바와 같이, 두 인도 청년의 조선 방문은 조선어 미디어의 주목을 받았고 방문의 일정을 미디어와 함께하며 미디어 이벤트로서 창출된 면이 없지 않았다. 그러나 중요한 것은 인도 청년 일행을 눈앞에 대면한 조선민중이 어떠한 생각을 가졌을 것인가이다.

5. 인도 청년의 방문을 통한 근대의 체험

인도 청년이 자전거를 타고 조선을 방문했을 무렵, 조선은 전통사회로부터 근대사회로 나아가는 기점에 있었다. 비록 이 시기에 식민지화라는 굴곡을 겪기는 했으나 외부와 단절되어 있었던 전통사회로부터 외부의 문명을 받아들여 변화해 가는 근대사회로의 이행 중에 있었던 것은 주지의 사실이다. 신분제도에 얽매이고 땅에 묶여 자신이 태어난 곳을 거의 벗어나지 않았던 조선 사람들은 이제 교육을 받고 외부의 문물을 받아들여 빠르게 변화를 수용해야 하는 위치에 놓이게 되었다. 철도가 들어서고 전신망이 구축되어 지방 간의 소통도 증대되었다. 그렇지만 여전

---

45) 박용규,「일제하 민간지 기자집단의 사회적 특성의 변화과정에 대한 연구: 직업의식과 직업적 특성의 변화를 중심으로」, 서울대학교 대학원 박사학위논문, 1994, 184쪽.

히 조선 사람들이 외국에 나가거나 외국인을 만날 수 있는 기회는 흔한 것이 아니었다. 더군다나, 생김새가 비슷한 인접국가의 사람들이나 아예 서구에서 온 선교사들을 제외하고 지리적으로 먼 타국에서 온 사람들을 만날 기회는 극히 드물었다.

이러한 가운데, 1926년 조선을 방문한 인도 청년들은 조선의 일반 민중들에게 멀리 남방의 이국에서 온 검은 얼굴의 인도인을 직접 보고 듣고 느낄 수 있는 기회를 제공해 주었다. 사람들은 이 기회를 놓칠세라 인도 청년들이 가는 곳마다 '구름같이' 모여들었다. 그야말로 인도 청년들은 '진귀한 손님', 즉 '진객'이었던 것이다. 신문들이 초기부터 이들을 '진객'으로 불렀던 것은 인도 청년을 만나는 일이 그만큼 드문 일이었음을 의미하고, 따라서 인도 청년을 직접 보게 된 조선 사람들이 보고 듣고 느꼈을 내용 역시 매우 진귀한 것이었음을 쉽게 짐작해 볼 수 있다. 조선인들은 직접 인도에 가서 인도인을 만남으로써 인도를 체험할 수는 없었지만 전 세계를 자전거로 돌고 조선에 도착한 인도 청년을 만나 봄으로써 '인도'라는 나라가 실제로 존재하고 있다는 것을, 이들이 거쳐 온 여정을 통해 말로만 듣던 드넓은 '세계'라는 것이 실제 답사할 수 있는 형태로 존재한다는 것을 체험할 수 있었던 것이다. 타 도시에 비해 외국인 왕래가 잦았을 경성에서보다 지방에서 더 많은 사람이 몰려들고 기부금의 액수가 컸던 것도 이러한 맥락에서 이해할 수 있다. 경성에서 인도 청년을 맞이했던 70대의 자전거가 개성에서는 80대로 불어났고[46] 사리원에서는 자전거 120대가 이들을 맞았다.[47] 환영인파의 절정은 평양

---

46) 「도처환영의 인도 청년 양군」, 『조선일보』, 1926.2.28, 조간 2면.
47) 「인도 청년 신막에서 대환영」, 『조선일보』, 1926.3.5, 석간 3면.

에 도착했을 때였다. 『조선일보』는 '세계일주 인도 청년'의 평양 도착 광경을 다음과 같이 묘사하였다.

> ...... 이 두 청년이 도착한다는 보도를 미리 접하고 잇던 평양시민 삼백여 명과 평양 '뽀이스카우트' 이십명은 일제히 자전거를 타고 평양을 떠나 이십리 밧게까지 마중을 나갓스며 평양 팔개 단톄 대표자 일동도 악대(樂隊)를 선두에 세우고 자동차 여러대에 분승하야 멀리 마중을 나간 결과 그 성황인 환영의 광경은 실로 전례에 업슬만큼 장관을 이루엇다 이윽고 류량한주악이 간단업는 악대를 선두로 하고 자동차대와 이십명 소년군이 압헤 스고 다시 량청년을 중심으로 하야 삼백여대의 자뎐거대가 장사(長蛇) 행렬로 서긔산 환영장에 도착하자 여러 시간 전부터 량군의 도착을 고대하고 잇던 무려 오천명의 환영군중은 일시에 박수를 하야 량군의 환영을 표하엿는데 짐짓 그 소리는 우뢰와 가타야 원근에 사모첫다[48]

삼백여 대의 자전거도 모자라 악대와 자동차대까지 앞세워 긴 뱀 모양을 띠게 된 환영행렬도 놀랍지만 무려 오천 명의 군중이 이들의 도착을 기다리고 있었다는 점에 주목해 볼 만하다. 오천 명의 군중은 당시로서는 쉽게 모일 수 있는 수는 아니었다. 아직까지 3·1 운동의 기운이 남아 있는 1920년대 중반이었기에 더욱 그러했을 것이다. 평양이 큰 도시이기는 하나 지식인들이나 관련자들로만 이 정도 숫자의 군중을 구성할수는 없었을 것이다. '자전거 세계일주'의 두 인도 청년에 대한 일반 민

---

48) 「세계일주 인도 양청년 금수강산 평양에 안착」, 『조선일보』, 1926. 3. 6, 조간 2면.

중의 관심이 어떠했는가를 잘 알 수 있는 부분이다.

조선어 민간신문에서 '간디'나 '타고르', '항상 여름인 이국적 자연환경의 나라', '종교의 나라', '철학의 나라', 그리고 '명상의 나라'로 소개되었던 인도는 지리적으로 멀리 떨어져 있었기 때문에 항상 담론 속, 상상의 공간에 존재했었다. 그러나 조선 사람들이 '인도 청년'을 두 눈으로 보는 순간, 이 상상의 공간은 경험영역으로 들어왔고 '변화하는 사회'의 산 증거물로서 조선 사람들에게 물리적인 신체이동의 가능성을 보여주었다. 외부와 단절되어 있었던 전근대 시기에는 경험할 수 없었던 새로운 형태의 경험이면서 변화해 가는 세계를 실제로 느끼게 해줌으로써 근대를 체험하게 해주었던 것이다. 자전거로 세계일주를 한다는 것 자체가 직접적으로 보여 준 초국적 '이동성'(mobility)이야말로 전근대와 구분되는 근대의 속성이었고, 이러한 이동성을 몸소 실현하는 인도 청년들은 근대적 인간의 주체성을 보여 주는 존재들이었다. 더군다나 이들은 '식민지 청년'으로서, 강대한 제국의 후원을 등에 업은 이들도 해내기 힘든 수년간에 걸친 자전거 세계일주를 해내는 도전정신을 보여 주었다. 이를 통해 식민지인도 초국적인 이동이 가능하다는 것, 그리고 '제국만이 움직일 수 있는 것이 아니라 인도와 같은 처지의 우리 조선인들도 자전거를 타고 세계를 돌아다닐 수 있다는 것을 깨닫게 해주었던 것이다. 조선의 일반 민중들이 만세 삼창까지 하며 인도 청년들을 맞이했던 데에는 바로 이러한 근대주체로서의 인도 청년들에 대한 경탄, 그리고 우리도 할 수 있다는 자부심 등이 깔려 있었다. 그리고 이와 같은 의식은 조선의 청년들에게 이들처럼 도전정신을 가지고 세계로 나아갈 것을 추동하기에 이르는데, 이는 잡지 『개벽』의 다음과 같은 단평에서도 잘 드러난다.

인도 청년은 자동차[49]로 세계일주여행을 하는데 조선의 해주청년은 자전차로 조선일주여행을 계획한다 운(云)한다. 그것도 안이하는 것보다는 장할 것이다. 그러나 가튼 청년으로 조금 붓끄럽지 안이할가. 더 한번 분발함이 하여(何如).[50]

『개벽』의 이 단평은 해주의 청년이 자전거로 조선일주를 계획하고 있다는 소식에 "아니하는 것보다는 장하"지만 좀더 분발하여 인도 청년처럼 세계로 나아갈 것을 촉구하고 있다. 이는 비단 해주청년 한 사람만을 향한 요구는 아니었을 것이다. 새로운 시대의 조선을 이끌어야 할 모든 조선 청년에게 인도 청년들이 보여 준 근대적 속성, 즉 이동성이나 도전성을 실현할 것을 바라고 있는 것이다.

또한, 강연회나 강연회 공고에서 두 인도 청년을 소개할 때 '우리와 슬픔이 같고 희망이 같은' 인도 청년임을 강조하는 문구[51]를 빈번히 볼 수 있다는 점도 눈여겨볼 필요가 있다. '근대의 심성'(personality)은 변화하는 세계에 효과적으로 대응할 수 있는 심성을 말하는 것으로, 이것이 감정이입(empathy)을 통해 형성된다면,[52] 조선어 신문이나 강연회를 주도한 조선 지식인들이 인도 청년을 언급할 때 항상 '우리와 처지가 같고 느낌이 같은' 인도인이라는 점을 강조했던 것은 조선 사람들에게 이들 인도 청년에 대한 감정이입을 더욱 쉽게 했을 것이고, 이 또한 조선

---

49) 자전차의 오기(誤記)로 보인다.
50) 「경성잡」(京城雜), 『개벽』, 1926.3, 89쪽.
51) 「본사 주최 인도 청년 강연회」, 『조선일보』, 1926.2.17, 석간 2면.
52) D. Lerner, *The Passing of Traditional Society: Modernizing the Middle East*, New York: Free Press, 1958.

사람들이 근대적 심성을 형성하는 데 긍정적인 영향을 미쳤을 것이다.

인도 청년과 직접적인 만남을 통해 이렇게 변화하는 세계를 경험하고 나아가 근대를 체험한 조선 사람들은 이제 인도 청년이 호명해 낸 '아시아'라는 테두리에 들어가게 되는데 여기에는 조선어 민간신문이나 조선 지식인들의 역할이 컸다.

6. 인도 청년을 통해 호명된 아시아

『조선일보』는 초반부터 이들 인도 청년을 '동방의 반역'이라고 칭했다. 1926년 2월 11일자 『조선일보』 시평은 '석가모니', '타골', '간디'의 나라에서 두 청년이 온다는 것을 강조한 후에 다음과 같이 말한다.

동방의 반역!
인도 청년아 지금 여러 사람들은 동방의 반역(叛逆)이라고 떠들지 아니하는가? 인도의 청년아! 우리가 또 그대들에게 할 말이 만히 잇다 야자나무 그늘 속에 빈랑(檳榔)나무 향내 아래 그대들의 평화를 깨트린 자 누구이요? 그들은 배암과 가티 또 여호와 가티 와서 그대들을 속이고 그대들의 집에서 내쫓고 도로혀 그대들을 손임대접 걸인대접하고 잇다 ………… 자전차로 세계일주를 결행하는 그대들의 용기를 우리는 찬양하지 아니할 수 업다 그대들의 나라로 도라간 후 우리 조선동포의 소식을 그대들의 동포에게 전하여다오! 그대들의 동방반역운동을 조성하는 기세는 피압박민중이 잇는 곳곳마다 잇다[53]

---

53) 「인도 청년아!」, 『조선일보』, 1926.2.11, 석간 1면.

조선에 도착한 지 얼마 되지 않은 시점부터 이들 인도 청년은 '동반의 반역' 운동을 일으켜 서구의 압제에 저항하는, '동방'의 상징물이었다. 인도는 조선과 동일하게 제국의 압제 아래에 놓여 있다는 점에서 '정과 처지가 같고 느낌이 같은' 나아가 '희망도 같은' 나라로 끊임없이 언급되었다. 인도 청년들도 강연이나 환영회에서 조선과 인도가 같은 '아시아'임을 강조했다. 예를 들어『조선일보』1926년 2월 17일 석간 2면에 게재된 "본사 주최 인도 청년 강연회" 공고는 "우리와 슬픔이 같고 희망이 같은 인도 청년 강연을 본사에서 주최 우리에게 많은 감흥과 자극을 줄 터"라고 부제를 내걸었고, 대부분의 기사를 유사한 말로 시작하였다. 두 인도 청년도 이에 호응해 경성의 강연회에서 "여러분의 뜨거운 환영은 우리가 똑같은 동양 사람인 까닭에 더욱 감사히 여기는 바입니다"라는 말로 강연을 시작하였고,[54] 인천의 환영회에서도 "아세아주에서 가장 고맙게 환영한다"는 감사의 인사말을 전했다.[55]

　　1926년 2월 22일『조선일보』에 게재된 인도 청년 환영회 기사를 보면 보다 분명히 이를 확인할 수 있다.『조선일보』는 "양민족 친선상 의미 깁흔 환영회"라는 제목을 붙이고 부제로 "같은 운명과 같은 희망을 가진 인도와 조선 두 민족의 경사인 20일 밤 인도 청년 환영회"를 내세워 사진과 함께 보도했다. 이 기사에 따르면 재계와 정계의 유지나 개인 50명이 모여 시내 식도원에서 두 인도 청년에 대한 환영회를 개최했다. 기사가 전하는 환영회의 내용은 다음과 같다.

---

54) 「감격에 넘치는 어조로 삼만리를 돌파한 실지담」,『조선일보』, 1926.2.20, 조간 2면.
55) 「환영리에 인도 청년 到仁」,『조선일보』, 1926.2.25, 조간 2면.

리종린 씨의 처디가 갓고 설음이 가튼 우리는 멀리 인도로부터 온 진객 두 청년을 성심것 환영한다는 간곡한 식사가 잇슨 후 니어 식탁으로 옴기어 주객간에 깁히깁히 싸힌 가슴을 헤치고 질거운 간담이 잇슨 후 '빠파솔라' '뻠가라' 량군이 차례로 이러서서 지금 조선동포의 이 뜨거운 환영은 우리 '아세아' 사람이 아니고는 어더 볼 수 업는 더욱이 처디가 같은 우리의 사이가 아니고는 어더볼 수 업는 바임니다 우리는 조선동포의 친절한 환영을 고국 동포에게 전할터 임니다 인도와 조선 두 민족 사이에서 밧비 자유의 빗이 비초이기를 힘쓰고 또 빔니다란 의미심중한 답사가 잇섯고 안재홍 씨는 십오세긔 이래 서영세력이 동점하기 시작한 뒤로 동양의 모든 국민이 모다 그 침략하에 쓸어지게 되엿스되 오즉 인도가 가장 그 화를 먼저 밧게된 력사상 사실로부터 구주의 대전란 후에 동방민족의 반역 운동이 세계덕 중대한 현상인 것을 말하야 량 민족의 공동한 운명이 스사로 남다른 우정을 가지게 된 리유를 말하고 다시 일천오륙백년 이전부터 조선의 불교와 인도의 승려들이 서로 교통하든 녯일을 말하야 이 뒤에도 두 민족의 관계가 매우 깁다고 한 후 끄트로 멀리 인도의 삼억만 민중의 행복과 건투를 빌며 동시에 우리가 하고 십흔 말을 다하지 못하며 또 듣고 싶흔 말을 다 듯지 못하는—그덤을 충분히 그대들 동포에게 전하라는 극히 정중한 감상담을 마친 후 한신교 씨가 환영의 뜻을 표하고 이어서 끄트로 그대들 량군의 자뎐거 두 박휘에 조선의 사정을 싯고 도라가서 전하야달라는 뜻깁흔 인사가 잇슨 후 놋키 앗가운 듯이 산회되니 때는 열시경이엇더라[56]

---

56) 「양민족친선상 의미깁흔 환영회」, 『조선일보』, 1926.2.22, 조간 2면.

정·재계의 유명인사들이 모인 자리였던 만큼, 조선인들 특히 지식인들이 이들의 방문에 대해 어떤 생각을 갖고 있었는지가 이 기사에 잘 드러난다. 두 인도 청년이 '뜨거운 환영'의 이유를 '같은 아시아 사람', '처지가 같은 우리 사이'에서 찾고 있는 것도 흥미롭지만, '처지가 같고 설움이 같은 우리'로 인도와 조선을 묶고 있는 이종린의 환영사나 '양 민족이 남다른 우정을 갖게 된 이유'를 서세동점(西勢東漸) 이래 동양의 모든 국민이 서양세력에 의해 쓰러지게 되었지만 동방민족의 반역운동이 세계적 중요 현상이 되었기 때문이라는 점에서 찾고 있는 안재홍의 환영사도 주목할 만하다. 다시 말해, 인도 청년은 '동방의 반역'으로서 '동방'의 상징물이었고, 여기서 이야기하는 동방, 즉 인도 청년의 방문을 통해 호명된 동양은 제국의 횡포에 신음하는 피지배민족의 연대로서의 동양이었던 것이다. 환영회나 강연회에 참가한 조선 사람들은 '같은 처지에 있는 같은 동양 사람'으로서 인도 청년을 통해 호명된 '아시아'라는 범주에 자연스럽게 들어갈 수 있었을 것이다.

그런데 이 환영회를 준비하고 참가한 인사들의 명단을 살펴보면, 여기에서 호명된 '피지배 민족 연대로서의 동양'이 좀더 깊은 의미를 지니고 있다는 것을 또한 알게 된다. 앞에서 잠시 언급한 바 있지만 두 인도 청년이 조선을 방문한 1926년이라는 시기는 3·1 운동이라는 독립을 향한 외침이 좌절된 이후 민족운동이 이념적으로 분화된 때였다. 특히 3·1 운동의 주축이었던 계몽적 지식인들이 1920년대 초반 주도했던 민립대학 설립운동이나 물산장려운동 등이 실패로 끝나면서, 1920년을 전후한 시기부터 조선지식인들에게 영향을 미치기 시작했던 사회주의 운동이 1925년 조선공산당의 결성으로 이어졌고, 이후 좌우 합작의 필요성이 대두되며 이러한 조직체로서 신간회 창립을 앞둔 시기였다. 이런 가운데 사회주의 지식인들의 상당수는 합법적 활동공간이자 생계유지를 위한 방편으로 조선어 민간신문에 재직하고 있었다. 그리고 실제 '인도 청년 환영회'를 기획했던 '인도 청년초대회 발기인' 명단을 살펴보면 당시 민족운동을 이끌고 있었던 인사 상당수의 이름을 확인할 수 있다.[57] 38명의 발기인 중 이갑성(李甲成)이나 박희도(朴熙道), 박동완(朴東完)은 3·1운동 당시 민족대표 33인에 속해 있던 이들이었고, 허헌(許憲)과 이승복(李昇馥)은 대표적인 사회주의자이면서 신간회 창립에 관여했다. 안재홍(安在鴻)과 신석우(申錫雨)는 조선일보사의 대표격인 인물들로 역시 신간회 발기인이었고, 당시『조선일보』의 발행인 겸 편집인이었던 김동성(金東成)의 이름도 포함되어 있다. 유진태(俞鎭泰)·이종린(李鐘麟)·백관수(白寬洙)·남궁훈(南宮薰)·강인택(姜仁澤)·박승철(朴勝喆)·최원순(崔元淳)·구자옥(具滋玉)·한기악(韓基岳) 등은 민립대학 설립운동이나 물산장려운동에 관여했던 이들로 역시 이들 중 다수가 후에 신간회에 참여했다. 이관용(李灌鎔) 역시 신간회 주요 인물이었다. 요컨대 '인도 청년 환영회'를 기획했던 인물들은 당시의 민족운동을 거론할 때 빼놓을 수 없었던 주요 인사들로서『조선일보』계와 사회주의자들, 후에 신간회 활동에 관련된 이들이 주축이었다.

그렇다면 이와 같은 인물들이 자전거로 조선을 종단하려는 인도 청년들을 통해 구성해 내고자 했던 구체적인 동양의 이미지는 어떤 것이었을까? 3·1 운동의 좌절과 이를 극복하기 위해 새로운 가능성을 모색하고자 했던 조선 지식인들의 당시 상황을 통해 여기에 접근해 볼 수 있다. 즉, 3·1 운동 이후에도 여전히 조선인을 '자치를 할 수 없는 미개한

---

57) 「인도 청년환영회 20일밤 식도원에서」,『조선일보』, 1926.2.20, 석간 2면.

민족'으로 규정하는 일본이나 서구 여론에 대응해 1920년대 중반 여러 민족운동을 펼치고 있었던 지식인들[58]은 서양인들도 해내기 힘든 '자전거 세계일주'를 실행하고 있는 인도의 청년들을 통해 '자치'의 능력이 있는 '동일한 동양'임을 내세우고, 이를 통해 식민주의 담론에 저항하고자 했던 것이다. 애당초 '인도를 알리기 위해' 자전거 여행에 나선 두 청년에게 "그대들 양군의 자전거 두 바퀴에 조선의 사정을 싣고 돌아가서 전해달라"[59]고 한 것도 이와 같은 맥락에서 이해 가능하다.

두 인도 청년이 자전거를 타고 조선을 방문하기 전, 조선 내에 형성되어 있었던 인도에 대한 담론이 서구적인 영향력에 의한 것이었다면, 두 인도 청년의 자전거 조선 방문기에는 서구적인 시선이나 서구가 인정한 동양이라는 틀이 전제되어 있기보다는 직접적으로 눈앞에 당도한 인도인에게서 호명해 내는 '식민지인으로서의 동질성'이 있었고, 따라서 '서양으로부터 핍박받는 같은 동양인'이라는 개념을 직접적으로 구성해 내는 계기가 되어 주었다. 혹은 이전에 타고르, 간디, 스와데시와 스와라지, 그리고 이국적 자연환경의 나라 등으로 파편화되어 형성되어 있었던 인도에 대한 여러 층위의 인식들을 '서양의 지배에 저항하는 같은 동양인'으로 단일화하는 계기가 되어 주었다. 그리고 여기에서 이야기하는 '동양인'이란 미완의 독립운동이 완성해 내지 못했던, '자치'의 능력을 가지고 있기에 식민지배를 받을 필요가 없는 온전한 존재로서의 동양인이었다.

---

58) 유선영, 「3·1운동 이후의 근대 주체 구성: 식민적 근대주체의 리미널리티」, 『대동문화연구』, 66집, 2009, 255쪽.
59) 「양민족친선상 의미깊흔 환영회」, 『조선일보』, 1926.2.22, 조간 2면.

7. 자전거 바퀴가 남기고 간 두 인도 청년의 표상

"인도 청년 만세!"

남방의 나라에서 온 검은 피부의 이방인들을 조선의 민중들이 '만세'를 부르며 환영하고 환송한 이유는 무엇이었을까? 인도 청년들이 타고 온 자전거 바퀴는 구르고 굴러 부산의 항구에서부터 경성, 개성, 평양을 거쳐 인도로 돌아갔지만 조선의 지식인들과 민중들의 의식에 확연한 흔적을 남겼다. 1926년 인도 청년의 방문을 경험한 사람들의 직접적인 기록을 찾을 수 없기에 그것이 무엇이었는지 분명히 알 수는 없지만 당시 인도 청년을 맞이하는 자리에, 인도 청년의 강연회 그리고 환영회에 모였던 사람들에 대한 신문기사와 이러한 이벤트를 이끌었던 지식인들의 인식을 통해 그것이 근대성의 체험과 관련이 있다는 것을, 나아가 1919년 활활 타올랐던 불꽃이 남긴 불씨에 연결되어 있는 것이었음을 짐작해 볼 수 있었다. 무엇보다, 조선의 일반 민중들이 만세 삼창까지 하며 인도 청년들을 맞이하고 또 보낸 데에는 이들이 바로 '식민지 청년들'로서 자전거 하나로 세계일주를 하고 조선에 들어왔다는 점이 크게 작용했을 것이다.

　물론 인도 청년의 방문에 대한 미디어의 기사가 긍정적이기만 했던 것은 아니었다. 드물지만 '일개 사적 여행 청년'을 너무 환대하는 것에 대해 부끄럽다는 짧은 논평도 찾아볼 수 있다.[60] 그러나 이는 인도 청년의 자전거 조선 방문 자체에 대한 비판이 아니라 과도해 보이는 환영에 대한 것이었고, 이와 같은 비판마저도 이 기사 외에는 찾아볼 수 없었다.

---

60) 一記者, 「인도 청년환영문제」, 『개벽』, 1926.4, 78~79쪽.

게다가 인도 청년을 "거군일치(擧郡一致) 거시일치(擧市一致)로 굉장히 떠들어 댈 것이 무엇이냐"는 비판은 오히려 모두가 일치되어 인도 청년들의 조선 방문을 환영했음을 보여 주는 것이기도 하다.

본고에서는 1926년 자전거 세계일주 중에 조선을 방문한 두 인도 청년과 관련하여, 이를 보도한 신문기사를 분석함으로써 이들의 방문이 갖는 의미에 대해 고찰해 보고자 하였다. 이미 언급한 바와 같이 조선어 민간신문을 주요 분석대상으로 했기 때문에 사건을 미시적으로 재구성해 내고 이를 통해 인도 청년의 조선 방문이 조선 민중에게 어떤 경험을 가능하게 했으며 이러한 경험을 통해 구성된 아시아 개념은 무엇이었는지 접근해 보는 것에 의의를 두었다. 즉, 인도 청년의 조선 방문이 어떻게 아시아의 상상된 공간이었던 인도를 경험영역으로 불러들이고 이를 통해 다만 상상된 공동체였던 아시아를 구체적인 내용을 가진 것으로 호명했는가 살펴보고자 하였다.

구한말부터 많은 외국인들이 조선을 방문했고 이를 방문기와 같은 기록으로 남기기도 했다. 또한 1920년대 조선의 지식인들은 이미 조선 밖의 세계와 교류하며 변화하는 세계와 조응하고 있었다. 이러한 맥락에서 본다면 인도 청년의 조선 방문은 그다지 대단한 일이 아닐 수도 있었을 것이다. 그러나 다른 외국인과는 차별되는, 자전거를 타고 세계일주를 하던 중에 조선에 도착한 인도의 두 청년만이 갖고 있었던 표상이 존재하고 있었기에 지식인, 일반 민중 할 것 없이 그야말로 '거국일치'로 '만세'를 부르며 이들을 환영했던 것이다. 그리고 이 표상은 당시 조선에서 인도가 갖고 있었던 다층적인 의미와 1920년대 중반이라는 식민지 조선의 특수한 상황에 연결된 것이었다. 본고에서는 그 표상에 대해 제한적으로나마 접근해 보고자 했으나, 여러 측면에서 한계가 있었던 것이 또한 사실이다. 무엇보다 인도 청년의 조선 방문이라는 특정 사건을 중심으로 형성된 단일한 층위의 인식을 살펴보고자 했기 때문에 인도 청년의 방문 이전의 인도에 대한 인식과 이후의 인식의 차이를 조망해 보지 못했으며, 조선총독부가 인도 청년을 환영하는 큰 행사들을 묵과해 준 이유, 즉 일본인에게 인도가 어떤 의미였는가에 대해서도 논의하지 못했다. 분석대상의 기간을 인도 청년들의 방문 전후로 확장하고 분석대상에 조선 내에서 발행되고 있었던 일본어 신문 및 잡지 등을 포함한다면 좀더 깊이 있는 논의가 가능할 것으로 보인다.

1926년 2~5월 인도 청년 방문 관련 기사목록

신문	날짜 및 면수	제목	비고
매일신보	26. 2. 6, 2면	세계일주 이(二)청년 4년 만에 내조(來朝)	
동아일보	26. 2. 7, 2면	자전차로 세계일주, 부산까지 도착한 인도의 두 청년	
매일신보	26. 2. 7, 1면	3년 계획으로 세계일주	사진기사
조선일보	26. 2. 7, 석간 2면	작렬상하(灼熱常夏)의 인도국에서 지사청년 양명(兩名)이 내조	
조선일보	26. 2. 10, 조간 2면	소식이 묘연한 인도 청년의 일행	
조선일보	26. 2. 11, 석간 1면	인도 청년아!	시평
동아일보	26. 2. 13, 2면	상주에 착(着)한 세계일주 인도 청년	사진1장
조선일보	26. 2. 13, 조간 2면	인도의 진객(珍客) 금명간 경성도착?	
조선일보	26. 2. 15, 조간 2면	遠來한 진객 인도 양청년 소식	
조선일보	26. 2. 16, 조간 2면	인도 청년 양씨 도로험악으로 곤경	
조선일보	26. 2. 17, 조간 2면	인도 청년 이천도착	
조선일보	26. 2. 17, 석간 2면	본사주최 인도 청년 강연회	사진1장
조선일보	26. 2. 18, 조간 2면	자전차 70대로 인도 청년 출영(出迎)	
조선일보	26. 2. 18, 조간 2면	자전차로 수륙삼만리를 답파한 인도 청년 세계일주 강연회	공고
조선일보	26. 2. 18, 석간 2면	수려한 강산, 순후한 인정 역로(歷路) 도처의 환영을 감패(感佩)	사진1장
조선일보	26. 2. 18, 석간 2면	강연은 19일	
조선일보	26. 2. 19, 조간 1면	인도3억민중을 생각하면서 인도 청년의 입경에 제하야	사설
조선일보	26. 2. 19, 조간 2면	개선장군 위의와 같은 인도 청년의 입경 광경	사진2장
조선일보	26. 2. 20, 조간 2면	감격에 넘치는 어조로 삼만리를 돌파한 실지담	사진2장
조선일보	26. 2. 20, 석간 2면	인도 청년환영회 20일밤 식도원에서	
동아일보	26. 2. 20, 2면	인도 청년 환영초대연 20일 식도원에서	
조선일보	26. 2. 21, 석간 2면	인도 청년 양군 24일에 출발	
조선일보	26. 2. 22, 조간 2면	양민족친선상 의미깁흔 환영회	
조선일보	26. 2. 23, 조간 2면	자전차로 수륙삼만리를 답파한 인도 청년 세계일주 강연회(인천)	사진1장
조선일보	26. 2. 23, 석간 2면	인천에서도 인도 청년강연회	공고
조선일보	26. 2. 24, 석간 2면	인도 청년에 대한 척후군의 동정	
조선일보	26. 2. 25, 조간 2면	환영리에 인도 청년 도인(到二)	
조선일보	26. 2. 26, 석간 2면	인도 청년에게 사소하나 뜨거운 동정	사진1장
조선일보	26. 2. 27, 석간 2면	함루안(含淚眼)을 상교하며 조선 서울을 작별	
조선일보	26. 2. 28, 조간 2면	도처환영의 인도 청년 양군	
조선일보	26. 3. 1, 조간 3면	인도 양청년 작일 개성출발	
매일신보	26. 3. 2, 3면	인도 청년의 환영	
조선일보	26. 3. 2, 조간 2면	인도 청년 신막도착 강연회도 성황	

신문	날짜 및 면수	제목	비고
조선일보	26.3.2, 석간 2면	사리원에서의 인도 청년 강연	
조선일보	26.3.4, 조간 2면	자전차로 삼만리를 답파한 인도 청년 세계일주 강연	공고
조선일보	26.3.5, 조간 2면	자전차로 삼만리를 답파한 인도 청년세계일주 강연회(평양)	공고
조선일보	26.3.5, 석간 3면	인도 청년 신막에서 대환영	
조선일보	26.3.5, 석간 3면	인도 청년 사리원 통과	
조선일보	26.3.6, 조간 2면	세계일주 인도 양청년 금수강산 평양에 안착	
조선일보	26.3.8, 조간 2면	본사평양지국 애독자 위안회 인도 청년의 독창도 잇서	
조선일보	26.3.9, 조간 2면	인도 청년 강연 평양에서 대성황	
조선일보	26.3.9, 석간 2면	안주에서도 인도 청년 환영	
조선일보	26.3.11, 조간 1면	인도객 환영과 현상웅변개최	
조선일보	26.3.12, 조간 1면	인도객 만성 통과	
조선일보	26.3.12, 조간 2면	평양을 떠난 인도 청년	
조선일보	26.3.14, 조간 2면	평원을 통과한 인도 청년 강연은 대성황	
조선일보	26.3.21, 조간 1면	인도 청년 우우(優遇) 선천 각단에서	
조선일보	26.3.23, 조간 2면	인도 청년 양군 조선과 작별	
조선일보	26.5.5, 석간 2면	동포를 맞나는 족족 귀국후의를 전달	

2부

제국의 아시아:
제국이 아시아를 드러내는 방식

4장_제국의 아상블라주와 사건의 정치학

: 무라야마 도모요시(村山知義)와 조선

차승기

1. 무라야마 도모요시, 또는 식민지/제국의 예술가

"좋은데요, 조선은. 공기가 건조하고 하늘이 활짝 개인 것도 내지와는 전혀 다르네요. 흐리멍덩한 곳이 전혀 아니군요. 아득하게 개어 있는 것 같은 느낌입니다. 색도 깊이도 어쩐지 쓸쓸하고 처연함까지 있네요. 땅도 마찬가지지만 하늘까지도 오래된 느낌이 듭니다. 나는 조선은 처음이고, 그것도 어제 아침 동경을 떠나 6시간 반 만에 경성에 도착해서, 어젯밤에는 전무, 지배인이 명월관이라는 요리집에 데리고 갔고 그 후론 동네를 산책했을 뿐입니다만, 땅을 봐도 사람을 봐도 생활을 봐도 하늘과 마찬가지의 느낌이 듭니다."

---

* 이 논문은 한림대학교 일본학연구소 주최의 국제 학술심포지엄 '총력전의 시대: 주변부에서 본 제국일본의 문화권력'(2012.10.26)과 성공회대학교 동아시아연구소 주최의 학술대회 '아시아 이벤트: (서로 다른) 아시아들의 경합'(2012.11.19)에서의 발표문을 수정·보완한 결과물이다. 학술대회장에서 토론을 통해 유익한 도움을 준 조형근, 윤대석, 이혜령 선생님께 감사한다. 아울러 무라야마 도모요시 및 극단 신쿄와 관련된 일본 자료 수집에 이화진 선생님의 큰 도움이 있었음을 밝혀 둔다.

"공기가 건조해서 자외선이 풍부하고, 비가 적어서 영화에는 안성맞춤입니다."

"마을에서 사람을 보고 있으면, 실로 좋은 얼굴을 한 사람이 아주 많습니다. 그대로 데리고 와 찍고 싶을 정도로. 할머니나 걸인의 아이들 중에 꼭 붙들고 싶은 얼굴들이 있습니다."

"예, 조선 영화의 또 하나의 장점은 인건비가 대단히 싸다는 겁니다. 어쨌든 잘 왔습니다! 잘 와 주셨습니다!"[1]

극단 신쿄(新協)의 「춘향전」 공연을 기획·연출한 것으로 잘 알려져 있는 무라야마 도모요시(村山知義, 1901~1977)는, 연극 「춘향전」의 조선 순회공연과 더불어 그 영화화를 위해 수차례 조선을 방문한 경험에 기초해 1939년에 「단청」이라는 소설을 발표했다. 위의 인용문은 조선을 방문한 시나리오 작가 미도리카와(緑川)와 그를 초청한 자본가 김흥식이 만나는 첫 장면의 대화이다. "그리 멀지 않은 선조가 조선 사람이었음에 틀림없다"고 생각하며 식민지 조선에 대해 "책임감"을 느끼면서도[2] 그 '이국성'에 야릇한 환상을 가지고 있는 미도리카와는 전형적인 '좋은 일본인'이었다. 그러나 피식민지(인)를 향한 동정적인 식민자의 시선이 대등한 반향을 불러일으킬 수는 없다는 점을 일깨우기라도 하듯이 미도리카와 김흥식의 대화는 처음부터 어긋나 있다.

---

1) 村山知義, 「丹青」, 『明姬』, 鄕土書房, 1948, 73쪽. 이 소설은 『中央公論』 1939년 10월호를 통해 처음 발표되었고, 조선이나 조선인을 제재로 한 무라야마의 다른 소설들과 함께 소설집 『明姬』에 재수록되었다. 『中央公論』 판본에 대한 수정이나 가필이 없으므로, 인용은 편의상 『明姬』에서 하도록 하겠다.
2) 같은 글, 75쪽.

미도리카와는 조선의 자연을 묘사한 많은 일본인 문인 및 지식인들과 유사하게 전형적인 오리엔탈리즘적 시선을 투사하며 조선을 심미적으로 표백시키고 있다. 그런데 이에 대해 김홍식은 조선의 자연을 장차 있을 영화제작의 현실적 환경과 연결시킨다. 또한 미도리카와는 조선인의 얼굴을 심미적으로 판단하고 있는 데 반해, 김홍식은 저렴한 인건비를 내세우며 대화를 다시 영화제작의 맥락으로 이끌어 가려 한다.[3] 요컨대 미도리카와는 어쩌면 의례적으로, 어쩌면 식민자의 심미적 시선으로, 조선의 '아름다움'을 거론하고 있지만, 김홍식은 철저하게 '사무적'인 사고로 그에 응대하고 있다. 처음 조선을 방문한 '좋은 일본인'에게 조선은 그 표면──자연과 사람의 외관──만으로 만족을 주는 무관심한(disinterested) 심미적 대상이지만, 김홍식에게 조선──그 자연과 사람──은 언제나-이미 이해로 얽힌(interested) 관계인 것이다. 이 어긋난 대화를 시작으로, 미도리카와는 점차 심미적 거리를 좁히며 닥쳐오는 조선에 힘겨워하게 된다.

소설에서 식민 본국의 유명 시나리오 작가로 설정된 미도리카와는 금광개발을 통해 축적한 거대자본으로 대형 영화촬영소를 세워 "진정으로 조선적인' 영화"(79쪽)를 만들고자 하는 김홍식의 초빙에 의해 처음으로 조선을 방문했다. 김홍식은 이 식민 본국의 문화인에게 식민지 조선의 '조선적'인 특색을 이해시키기 위해 양반가의 전통 가옥에서 종

---

3) 「단청」의 이 부분에 대해 먼저 주목한 것은 水野達朗, 「転向文学の「描写」と韓国」, 『일어일문학연구』, 63권 2호, 2007이다. 이 논문은 전향한 일본 문인들에게 나타나는 '묘사' 우위의 패턴을 분석하면서 「단청」을 다루고 있다. 또한 정대성은 「『단청』의 포스트콜로니얼 비평적 되읽기」(『일본문화연구』 5집, 2001)에서 「단청」을 세밀하게 분석하고 있는데, 전체적으로 근거가 불충분한 과잉 해석과 과도한 개념 도입이 오히려 분석의 설득력을 저하시키고 있다.

로의 선술집에 이르기까지 여러 장소들을 보여 준다. 그리고 미도리카와는 이곳저곳을 방문하는 과정에서 재조일본인 2세 기자, 조선인 기자, 문인, 여학생 등을 만나 갖가지 '바람'을 듣기도 하고 그들의 대화를 엿듣기도 하면서 점차 혼란에 빠지게 된다. 이 혼란이란, 그가 막연한 우호적 감정에 둘러싸여 상상했던 조선이 실제의 조선 앞에서 무너짐으로써 초래된 것이기도 하지만, 그보다 더 근본적으로는, 상상했던 것과는 전혀 다른 조선이 여러 얼굴을 가지고 자립해 오고 있을 뿐만 아니라 그 복잡한 여러 모습의 조선 하나하나에 자기 자신도 연루되어 있다는 감각, 그러나 거기에 완전히 동일화될 수도 없고 그로부터 도망칠 수도 없다는 자각과 관련된 것이다. 미도리카와의 혼란은 표상의 위기에서 비롯되지만 존재의 불안과 무기력을 함축하고 있다. 요컨대 조선에 도착해 아름다운 조선 여배우 앞에서 "숨길 수 없는 기쁜 빛"[4]을 드러내며 의욕에 가득찼던 미도리카와는 소설의 끝자락에서 "그렇다. 할 수 없다. 할 수 없다. 그게 바로 내게 어울리는 일이다"[5]라는 자조적인 독백을 읊는다.

'좋은 일본인' 미도리카와는 조선(인)과 어떻게 만났기에 존재의 불안과 무기력을 경험하게 되었는가. 이를 이해하기 위해서는 무라야마 도모요시와 조선(인)의 만남을 되짚어가면서 그 만남의 방식과 그 과정에서 발생한 '사건'을 살펴볼 필요가 있다. 무라야마와 조선(인)의 만남이란 그의 직접적인 조선 방문만을 뜻하는 것은 아니다. 조선의 고전 '춘향전'[6]의 신극 개작을 둘러싸고 생성된 문화적 논쟁장에서 그는 다양한 방식으로 조선(인)과 만나 왔고 그 속의 어떤 '어긋남'이 만남의 방식을 위

---

4) 村山知義, 「丹青」, 72쪽.
5) 같은 글, 124쪽.

태롭게 만들었던 것으로 보인다. 이 글에서는 무라야마 도모요시가 신극 「춘향전」과 그 조선 순회공연이라는 문화적 이벤트를 조직하고 실행하는 과정에서 발생한 바로 그 '어긋남'들에 주목하고 그를 통해 식민지/제국 체제에서 발생할 수 있는 사건의 '사건성'(eventness)[7]의 의미를 숙고해 보고자 한다.

식민지/제국 체제는 내적으로 구조화된 정치적·경제적 차별과 불평등을 은폐하기 위해, 또는 적극적으로 체제 유지의 동력으로 전환시키기 위해 부단히 문화적 이벤트들을 조직해 왔다. '시정'(施政)의 효과를 전시하는 스펙터클을 통해, 제국의 위엄을 과시하는 의전(儀典)을 통해, 또는 공동운명의 세계에 귀속되어 있다는 심미적 가상의 생산을 통해. 그러나 정책적인 염려에 의해 만들어지는 문화적 이벤트는 그 효과가 목적에 제약되어 있기 때문에 이름에 값하는 '사건'을 발생시키기 어렵다. 이벤트의 생산자와 소비자 사이의 관계의 일방성이 과도할 때, 어떤 돌발성을 초래하는 우연적 계기의 작용은 희박해지기 때문이다. 오히려 사건은 내적인 차별과 불평등을 건너서 만나려 하거나, 아니면 차라

---

6) 이하에서는, 장혁주에 의해 번안되고 무라야마에 의해 연출된 신극 작품으로서의 춘향전을 지시할 때에는 「춘향전」으로, 조선의 연희와 이야기 전통에서 전승되어 온 춘향전을 지칭할 경우에는 '춘향전'으로 구별해 표시하고자 한다.

7) 이 글에서 '사건성'은, 바흐친이 「행위철학」에서 존재 그 자체를 사건으로 정의하고 행위의 세계를 '자신에게 나', '나에게 타자', '타자에게 나'라는 정동-의지적 상호작용 속에서 해명하고자 했던 시도에서 계발된 개념이다. 바흐친에게 '사건성'은 사건의 유일무이성에 의해서뿐만 아니라 사건이 발생하는 행위의 세계의 구성요인들('자신에게 나', '나에게 타자', '타자에게 나')의 상호작용과 유한성에 의해서 행위 주체가 '존재에 알리바이 없음'을 자각하는 구조를 의미한다(미하일 바흐친, 『예술과 책임』, 최건영 옮김, 뿔, 2011, 105~106, 114~115쪽 참조). 바흐친의 개념을 원용하여, 이 글에서는 식민지/제국의 예술가와 (피)식민지(인)가 만날 때 발생하는 상호작용과 유한성(또는 외부성)의 자각, 즉 "서로 만날 때 …… 주변을 공유하지만 시야를 공유할 수는 없"(게리 솔 모슨·캐릴 에머슨, 『바흐친의 산문학』, 오문석 외 옮김, 책세상, 2006, 330쪽)는 구조를 지시하기 위해 '사건성'이라는 개념을 사용하고자 한다.

리 그 차별과 불평등을 더욱 확장시키려 하는 움직임에 의해 발생할 수 있다.

　여러 가지 이유로 식민 본국의 작가·예술가가 문화적인 영역에서 식민지/제국 체제의 차별 구조를 문제 삼는 일은 흔치 않았지만, 차별 구조의 양편에 있는 요소들을 뒤섞는 민감한 실험을 한 예는 더더욱 드물다. 예컨대 프롤레타리아 국제주의라는 '초민족적' 이념 아래에서 식민지와 식민 본국 프롤레타리아트 사이의 '동지적'(이어야 하는) 관계를 제시하거나, 차별 구조를 재생산하고 있는 공동의 적에 대한 분노를 표출하거나, 아니면 정반대로 제국의 '민족통합'의 이상 아래에서 식민지 문화를 철저하게 지역적 특수성으로 포섭하는 경우는 간간이 있었지만, 식민지와 식민 본국의 민족적 차이를 상기시키는 방식으로 양자의 문화를 충돌시키는 예는 매우 드물다. 무라야마 도모요시의 실험은 이런 의미의 충돌을 예술적으로 조직한 드문 사례라고 할 수 있을 것이다.

　무라야마는 식민지/제국 시기에 왕성히 활동한 일본의 예술가 중에서도 가장 다양한 분야에서 실험을 지속해 온 인물 중 하나이다. 그는 연극 연출가이자 극작가였을 뿐만 아니라 회화, 사진, 무용, 소설, 출판디자인, 건축 등 넓은 영역에서 두각을 나타낸, 말하자면 범-예술가(pan-artist)라고 할 수 있을 만한 인물이다. 뿐만 아니라 그는 신극 「춘향전」의 상연과 조선 순회공연 등을 통해 식민지 조선과 특별한 인연을 가졌던 일본의 예외적인 예술가 중 한 사람이기도 하다. 그런 이유도 있어 무라야마는 한국의 예술, 문학, 역사 연구자들에게 적잖이 연구의 대상이 되어 왔다.

　그가 식민지 역사와 문화 또는 식민지와 식민 본국의 경계에서 대상화되는 통로는 역시 「춘향전」 공연과 그를 둘러싼 전시체제기 문화상황의 쟁점들이었다. 물론 일본 근대문학 연구의 영역에서 무라야마 도모요시 자체에 대한 정대성의 집중된 연구가 선행된 바 있다.[8] 이 연구에 의해 한국 근대문학사에서 흔히 신극「춘향전」을 연출한 극단 신쿄의 대표로서 이해되던 그가, 일본 아방가르드 계열의 화가이자 소설가였을 뿐만 아니라 해방 후 조선의 예술가, 지식인들과 폭넓은 교유를 가진 인물이기도 했음이 알려졌다.[9] 그의 연구가 무라야마 도모요시와 조선의 관계를 염두에 두면서도 정치적·예술적으로 다양한 궤적 속에 놓인 입체적인 무라야마 형상을 드러내고자 했다면,「춘향전」공연에 주목한 연구들은 무라야마를 식민지/제국의 전시체제라는 역사적 조건 아래 보다 철저하게 기입했다.

백현미는 1930년대 중반 '고전부흥' 또는 '전통창안'의 문제가 쟁점화되던 맥락 속에 무라야마 연출의「춘향전」을 놓음으로써, 그것이 "민족적 전통이 향토문화로서 동양적 전통의 다양한 스펙트럼 속에 재배치되는"[10] 효과의 하나였음을 밝혔다. 서석배는「춘향전」의 번역을 둘러싼 조선/일본의 문화인들의 논쟁을 분석하며 양측이 공유하고 있던 등가교환 모델을 비판적으로 드러냈다.[11] 그리고「춘향전」공연 관람평, 좌담

---

8) 정대성,「초기 무라야마 토모요시의 문학텍스트 일고」,『일어일문학연구』, 33집, 1998; 정대성,「8·15, 경성, 그리고 일본인들」,『일어일문학연구』, 35집, 1999; 정대성,「무라야마 토모요시의 초상화 목록」,『한국연극학』, 15호, 2000; 정대성,「「단청」의 포스트콜로니얼 비평적 되읽기」 등. 정대성의 연구는 무라야마의 문화적 전기(傳記)를 구성할 수 있을 정도로 폭넓은 자료와 문헌을 참조해, 1920년대 초반 일본 아방가르드 운동의 맥락으로부터 해방 후 조선에서의 이력에 이르기까지 무라야마의 입체적인 형상을 조성하는 데 선구적으로 기여했다. 그의 연구와 관련해서는 개별적으로 참고되는 지점에서 다룰 것이다.
9) 이와 더불어, 조선에 대한 무라야마의 태도를 중심으로 그의 예술활동에 대해 적극적으로 평가한 이준식,「무라야마 도모요시의 진보적 연극운동과 조선문화 사랑」,『역사비평』, 88호, 2009를 참조할 수 있다.
10) 백현미,「민족적 전통과 동양적 전통」,『현대문학이론연구』, 23집, 2004, 241쪽.

회, 관련 텍스트들을 다루며 전시체제 시기 식민지와 식민 본국 사이의 '문화번역'의 문제를 포스트콜로니얼리즘적 시각에서 깊이 분석한 문경연의 일련의 연구는, 신쿄의 「춘향전」 공연과 무라야마의 활동을 "제국의 문화통합적 상황과 실천"[12] 속에 위치시키고 그 근본적인 통합 불가능성을 입증하고자 했다.

이렇게 볼 때, 지금까지의 무라야마 도모요시와 식민지 조선의 관계를 다룬 연구는, 무라야마의 예술과 사상의 경향성에서 접근해 조선에 대한 그의 태도를 다룬 것(정대성, 이준식 등), 1938년 「춘향전」 공연과 그를 계기로 불거져 나온 전통/근대, 조선문학/내지문학, 조선어/고쿠고(国語=日本語) 등의 문제를 전시체제 시기 제국의 문화통합 및 내선일체의 문화정치의 맥락에서 다룬 것(백현미, 서석배, 문경연 등)으로 나눌 수 있다. 전자를 통해서는 무라야마에게서 아방가르드 예술운동, 프롤레타리아 연극운동, 전향, 조선인 예술가들과의 긴밀한 관계 등이 다양하게 부각되었지만, 그의 예술행위가 식민지/제국의 문화환경에서 어떻게 유통되고 소비되었는가는 상대적으로 간과되었다. 후자를 통해서는 중일전쟁 직후 국가총동원체제로 전환된 후 식민지와 식민 본국의 관계가 전체적으로 구조조정되면서 식민지/제국 체제로서의 성격이 강화되는 상황에서 내적으로 불균등하고 비대칭적인 문화소통의 (불)가능성이 포착되었지만, 무라야마의 예술은 물론 그의 조선관까지도 「춘향전」 공연

---

11) 서석배, 「신뢰할 수 없는 번역: 1938년 일본어 연극 춘향전」, 『아세아연구』, 51권 4호, 2008 참조.
12) 문경연, 「1930년대말 신협의 춘향전 공연 관련 좌담회 연구」, 『우리어문연구』, 36집, 2010, 498쪽. 이와 더불어 문경연, 「일제말기 극단 신협의 「춘향전」 공연양상과 문화횡단의 정치성 연구」, 『한국연극학』, 40집, 2010 참조.

을 전후한 시기의 역사적 규정성 속으로 환원되고 만 측면이 있다.

이렇게 기존 연구가 어찌 보면 작가론적 입장과 수용론적 입장이라고도 할 수 있는, '무라야마를 통해 역사적 상황을 보는가'와 '역사적 조건을 통해 무라야마를 보는가'로 분할되어 있어서 조선과 관련한 그의 입장에 대한 평가도 양극화되고 있는 것으로 보인다. 즉 그는 제국의 예술가이면서도 식민지 조선에 대해 동정 어린 연대의 정서를 가지고 있었던 '양심적' 지식인이었다는 평가가 한쪽에, 그리고 사회주의로부터 전향한 지식인들의 일부가 그랬듯이 식민지 또는 외지(外地)에 눈을 돌리면서 그곳에서 최소한의 자유로운 활동을 희망했지만 결과적으로는 제국의 첨병 또는 식민자의 시선을 내면화한 위선적 시혜자의 위치를 벗어날 수 없었다는 평가가 다른 한쪽에 있다.

과연 무라야마는 「춘향전」을 통해 제국의 문화통합을 실천하고자 한 전향 지식인이었는가. 과연 일본인이 연출하고 일본인 배우들이 일본어로 연기한 조선 '고전' 공연이라는 이례적 사건의 발생과 그 효과는 전시체제기의 정치적 맥락 내부로만 수렴되는가. 1920년대 아방가르드 예술운동에서 프롤레타리아 연극운동을 거쳐 오며 복잡하게 형성된 그의 예술적 입장과 식민지 조선에 대한 정치적 입장은 어떤 관계에 있는가.

기존 연구의 양극화된 평가를 극복하면서 무라야마와 조선의 관계를 재고하기 위해서는 다른 시각이 필요해 보인다. 즉 식민지/제국 체제 변동의 역사적·문화정치적 맥락을 염두에 두면서 식민지/제국의 내부 경계를 넘나드는 제국 예술가의 실천의 효과를 평가할 수 있는 접근법이 필요하다. 예술적 실천은 예술가의 이력과 의도로 환원되지 않을 뿐만 아니라, 시간-공간을 초월하는 보편적인 소통 가능성을 특권적으로 보유하지 않는 것은 물론 제한된 시간-공간의 역사적 규정성에 모조리

감금시킬 수도 없다. 오히려 이 이질적인 벡터들이 어느 우연한 지점에서 만나는 순간을, 그 벡터들의 방향성을 고려하면서 함께 포착하는 것이 필요해 보인다. 이를 위해 이 글에서는 '사건' 개념에 기대고자 한다.

사건은 그 **근본적인** 의미에서 공약 불가능한 것들 사이의 **만남**과 예측 불가능한 **효과**에 의해 규정된다. 사건이 사건으로서의 의미와 파장을 가지려면, 동일한 규약 또는 질서를 공유하지 않는 외부성의 도래가 필수적이다. 그리고 그 자체로는 만남의 사건을 구성할 수 없는, 공약 불가능한 외부성들끼리의 충돌을 위해서는 벡터의 어떤 '어긋남'이 발생해야 한다. 나아가 이 외부성이 자동적으로 친숙한 것으로 번역되지 않고, 일정한 지속성 속에서 오히려 친숙한 인식·경험·사유의 반성지점으로 작용할 때야말로 사건이 어떤 효과를 발생시킬 수 있다.

과연 식민지/제국 체제 내부의 경계를 넘나드는 예술적 실천은 사건을 구성할 수 있었는가. 예컨대 극단 신쿄의 「춘향전」 조선 공연이라는 사건, 즉 조선의 '고전'을 일본인 극단에서 일본인이 연출·연기하며 그 '고전'의 '고향'에서 순회공연한 '사건'은 사건성을 구성할 수 있었는가. 또한 「춘향전」 조선 공연을 계기로 파생된 '만남들'은 사건의 공간을 개시할 수 있었는가.[13]

---

13) 식민지 시기 좌담회를 1920년대 연설회와의 연장선 위에서 고찰하며, 그 '사건성'에 대해 고찰한 것으로는 신지영, 「신체적 담론공간을 둘러싼 사건성」, 『상허학보』, 27집, 2009 참조. 신지영은 이 논문을 통해 연설회와 좌담회가 형성, 변모, 번역되는 순간에서 "사건적 장"을 발견하고자 했다. 여기서 '사건성'이라는 개념은, 연설회에서의 유동적 또는 전복적 장면, 좌담회가 기록되거나 번역될 때의 검열 및 변형 등에서 찾을 수 있는, 지식인/대중, 식민지인/피식민지인의 지배적인 위계가 흔들리는 계기를 지시하기 위해 사용되고 있다. 신지영의 논문은 이 같은 흔들림, 전복, 변형 등을 통해 어떤 위기에 찬 '만남'의 순간을 포착하고 있음에는 틀림없으나, 그 위기의 '효과'에 대한 고찰까지 이어지고 있지는 않은 것으로 보인다.

이 글은 무라야마 도모요시라는 식민 본국의 예술가가 식민지/제국 체제의 내적 경계를 시간-공간적으로, 심미적으로 넘나들 때 발생한 '사건'의 사건성에 주목하면서, 식민지/제국 체제의 문화적 환경을 구성하고 있던 이질적인 층위들이 충돌할 때 발생하는 정치의 잠재성에 대해 숙고해 보고자 한다.

2. 아방가르드, 아상블라주, 춘향전

중학교를 졸업 직전에 그만두고 교과서를 팔아 『가이조』(改造), 크로포트킨의 책과 바꾼 청년 임화. 맑스와 엥겔스라는 이름은 알지만 니체, 다카하시 신키치(高橋新吉), 이치우지 요시나가(一氏義良), 로맹 롤랑(Romain Rolland) 등을 난독하던 청년 임화는 무라야마 도모요시의 『오늘의 예술과 내일의 예술』(今日の芸術と明日の芸術)을 읽고 열광한 후 다다이즘적인 시를 쓰게 된다.[14] 요컨대 식민지 조선의 문화예술·지식계에 무라야마 도모요시는 먼저 다다이즘·표현주의 등 현대 아방가르드 예술의 문맥으로 기입되었던 것이다. 예술적 아방가르드와 정치적 아방가르드의 역설적인 관계는 그 자체로 탐구되어야 할 난제이지만[15] 무라

---

14) 임화, 「어떤 청년의 참회」, 『문장』, 1940년 2월호, 22~23쪽 참조. 임화가 말하는 무라야마의 『오늘의 예술과 내일의 예술』이란, 무라야마가 독일 유학에서 돌아온 후 '의식적 구성주의'를 내세우며 미술활동을 전개하다가 연극계에 발을 들여놓던 무렵 간행한 『현재의 예술과 미래의 예술(現在の芸術と未来の芸術)』(長隆舍書店, 1924)로서 구성주의 회화 및 표현주의 시와 연극에 대해 비판적으로 소개하는 책이다. 이 무렵 무라야마의 활동에 대해서는 정대성, 「1920년대 유럽 아방가르드운동과 일본문화」, 『비교문화연구』, 3집, 1998 참조.

15) 예술적 아방가르드와 정치적 아방가르드 간의 연속/비연속적 관계에 대한 포괄적인 고찰과 관련해서는 카스텐 해리스, 『현대미술: 그 철학적 의미』, 오병남 외 옮김, 서광사, 1988; 마테이 캘리니스쿠, 『모더니티의 다섯 얼굴』, 이영욱 외 옮김, 시각과언어, 1998 등 참조.

야마도 임화도 아방가르드적 지향에서 프롤레타리아 예술운동에의 참여로 나아갔다는 사실은, 예술 개념의 해체 또는 변형을 통해 부르주아 예술의 한계를 극복하고자 한 예술적 아방가르드의 하나의 경로를 예시해 준다.

무라야마는 도쿄제국대학 철학과를 중퇴하고 원시기독교 공부를 하기 위해 1922년 베를린으로 유학을 갔으나 그곳에서 표현주의와 구성주의 예술에 빠져들어 학업을 접고 예술활동에 전념하게 된다.

사진 1 베를린에서 귀국한 후의 무라야마의 퍼포먼스(1923년 5월, 출처: 村山知義研究会 編, 『村山知義の宇宙: すべての僕が沸騰する』, 読売新聞社, 2012, 116쪽)

1년 만에 귀국한 그는 곧바로 '의식적 구성주의'를 표방한 개인전을 개최하고 아방가르드 미술단체 마보(Mavo)를 결성해 기관지를 발간하는 등 아방가르드 미술을 소개·실험하는 작업을 전개하는 한편, 1925년 12월 결성된 일본프롤레타리아문예연맹에 미술부원으로 참여하며 예술적 전위와 정치적 전위 사이를 오갔다. 특히 연극 연출과 무대장치에 관여하면서 좌파 극단 젠에이자(前衛座) 창설 동인이 되는 등 점차 정치적 예술활동에 깊이 관여해 갔다. 예술적 아방가르드와 정치적 아방가르드는 그에게 이행이라기보다 예술적·정치적 입장과 전략을 결정하는 여러 겹의 규정요소들로서 공존했던 것으로 보인다. 비록 그가 1930년에 쓴 『프롤레타리아 미술을 위해』(プロレタリア美術のために)의 서문에서 "나는 여태까지 미술에 관해서 『현재의 예술과 미래의 예술』, 『칸딘스

키』, 『구성파 연구』라는 3종의 전혀 잘못된 입장에서 쓴 책을 펴냈다. 이들 말살해야 할 책 다음으로 나는 여기 이 책을 보낸다"[16]라고 말하며, 아방가르드 예술로부터 프롤레타리아 예술로의 '전향'을 선언하기도 했지만, 이것이 곧바로 예술적 아방가르드 이념의 폐기를 뜻하는 것은 아니다. 왜냐하면 아방가르드 예술의 핵심은 **예술과 삶의 재결합**[17]에 있기 때문이다.

　예술적 아방가르드가 파괴하고자 한 일차적 대상은 부르주아 예술의 자율성 이념이다. 예술이 삶의 영역과 분리되어 그 자체로 독립적인 영역을 구성하고 있다고 가정하는 자율성 이념은, 예술의 생산·유통·소비 과정 전체가 뿌리내리고 있는 현실적이고 제도적인 제약들을 '자율적 예술'과 무관한 예술 외적 요소로 간주함으로써 오히려 현실의 지배적 질서를 무반성적으로 전제한다. 물론 부르주아 예술이 자율성을 표방하기 위해서는 예술의 상품적 질서를 망각할 수 있는 특정한 역사적 조건이 전제되어야 한다. 따라서 제국주의 일본, 나아가 식민지 조선에서 그러한 역사적 조건을 규범적으로 확인할 수 있는가에 대해서는 의문의 여지가 있지만, 적어도 예술작품을 하나의 유기적 총체성으로 가정하는 사고는 일반적으로 자율성 이념 아래 놓일 수 있을 것이다. 유기체로서의 예술작품은 그 스스로 '자연물'을 지향한다. 즉 작품 내부 요소들이 현실과의 연관 없이 내적으로 충족적인 총체성을 지향함으로써 현실과 분리되어 하나의 독자적인 세계를 구성하며 인간과 자연의 화해라는 가상을 만들어 낸다. 유럽의 아방가르드 예술은 때로는 예술이 그 제도들

---

16) 정대성, 위의 글, 157~158쪽에서 재인용.
17) 피터 뷔르거, 『전위예술의 새로운 이해』, 최성만 옮김, 심설당, 1986 참조.

(저자, 전시회, 예술조직 등)과 맺고 있는 관계를 폭로하면서, 때로는 다양한 의식 또는 경험 형식들을 낯설게 변형(몽타주, 콜라주, 아상블라주 등)시키면서, 예술과 삶의 분리 불가능한 관계를 상기시키고자 했다. 이 중에서도 특히 의식적 구성주의 예술에서 영향받은 무라야마는, 의식이나 경험의 형식을 변형시켜 자명한 인식관습에 충격을 가하는 방식으로 현실 재인식을 촉발하는 예술적 실천에 관심을 가지고 있었다.[18] 그는 '유기적 작품'이라는 환상을 파괴하는 비유기체적 구성의 실험, 즉 인간과 자연의 화해라는 가상을 만들어 내지 않는 예술적 실천 '이후'의 시대에 속한다.

이렇게 볼 때 그가 부정하고자 한 과거는 예술적 아방가르드 그 자체라기보다 그것이 가지고 있던 개인주의적이고 관념적인 경향이었다고 할 수 있지 않을까.[19] 그가 프롤레타리아 연극운동에 참여한 후, "부르조아 리얼리즘이나 소부르조아 리얼리즘과는 매우 다른 계급적·객관적 리얼리즘"으로서 프롤레타리아 리얼리즘 연극을 제창한 것, 그리고 혁명의 이념을 견지하면서도 연극의 대중화를 위해 "가부키 및 각종 민간 예술로부터의 흡수"를 주장한 것[20]은, 관습화된 의식이나 경험의 형식을 파괴하고 새로운 현실 인식을 촉발하고자 하는 아방가르드 예술의 이념에서 그리 멀지 않기 때문이다.

그렇다면 왜 '춘향전'인가? 이는 무엇보다도 1930년대 중반 일본 프롤레타리아 예술운동의 퇴조를 전후해 '식민지 문학'이라고 하는 새로

---

18) 1920년대 무라야마가 미술, 연극, 무대장치 등에서 시도한 예술적 실험에 대해서는 村山知義研究会 編, 『村山知義の宇宙』 참조.

19) 정대성, 「초기 무라야마 토모요시의 문학텍스트 일고」, 499쪽 참조.

20) 무라야마 토모요시, 『일본 프롤레타리아 연극론』, 이석만 외 옮김, 월인, 1999, 21쪽 참조.

사진 2 「춘향전」의 쓰키지 소극장 공연 광고물. 아카기 란코(赤木蘭子)가 이몽룡 역을, 이치카와 하루요(市川春代)가 춘향 역을 맡았다.

운 문예장르가 프롤레타리아 문학의 하위 장르로 성립된 사정과 관련되어 있는 것으로 보인다. 1931년 만주사변 이후 일본 문학계와 식민지를 잇는 출판미디어의 확장, 조선·대만·만주 등 피식민지인들의 일본어 창작 능력 형성, 문예미디어 및 문학적 제도를 둘러싼 시장적 활성화 등의 요소가 복합적으로 작용하면서 식민지/제국의 내부 경계를 넘나드는 문학체제가 형성되고 있었다.[21] 따라서 식민지 출신의 작가들이 일본 문단의 특정 영역에 개입할 가능성이 확장되는 한편으로, 식민 본국에서 식민지의 '차이'를 문화적으로 재현할 가능성 역시 시장적 요구와 더불어 확대되었다. 장혁주의 일본어 희곡 「춘향전」과 무라야마의 신극 「춘향전」은 제국의 문화통합 또는 총독부의 문화정치의 전략만이 아니라 일본 (프롤레타리아) 문학의 제도적 변형과 제국 문학체제의 형성이라는 식민지/제국 체제의 구조변동 과정 속에 배치되어야 할 것이다.

이러한 배경하에서 이루어진 무라야마의 「춘향전」 연출, 그 일종의

---

21) 일본 프롤레타리아문학의 쇠퇴기에 '제재의 특이성'이 부각되면서 식민지 문학이라는 장르가 성립되는 과정에 대해서는 나카네 다카유키(中根隆行), 「1930년대에 있어서 일본문학계의 동요와 식민지문학의 장르적 생성」, 『일본문화연구』, 4집, 2001, 314~315쪽 참조.

'실험'의 방법을 아상블라주[22]에 비유할 수 있을 것이다. 조선인들에게 '춘향전'은 자명한 민족적 전통으로 간주되지만, 실상은 다양한 이본들이 존재하는 유동적 텍스트로서 비일관된 이미지들과 투사가 혼합된 상태로 존재하고 있었다. 무라야마는 조선의 과거 이야기 전통에서 생성된 '춘향전'을 일본의 '전통' 연희 양식인 가부키와 조합해 신극을 연출했다. 서로 다른 경험의 시간성-공간성-신체성을 탈취 또는 탈문맥화하여 분할·재맥락화하는 그의 구성 방식은 아상블라주적 시도에 해당된다고 할 수 있다.

> 저는 가부키의 형식을 취해 연기는 실제로 젠에이자(前進座)의 지도를 받았고, 여기에 조선적인 전통과 색채를 융합시켰으며, 더욱이 신극으로서의 감각을 덧붙인 새로운 양식극(樣式劇)을 의도했던 것입니다.[23]

그는 우선 과거 양식과 현재 양식을 결합했고, 조선과 일본이라는

---

22) 미술에서 아상블라주(assemblage)는 비예술적 또는 일상적인 물건들을 조합해 3차원의 비유기체적인 심미적 결합체를 만들어 내는 작업방식을 지칭한다. 이 용어는 특히 들뢰즈와 가타리에 의해, 영토성과 탈영토성의 축을 따라 배열될 수 있는, 실천과 사물 사이의 우발적인 혼합을 의미하는 이론적 개념으로 사용된 바 있다[질 들뢰즈·펠릭스 가타리, 『천 개의 고원』, 김재인 옮김, 새물결, 2001, 960~962쪽 참조(참고로 assemblage는 불어판 원저서의 agencement을 영어로 옮긴 것이며, 한글 번역본에서는 '배치물'로 옮기고 있다)]. 또한 토도로프로부터 '코드변환'이라는 아이디어를 차용해 1920~1930년대 일본 대중소비문화의 특성을 분석한 미리엄 실버버그는, 그 시기 일본문화에서 외래적인 몸짓, 대상, 말 등 다양한 기원을 갖는 파편들의 아상블라주 또는 '움직이는 몽타주'의 구성에 주목한 바 있다(Miriam Silverberg, *Erotic Grotesque Nonsense: The Mass Culture of Japanese Modern Times*, Berkeley: University of California Press, 2006, pp.32~33 참조). 이 글에서는 기본적으로 현대미술에서 사용되는 개념을 준수하되, 탈맥락화된 요소들이 만들어 내는 '새로운 관계'의 잠재성을 염두에 두면서 사건성 개념과 연계시켜 사용하고자 한다.
23) 村山知義, 「「春香傳」餘談: 京城でも上演したい」, 『京城日報』, 1938.5.31.

서로 다른 장소성을 탈취했으며, 조선어와 일본어를 혼합시켰다. 남성 배우가 여성 배역까지 맡는 가부키의 온나가타(女形) 관습을 뒤집어 춘향과 이몽룡 배역에 모두 여성 배우를 배치했고, 조선인의 몸짓을 일본인 배우의 신체와 결합시켰다. 그의 「춘향전」은——결과적인 성공 여부와는 상관 없이——시간성-공간성-신체성 모두의 차원에서 탈맥락화된 요소들이 갈등적으로 혼합된 산물이었다. 이러한 아상블라주의 효과는, 연극을 향유하는 자들에게도 나타났다. 무라야마 자신이 다소 흥분한 듯이 말하고 있듯이, "관객 중에는 매일 많은 반도인의 모습을 볼 수 있었고, 아이를 데리고 온 가난한 노동자의 부인 같은 이도 있어, 객석이 굴껍질로 잔뜩 뒤덮이거나 하는 것은 지금까지 신극 공연에서는 보지 못한 모습"[24]이었다. 아마도 무라야마는 자신이 시도한 이질적 시간성-공간성-신체성의 아상블라주가 민족적 경계와 계급적 경계를 넘어 그 효과를 발휘했다고 만족스러워했는지도 모르겠다. 무라야마는 「춘향전」 일본 공연[25] 후 조선 순회공연을 준비하며 발표한 글 또는 좌담회에서 줄곧 일본 공연이 성공적이었음을 자랑스러워했다.[26]

아상블라주는 비유기적인 결합체를 구성함으로써, 즉 각 요소들이 상대적으로 독자성을 유지한 채로 하나의 신체를 구성함으로써 텍스트의 경계를 위태롭게 하고 예술과 현실의 분리 불가능성을 상기시킨다.

---

24) 村山知義, 「『春香傳』餘談: 京城でも上演したい」.
25) 극단 「신쿄」의 「춘향전」 일본 공연은 도쿄의 쓰키지[築地] 소극장에서(1938. 3. 23~4. 14), 오사카의 아사히(朝日)회관에서(1938. 4. 27~4. 30), 그리고 교토의 아사히회관에서(1938. 5. 1~5. 3) 각각 상연되었다. 민병욱, 「村山知義 연출 「춘향전」의 공연사회학적 연구」, 『한국문학논총』, 33집, 2003, 151쪽 참조.
26) 흥행 면에서도 성공적이어서, 일본에서의 공연을 통해 2~3천 원의 흑자를 봤다고 한다. 村山知義, 앞의 글 참조.

주로 입체적인 조형물의 형태를 취하는 아상블라주에 비교하자면, 서사로서의 '춘향전'은 그 자체로 비유기적 결합과 개방적인 확장에 한계를 가지고 있음에 틀림없다. 더욱이 극 장르가 갖는 유형화의 특성과 극단 신쿄의 대중노선[27]은, 구성요소들의 이질성을 부각시켜 '작품'을 해체하는 방향보다는 주제의 보편성을 전달하는 '매개체들의 이질적 조합'이라는 성격을 더 두드러지게 가졌던 것으로 보인다. 그러나 그 서사를 익히 알고 있는 관객들에 의해 언제든 간극이 발생할 수 있는 무대 위의 「춘향전」, 게다가 일본인 배우들이 '조선인 같은' 몸짓을 하고, 잠깐씩 들리는 조선어의 호명과 외침과 탄식을 일본어로 뒤덮은, 조선 마을을 재현한 무대장치에 가부키 양식이 삽입된 신극 「춘향전」은 결코 '화해'의 정서를 불러일으킬 수 없었다.

3. 어긋난 지향들의 만남

어떠한 예술 텍스트도 단 하나의 해석 통로만을 허락할 만큼 닫혀 있을 수는 없다. 무라야마 연출의 「춘향전」은 그것이 가지고 있는 아상블라주적 성격으로 인해 더더욱 비완결적일 수밖에 없었다. 무라야마 스스로 의기양양하게 성공을 보고했던 일본에서의 「춘향전」 공연은, 어쩌면 그 비유기체성이 열어 놓은 다양한 해석 가능성에 의해 일정한 효과를 발휘할 수 있었는지도 모른다.

---

27) 연극평론가 츠루미 마코토는 「춘향전」의 연기나 대사에 가부키적 수법이 도입된 것을 '신쿄'의 '대중 연극'으로서의 지향과 관련지어 해석한 바 있다. 鶴見誠, 「春香傳」, 『帝國大學新聞』, 1938.3.31 참조.

일본에서 공연을 관람한 이들이 남긴 소감은 극단적으로 다양하다. 조선인들의 독립운동을 옹호하고, 자청해서 조선인 사상범들의 변호를 맡을 만큼 식민지 조선에 대해 동정적이고 제국주의 일본에 대해 비판적이었던 변호사 후세 다쓰지(布施辰治)는 "모든 등장배우가 조선의 풍습을 실로 잘 소화"[28]했다고 본 데 반해, 연극평론가인 쓰루미 마코토(鶴見誠)는 "조선적인 것은 거의 느낄 수 없었다"[29]고 비판했으며, 동경사상보호관찰소 인원 700여 명과 함께 검열자의 시선으로 연극을 본 악명 높은 사상검사 히라타 이사오(平田勲)는 "일본정신의 진수인 사랑의 정신에 기초해 …… 조선문화를 일본적인 것으로 소개"[30]했음을 높이 평가했다. 동일한 연극을 관람한 것인지 의심스러울 정도로 상반되는 이 해석들은, 물론 소감을 밝히는 자들의 극단적인 입장 차이를 드러내는 증거에 다름 아닐 것이다. 그럼에도 불구하고 누군가는 사또가 부당하게 농민을 징벌하는 장면에서 분개하며 눈물 흘리는 조선인 관객과 골계미를 느끼며 웃는 일본인 관객의 반응의 격차를 감지하고 "실은 좀더 서로 깊이 음미해야만 할 역사적 장면"[31]임을 절감한 데 반해, 다른 누군가는 이 연극 자체를 "내선융화에 새로운 노력을 다한 것"[32]으로 높이 평가한 것은 단지 각각의 관람자의 주관적 해석에서만 비롯되는 것은 아닐 것이다.

특히 레싱의 「유태인」이 함부르크에서 공연됐을 때 구름처럼 극장

---

28) 布施辰治, 「春香傳を観て」, 『テアトロ』, 1938.5, 27쪽.
29) 鶴見誠, 「春香傳」, 『帝國大學新聞』, 1938.3.31.
30) 平田勲, 「「春香傳」觀劇所感」, 『テアトロ』, 1938.5, 29쪽.
31) 布施辰治, 앞의 글, 26쪽.
32) 平田勲, 앞의 글, 29쪽.

으로 쇄도했던 유태인들처럼 「춘향전」을 보러 온 '내지 이주 조선인' 관객들은 "자신의 보석을 남에게 과시하는 듯한 자랑스러움과 뭐라 말할 수 없는 눈물겨움"[33]의 복합감정을 가지고 극을 대했다. 그들에게 이 연극은 단순한 허구적 작품이 아니었다.

…… 허구와 실제의 사이, 관중과 무대의 경계가 완전히 소멸해 양자가 서로 융합하고 있다. 관중은 그대로 무대 위에 있다. 말하자면 이번의 훌륭하고 독창적인 연출 스타일에 떠밀려, 그것과 매치하는 호화롭고 고혹적인 세트(약간 일본적이지만)에 홀려, 눈부신 연기자들의 역량에 이끌려, 관중은 점점 무대 위로, 다시 말해 자신들의 이미지 속으로 다시 올라가 그리움과 즐거움을 얻었던 것이다.[34]

그들은 이미 "춘향이 행복해질 것을 알고 있기 때문에 그녀의 살을 에는 듯한 고뇌도 애수도 …… 사랑스럽고 기쁜 것으로 생각"하고, 변학도가 "곧 험한 꼴을 당할 것을 알고 있는 우월감도 있어 사또의 음험한 배웃음 …… 이나 서슬이 푸른 말투 …… 에 대해서도 좋은 느낌으로 즐기며 웃"[35]으면서도, 춘향이 사령에 의해 오랏줄에 묶였을 때는 "저놈, 저놈을"하고 외칠 정도로 무대 위의 시간 속으로 들어가 춘향과 같은 '현

---

33) 金スチャン, 「春香傳: 移住民觀衆の中で」, 『テアトロ』, 1938.5, 30쪽. 일본에서 「춘향전」 공연을 관람하고 같은 관객석에 있는 이주 조선인들의 모습을 스케치하면서 관람평을 쓴 김수창이라는 이름의 조선인은 무라야마 도모요시와 관계 있는 지식인으로 여겨진다. 「춘향전」을 레싱의 희곡에 비유하고 있는 점도 눈에 띄어, 당시 동경제국대학 독문과에 재학 중이던 김사량(본명 김시창)의 글일 가능성도 없지 않다.

34) 같은 글, 31쪽.

35) 같은 글, 32쪽.

재'를 숨쉬고 있었다.[36] 그 '현재'는 이주 조선인 관객들의 "자신들의 이미지" 속의 시간임에 틀림없지만, 그리고 그 이미지에는 이주 조선인 자신들의 생활감정이 투사되어 있음도 틀림없지만, 그들이 이렇듯 무대에의 동화(同化)와 이화(離化)를 오가는 태도를 취했던 것은 모든 장면을 잘 알고 있으면서도 구체적인 일본어 대사 하나하나를 잘 알아듣지 못하는 독특한 경험과 무관하지 않을 것이다.

요컨대 신극 「춘향전」은, 그 아상블라주적 구성에 의해, 조선의 전통이나 풍습을 재현하는 한편으로 '역사적 음미'를 촉발하는 계기이기도 했고, '일본적인 것'을 중심으로 내선융화의 이데올로기를 전달하는 매체이기도 했으며, 무대와 객석 사이를 오가면서 가장 친숙한 것을 낯설게 경험하는 장이기도 했다. 그러나 이렇게 서로 다른 해석과 반응을 불러일으키면서, 적어도 일본에서의 「춘향전」 공연은 다양한 해석 가능성을 함축하는 아상블라주적 구성을 통해 개방적이고 유동적인 텍스트의 가능성을 보여 주는 듯했다. 하지만 조선 순회공연을 거치면서 「춘향전」은 하나의 강력한 해석체제 안으로 휩쓸려 들어가게 된다.

일본에서의 공연 성공을 뒤로 한 채, 신쿄의 「춘향전」은 최승일이 기획하고 매일신보사와 경성일보사가 후원하는 형태로 1938년 가을에 조선 순회공연을 갖게 된다.[37] 그러나 이 공연은, 흥행에 실패한 것은 물론, 무엇보다도 조선의 예술가, 지식인에게 혹독한 비판을 받는 결과를

---

36) 金スチャン, 「春香傳: 移住民觀衆の中で」, 33쪽.
37) 경성 공연은 부민관에서 1938년 10월 25일에서 27일까지 진행되었고, 이어서 평양(금천대좌, 10. 29~10. 30), 대전(대전극장, 11. 1), 전주(제국관, 11. 2), 군산(군산극장 11. 3)에서 공연했다. 그 밖에 인천, 진남포, 목포, 부산 등을 포함해 10여 개 도시에서 순회공연을 했다고 한다. 문경연, 「일제말기 극단 신협의 「춘향전」 공연양상과 문화횡단의 정치성 연구」, 32~34쪽 참조.

초래했다. 조선 순회공연 도중 또는 그 직후에 마련된 것으로 보이는 좌담회 「조선문화의 장래와 현재」에서 신쿄의 「춘향전」 공연이 화제가 됐을 때, 이미 김문집, 정지용 등 조선의 문학인들은 "'춘향전'의 느낌은 결코 드러나지 않는다"[38]며 비판적인 입장

사진 3 1945년 일본 패전 직전 중국 봉천에서 무라야마(오른쪽에서 세번째)와 장혁주(왼쪽에서 세번째). 출처: 村山知義 外, 『現代史の証言5 八·一五敗戰前後』, 京都: 汐文社, 1975, 95쪽.

을 드러낸 바 있었다. 그러나 무라야마, 장혁주 등 공연 관계자들이 부재한 채 조선의 문학인, 예술인만으로 이루어진 좌담회에서의 비판은 더욱 노골적이었다. 「춘향전」의 조선 순회공연이 아직 끝나지 않은 1938년 10월 30일, 『비판』 주최의 좌담회에 모인 조선의 지식인들은 장혁주의 번안과 무라야마의 연출에 대해 전면적인 비판을 가했다. 비판은, 원작의 운문체를 전혀 고려하지 못한 고쿠고 번안의 문제, "풍속, 습관, 제도 이러한 우리들의 옛날 생활분위기에 대한 이해"가 부재한 점,[39] 조선어와 고쿠고가 뒤섞여 있는 어색함, 가부키 양식이 부분적으로 섞여 있는 혼란스러움, 조선인에 대한 부정적인 묘사가 주는 불쾌감, 부자연스런 연기와 연출자의 역량 부족, '춘향전'의 시대성과 문학적 구조에 무지한 점 등, 번역에서 무대 소품에 이르기까지 폭넓고도 다양하게 이루어졌다.

이들 비판은 그야말로 전면적이어서, '춘향전'이 조선어의 세계 바

---

38) 「朝鮮文化の將來と現在」, 『京城日報』, 1938. 12. 2. 김문집의 말.
39) 「신협 "춘향전" 좌담회」, 『비판』, 1938. 12, 29쪽. 이원조의 말.

깥으로 나갔다는 사실 자체가 비판의 이유인 듯이 보이기조차 한다. 이러한 반응은, 신쿄의 「춘향전」 조선 공연이 갖는 '사건성'과 관련해 흥미로운 지점을 드러내 준다. 요컨대 이들 조선의 문화인과 지식인들에게 '춘향전'은 하나의 작품일 뿐만 아니라 '조선적인 것' 그 자체이다. 저 다양한 비판들을 한마디로 요약하자면 '그들은 이해하지 못한다'이다. "도대체 먼저 조선 사람의 생활 습속에 대한 지식을 가지기 전에 춘향전에 손을 댄 것이 실수"[40]였다. '무라야마가 「춘향전」으로 어떤 실험을 하고자 했는가' 하는 질문보다 앞서는 물음은 '도대체 그들이 우리를 알고 있는가' 하는 것이다. 그리고 이 물음은 '우리는 「춘향전」을 잘 알 수밖에 없다'는 절대적인 전제에서 비롯된다. 신쿄의 「춘향전」 공연을 보지도 않은 김남천이 좌담회에서 "촌산(村山)이란 사람이 본시 춘향전을 이해할 만한 능력이 없는 사람이 아닙니까"[41]라고 단언할 수 있었던 것은, 무엇보다도 그가 '춘향전'을 잘 알 수밖에 없는 조선인이기 때문이다. 이들은 마치, 언제나 서양과 일본을 통해 들어오는 근대 문화와 지식을 일방적으로 '이해해야만' 하는 위치, 게다가 언제나 그 이해가 불완전할 수밖에 없음을 운명처럼 감수하는 식민지 지식인의 위치를 역전시키기라도 하려는 듯, "그들에게 춘향전의 본질을 이해"시켜야 한다고 강조한다.[42]

『비판』지의 좌담회가 보여 주는 것은, 신쿄의 「춘향전」이 조선에 들어옴으로써 일본 공연에서와는 전혀 다른 해석체제와 충돌해야 했다는 사실이다. 일본에서 무라야마의 이상블라주적 「춘향전」이 시간적-공간

---

40) 「신협 "춘향전" 좌담회」, 30쪽. 서광제의 말.
41) 같은 글, 31쪽.
42) 같은 글, 34쪽. 서광제의 말.

적-신체적 기원으로부터 분리된 파편들의 비유기체적 구성물로서 다양한 해석 가능성에 열려져 있었다면, 조선에서 그것은 '조선적인 것'의 정확한 재현을 요구하는 '정체성 정치'의 입장과 충돌해야만 했다. 물론 '정체성 정치'의 한계는 역력하다. 그것은 배타적인 '소속' 감정에 기반하면서 어떤 구성된 속성 ——이를테면 '조선적인 것'—— 을 주어진 것으로 간주하고 그를 통해 집단적인 자기동일성의 상상계를 작동시키기 때문이다.[43] 요컨대 그들은 '춘향전'을 '조선적인 것'과 동일시함으로써 특정한 이데올로기적 내용을 본질화·자연화하려 했다.[44] 그들은 오랜 구어적 전통에서 지극히 유동적인 텍스트로 변천해 온 춘향의 이야기를 고전적 품격을 갖춘 작품으로 정전화하려 했을 뿐 아니라, 「춘향전」의 인물들을 마치 구(舊) 조선의 어떤 시대에 실존했던 이들로 실증 가능한 듯이 자연화하려 했다. 또한 '춘향전'에 관통하고 있다고 간주되는 '조선적인 것'의 본질과 개개의 조선인을 직접적인 동일성 속에 위치 지으려 했다. '정체성 정치'는 일반적인 사회적 관계와 다양한 역사적·우연적 계기가 결합되어 만들어진 산물을 선택적으로 본질화한다는 점에서 한계를 갖는다. 그러나 이런 '정체성 정치'를 촉발한 것은, 식민지/제국의 문화정치가 피식민지인들에게 '문화적 위기'를 초래했기 때문이다.

---

43) '정체성 정치'에 대한 비판은 에티엔 발리바르, 『정치체에 대한 권리』, 진태원 옮김, 후마니타스, 2011 참조.

44) 이러한 해석 경향은 민속학자인 송석하에게서 전형적으로 나타난다. 그는, 허구적인 인물들이 마치 구 조선의 풍습과 관례의 세계 속에 실존하기라도 했던 양, 각 인물들의 신분과 계급에 걸맞는 의상, 몸짓, 말투 등의 세밀한 재현을 신극 「춘향전」에 요구한다. 예컨대 춘향이 썼던 장옷의 길이는 관례에 따라 2척 7촌이어야 하는데 2척 3촌을 사용했다는 등의 지적을 하고 있다. 「朝鮮古譚 春香傳批判座談會」, 『テアトロ』, 1938.12 참조.

이원조 …… 제1막 제2장에 향단이 덮어 쓴 책보(冊褓) 같은 것이 아마 길치마라는 것인 모양이나 기생집에 길치마가 당치도 않고 당하기로서니 그게 무슨 길치맙니까. 마치 남양 토인들 계집애 같아서 매우 불쾌합디다.

이무영 남양 토인들이 책보를 썼으니까 조선도 옛날에는 그런 것을 덮어쓴 줄 안 게지요. (일동 웃음)[45]

이들의 웃음은 조선인과 '남양 토인'이 동일화될 가능성에 대한 불쾌와 두려움을 감추기 위한 것으로 보인다. 식민 본국인이 피식민지인을 재현할 때 발생할 수 있는 무차별적 대상화의 폭력이 '남양 토인'이라는 대상화된 타자의 재생산으로 이양되어 식민지들 사이의 체제 내적 경쟁을 불러일으키는 장면을 엿볼 수도 있지만, 좌담회에 참석한 문화인·지식인들은 '조선적인 것'이 이해될 수 없는 식민지/제국의 문화정치에 대해 두려움을 느끼고 있었다. 따라서 다중적 전승 속에서 부단히 변형되어 온 개방적 텍스트 '춘향전'을 어떻게든 고전적 가치를 갖는 '작품'으로 정착시키고, 특정한 역사적 배경에 고착되고 완결된 텍스트로 전환시키고자 했던 것으로 보인다. 전통적 전승방식에 의존해 있기 때문에 유동적일 수밖에 없는 과거의 텍스트를 실증 가능한 대상으로 확정할 때에만 고유성 담론과 정체성 정치가 출발할 수 있기 때문이다. 그러므로 그들에게 무라야마의 「춘향전」은——이질적 요소들의 아상블라주적 구성 따위가 아니라——조선의 역사와 전통과 습속을 재현하려는 시도의 산물이어야만 했다. 당연히 그런 시도는 실패하도록 운명 지어져 있었다.

---

45) 「신협 "춘향전" 좌담회」, 33쪽.

아상블라주적 「춘향전」에 '조선적인 것'으로서의 '춘향전'의 정확한 재현을 요구하는 것은 처음부터 어긋난 요구였다. 그러나 '조선인'의 입장에서는 정당한 요구이기도 했다. '춘향전' 또는 '조선적인 것'이 아상블라주의 주요 구성요소를 이룸으로써 '논쟁'의 틈을 열어 놓고 있었기 때문이다. 무라야마 연출의 「춘향전」 조선 순회공연이 하나의 **사건**일 수 있다면, 그것은 다름 아니라 그의 아상블라주적 지향이, 부분이 전체이기를 요구하고, 제재가 작품 그 자체이기를 요구하는 이 어긋난 지향과 만나는 순간을 의미할 것이다.

4. 불화(不和)하는 세계

무라야마는 일본에서의 「춘향전」 공연이 성공을 거둠으로써 의기양양하게 조선 순회공연까지 실행에 옮겼지만, 흥행 실패라는 결과를 떠나, 자신의 의도가 전혀 통하지 않는 이질적인 해석체제 앞에서 한계에 봉착했다. 이 한계란 연극 연출가로서의 역량의 부족에서 오는 것이라기보다는, 자신이 의식하든 하지 못하든 언제나-이미 자신이 역사적·사회적으로 제약되어 있다는 사실에서 오는 것이었다. 그는 이를테면 조선인의 입장을 이해하는 '양심적 지식인'이고자 했다.[46] 그러나 아상블라주적인 「춘향전」을 가지고 조선에 나타났을 때 무라야마는, 조선의 문화인·지식인들에게는 '제국의 예술가'에 다름 아니었다. 일부에게 무라야마는

---

46) 무라야마가 프롤레타리아 연극운동을 하던 시절부터 조선인 극단에 의한 조선어 공연을 지지하고, 재일조선인 연극운동 발전에 영향력을 행사한 점에 대해서는 이준식, 「무라야마 도모요시의 진보적 연극운동과 조선문화 사랑」, 285~287쪽 참조.

식민지/제국의 확대된 문화적 환경하에서 기댈 수 있는 제국의 문화적 중심의 상징적 기호였을지도 모르지만,[47] 많은 이들에게 무라야마는 '조선적인 것'을 문화적으로 횡령해 가려는 제국의 문화권력이었다. 조선에 「춘향전」을 가지고 온 무라야마는 이 두 시선 사이에 놓이는 제국의 예술가였고, 그 예술적 실험이 애당초 가졌던 의도가 무엇이었든 「춘향전」은 제국의 아상블라주가 되어 버렸다. 시간성-공간성-신체성을 탈맥락화하고 재맥락화해 어떤 비유기체적 구성물을 만들고자 했던 무라야마의 미학적 목표와는 상관없이, 그 예술적 결과물은 식민지와 식민 본국 사이에 엄존하는 차별과 이질성을 '하나의 세계 내부의 차이'로 전환하고자 한 식민지/제국 체제의 예술형식, 또는 나아가서 서로 상이한 장소성과 시간성을 갖는 아시아의 여러 민족 및 인민들을 '일시동인'(一視同仁)의 세계에 포섭하고자 한 대동아공영권의 예술형식이 될 수 있었다.

무라야마는 「춘향전」 조선 순회공연을 통해서 흥행 실패 자체보다도 조선이라는 상이한 해석체제의 존재를 새삼스럽게 지각하게 된 것으로 보인다. 공약 불가능한 체제의 존재를 예감하게 하면서 서로 다른 지향성들이 충돌하는 것을 사건이라고 할 수 있다면, 「춘향전」 조선 순회공연 약 일 년 후에 발표한 그의 소설 「단청」(丹靑)은 이 사건의 '사건성'을 음미하고 있는 텍스트라고 해도 좋을 것이다.

이 글의 서두에서 잠시 언급했지만, 조선(인)을 하나의 단순한 심미

---

47) 이원조는 좌담에서 무라야마 주변의 조선인들에 대해 비판한 바 있다. "그만한 기술을 가진 사람들과 협조도 하고 보조도 하는 조선 사람들이 좀더 그 사람들에게 춘향전을 잘 이해하도록 성의 있게 보조해 줄 생각은 하지 않고 마치 무슨 출세나 하는 듯이 괜히 허영에 들떠서 「鳴物入り」[요란한 선전 — 인용자]식 선전에만 열중한 듯이 보이는 것은 대단히 유감입디다." 「신협 「춘향전」 좌담회」, 『비판』, 1938.12, 34쪽.

적 대상으로 바라보던 미도리카와의 시선은 그 단순한 동일성의 환상을 깨뜨리는 목소리들과 부딪치게 된다. 그 중에서 가장 먼저 공격적으로 자신의 존재 권리를 주장하며 나타난 것은 재조일본인이었다. "아버지나 할아버지 대부터 조선에 있고, 조선에서 태어나고 조선에서 교육받아, 내지를 모르는 내지인"인 기자가 "그런 특별한 자의 존재에 대해 당신은 지금까지 알지 못했죠?"[48]라며 힐난하듯이 묻는다. "우리가 내지의 인간인가 조선의 인간인가"(77쪽)조차 혼란스러워하는 그들, "누가 뭐래도 우리들을 모르고는 조선을 알았다고 할 수 없지. 우리들이 조선에서 가장 독특한 존재니까"(82~83쪽)라고 외치는 그들 앞에서 당황하는 미도리카와에게 조선은 더 이상 하나의 덩어리일 수 없었다.

그런가 하면 김홍식은 미도리카와에게 진정으로 '조선적인 것'을 알려 주겠다며 명륜동, 동대문, 종로 등 이곳저곳으로 데리고 다닌다. 추상적인 이미지에는 떠오르지 않던 식민지 조선의 '골목들'을 들어가 보는 것만으로도 미도리카와는 조금씩 난처해하기 시작한다.

사지가 가느다란 맨발의 아이들은, 얼굴도 마음도 내지인과 다른 아이들은 아닐 터이나, 입고 있는 것이 바지와 저고리이며 말이 통하지 않는다는 것만으로, 왠지 마음으로 만날 수 없는, 만난다면 돌이킬 수 없는 해를 입히고 말 것 같은 두려움 같은 것을 느꼈다.(89쪽)

가난한 조선의 아이들을 보면서도, 조선에 막 도착했을 때처럼 당장이라도 찍고 싶다는 마음은 이미 사라진 듯하다. 이제 얼굴만이 아니라

---

48) 村山知義, 「丹靑」, 77쪽. 이하에서는 본문에 직접 쪽수를 표기.

"바지와 저고리"가 보이기 시작했고 깊이 관계 맺을 가능성까지 상상하면서 그에 대한 막연한 부담을 감지하게 되었기 때문이다. 이런 막연한 두려움은, 김홍식이 운영하는 출판사에서 조선 고전을 펴내고 있는 문인들과의 논쟁적인 대화를 통해 보다 구체화된다. 이 대화는 『경성일보』의 좌담회 「조선문화의 장래와 현재」에서 논쟁되었던, 제국 내에서의 '번역(불)가능성'의 문제를 재연하고 있다.

조선의 고전이 번역되면 그 의미가 훼손된다고 주장하는 이들에 대해 미도리카와는, "하지만 그런 불완전함을 인정하지 않으면, 무릇 외국어 번역이라는 것이 부정되어 버린다. 전혀 모르는 것보다는 불완전하게라도 아는 편이 좋지 않은가" 하는 "당연한 말"(103쪽)을 하고 싶었지만, "조선의 고전만은 안 된다, 그것은 모독이다"(같은 쪽)라고 외치는 조선 문인들의 완강함 앞에서 입을 다물고 만다. 왜 '당연한' 일을 이토록 편협하게 거부하는지 이해할 수 없어 하는 미도리카와에게, 한때 일본에서 연극활동을 했던 김명주라는 인물이 신쿄의 「춘향전」을 예로 들며 번역불가능성을 다시 주장한다.

> 한편으로, 문화 같은 건 없다고 생각하는 사람들에게 이것을 보라고 들이밀고 싶은 마음도 가득 있지만, 훌륭한 고전을, 이것만은, 하고 더럽히지 않은 채 안고 있고 싶은 겁니다. 그래서 작년 신협 극단의 춘향전을 한편으로는 부럽다고 생각하면서도, 또 한편으로는 춘향전은 저런 것은 아니다, 라고 외치고 싶은 겁니다.(104쪽)

무라야마가 「춘향전」 조선 공연 과정에서 가장 많이 들었던 비판이, 이제 장차 '진정으로 조선적인 것'을 영화화해야 하는 시나리오 작가 미도리카와가 미리 듣고 있다. 그런데 「단청」은, 조선인들이 고전의 번역 불가능성을 완고하게 주장하는 이유가 그들의 편협한 고립주의에 있다기보다 '조선 문화'를 위기에 처하게 만든 식민지 현실에 있음을 알려준다. 조선어 독자가 점차 사라지고 조선어 작가들이 경제적으로 궁핍해지는 상황을 알려 준 김명주는 "아무리 그래도 언어가 이렇게 급속히 소멸해 가는 모습이 어느 시대 어느 땅에 있었는지, 역사에 어두운 저로서는 모르겠습니다"(105쪽)라며 고통스런 상황을 호소한다. 이제 미도리카와는 더 이상 김홍식의 제안을 받아들여 '조선적인 것'의 영화화에 호기 있게 참여한 그가 아니다. 게다가 결정적으로, 한 찻집에서 조선의 기자, 문인들과 재조일본인 기자들의 논쟁을 엿듣고는 '좋은 일본인'으로서의 그의 무기력은 한계지점까지 다다른다.

…… 미도리카와는 옆 호텔 닭장의 소리가 시끄럽게 들려와 잠들 수 없었다. 뭔가를 주겠다고 거드럭거리는 기분으로 온 것은 아니었지만, 자신에게 의지해 온다면 그것을 받아들일 힘은 있는 자신이라고 생각하고 있었다. 그것이 모두 무너져 내렸다. 자신에 대한 그 실망이 아니라, 어떻게 생각해도 빠져나갈 길이 없는 고통이 거대하게 이 땅 위에 막아서고 있는 것이 두렵고 슬펐다.(같은 쪽)

조선(인)을 동정적인 시선으로 대하는 일본인의 태도를 "이긴 자가 진 자를 보는 연민"(115쪽)에 불과할 뿐이라고 보는 조선인들은 "어설픈 동정만큼 사람의 긍지를 짓밟는 것은 없다"(116쪽)고 분노하며 "무기력하다면 입 다물고 있으면 된다. 그렇지 않으면 확실히 적으로 돌아서는 게 좋아"(115~116쪽)라고 단언한다. 미도리카와는 조선인들의 이같은 태도가 형성된 필연성에 대해 납득할 수는 있었지만, 그 자신이 조선인들의 '애정 어린 적'이 되지도 못한다는 무기력을 느낄 뿐이다. 물론 조선인의 고통은 조선인 자신이 해결해야만 하고 또 그들만이 해결할 수 있는 것임을 인정하는 것이 조선인의 주체성을 모독하지 않는 길이라는 것을 깨닫게 되지만, 자신은 일본과 조선 사이에서 아무것도 할 수 없다는 절망에 빠지게 된다. 그리하여 미도리카와는 뭔가를 할 수도 안 할 수도 없는 극도의 불안정 상태에 처하게 된다.

그럼 너는 바로 돌아갈 것인가?
아니.
여기서 뭔가 할 목표가 있는가?
아니. 사태를 나쁘게 할 뿐이다.
그럼 돌아가면 되지 않는가.
아니.(125쪽)

절망 속에서 자문하면서 미도리카와는 부정(否定)의 대답을 할 뿐이다. "아니"라는 대답만을 내놓는 그는, 조선인을 위해서도 조선인에 반해서도 어떤 행동도 할 수 없다. 일본으로 돌아갈 수도 조선에 있을 수도 없는 그의 세계는 불화(不和)로 가득 차 있다.

무라야마는 「춘향전」을 연출하고 공연할 때만 해도 '춘향전'에서 보편적인 것, 또는 유사성에 주목하고 있었던 것으로 보인다. 아마도 극 장르가 가지는 '이념성'을 의식한 결과일 수도 있겠지만, 이러한 유사성의 사고가 「춘향전」을 아상블라주적이면서도 대중적인 연극으로 만든 계기가 되었던 것으로 보인다. 즉 그는 "춘향전 전설의 근저에 있는 악정이나 연애나 그 밖의 아름다운 마음을 존중하는 기풍 등은 내지와 조금도 다르지 않다고 생각"[49]했었다. 그러나 「단청」의 세계에는 이 같은 보편성이나 유사성이 뒤덮을 수 없는 이질성들이 강렬하게 존재한다. 그 세계는 단순히 '일본 대 조선'이라는 이항대립의 구조로 환원될 수도 없다. 정체성 정치에 몰두할 수밖에 없는 조선인이 있는가 하면, 스스로 정체성을 구성할 수 없는 재조일본인, 그리고 조선 내의 타자인 여성[50] 등이 뒤섞여 있는 세계이다. 마치 아상블라주의 구성요소들이 제각기 존재의 자립성을 주장하면서 텍스트를 해체하고 있는 듯하다. 「춘향전」 조선 순회공연이라는 '사건'은, 그리고 그 사건의 사건성을 음미하는 것으로 보이는 「단청」은, 소통 불가능성에 의해 이들 이질적인 존재들이 떠오르게 되었다는 것, 이 이질적인 존재들을 무겁게 의식하게 되었다는 것, 그리고 이들과의 소통 가능성이나 화해를 쉽사리 상상할 수 없는 역사적 조건이 엄존한다는 것, 그럼에도 불구하고 불안하게 동요하면서 이들의 존재와 만날 수밖에 없다는 것을 알려 준다.

5. 사건의 정치학

「단청」에는 타자의 재현 불가능성이라는 메시지가 들어 있다. 구제할 수 없고 재현할 수 없는, 번역 불가능하고 공약 불가능한 타자에 대한 예감이 들어 있는 것이다. 그것이 표현되는 방식은 제국적 주체의 좌절이었

---

49) 「映畵化される"春香傳"座談會」, 『京城日報』 1938.6.9.
50) 신극에 매력을 느끼고 있던 여학생들이 미도리카와를 매일같이 찾아와 방담하는데, 그들 역시 조선인과 재조일본인으로 나뉘어져 있다. 그들은 조선에 남아 있는 유교적 구습, 신여성의 불안한 위치 등의 '실상'을 미도리카와에게 알려 준다.

다. 미도리카와를 「춘향전」 조선 순회공연에 나선 무라야마와 겹쳐 본다면, 아상블라주의 지향성이 재현의 지향성과 충돌하는 어긋난 만남의 현장을 보다 세밀하게 관찰할 수 있다.

신쿄의 「춘향전」 공연은 시간성-공간성-신체성을 탈맥락화·재맥락화한 예술적 시도의 산물이었지만, 따라서 애당초 재현의 문제를 논외로 한 구성물이었지만, 그 예술적 시도는 식민지/제국의 내부 경계를 건너자마자 해체될 운명에 처하게 되었다. 아상블라주적 재맥락화는 이질적인 해석체제에 의해 제국의 아상블라주로 이해되었고, 그것을 구성하고 있는 요소들, 특히 '조선적인 것'은 탈취되었던 기원으로 되돌려지면서 오히려 재현성을 심문받는 또 다른 맥락에 휘말려 들어간 것이다.

이렇게 볼 때, 「춘향전」 조선 순회공연에서 발생한 '논쟁'은 아상블라주와 재현이──그 지향하는 벡터가 다름에도 불구하고──충돌하는 사건에 의해 촉발된 것이었다고 말할 수 있다. 이 충돌이 '사건'을 구성할 수 있는 것은 다름 아니라 아상블라주와 재현이 서로 대등한 차원에서는 만날 수 없는 지향이었기 때문이다. 「춘향전」 조선 순회공연에서의 '논쟁'은 탈재현의 예술적 기획과 재현의 정체성 정치가 어떻게 충돌할 수 있는지를 보여 주며, 「단청」은 이 충돌 가능성의 조건을 드러내면서 '사건성'을 음미하고 있다. 무라야마가 「단청」을 통해, 특히 미도리카와의 불안과 무기력을 통해 보여 준 것은 정체성 정치의 '현실성'(actuality), 즉 전시체제기 식민지와 식민 본국 사이의 강요된 동일성이 강화되던 시기에 존재의 권리를 주장하는 목소리의 현실성이었다. 아울러 「단청」은 이 정체성 정치에 묶여 있을 수밖에 없는 존재들, 즉 식민지와 식민 본국 사이에서 분열된 재조일본인, 내선일체의 위협 앞에서 민족적 동일성으로 회귀하는 조선 지식인, 여전히 살아 있는 유교적인 구습과 편견에 시달리는 신여성 등을 통해 식민지/제국 체제에 다양한 '외부'가 존재한다는 것을 드러낸다. 이들 '외부'는 동일성과 연속성이 전혀 다른 규약을 준수하는 타자와 충돌하는 사건을 통해 출현하고, 정체성을 주장함으로써 탈재현의 예술적 기획을 위기에 빠뜨린다고 할 수 있다. 그러나 서로 다른 지향성들, 상이한 규약을 준수하는 것들이 어떻게 만날 수 있는가. 그것들이 충돌하기 위해서는 일종의 '계산착오'가 전제돼야 한다. 곧 말할 권리가 없는 자들이 말하고 몫이 없는 자들이 몫을 계산하려 할 때, 외부의 출현과 더불어 주어진 질서의 유한성과 허구성이 문제로 떠오를 수 있다.[51] 이렇게 볼 때, 이 글 처음에 인용한 미도리카와 김홍식의 어긋난 대화, 아니 '대화'를 구성하지 못한 채 서로 다른 층위에서 발화되는 독백은, 제국의 아상블라주와 정체성 정치의 재현이 얼마나 다른 방향성을 가지고 있는지 비유적으로 보여 주는 듯하다. 그러나 제국의 아상블라주에게 재현을 요구하는——이를테면 탈맥락화되어 하나의 구성요소로 편입된 '조선적인 것'이 자립성을 요구하는——'계산착오'는 아상블라주적 구성을 위태롭게 만드는 새로운 정치의 가능성을 개시한다.

이렇듯 '정체성 정치'에 입각한 어긋난 요구가 촉발한 아상블라주와 재현의 충돌은, 식민지/제국 체제가 공약 불가능한 것들이 불화하는 세계임을 드러내는 사건의 하나였다고 할 수 있다. 그러나 그것이 식민지/제국 체제의 '외부'들이 새로운 공동성을 구성하는 정치로 이어질 수 있는지는 아직 알 수 없다.

---

51) Jacques Rancière, 松葉祥一·大森秀臣·藤江成夫 訳, 『不和あるいは了解なき了解』, インスクリプト, 2005 참조.

5장_제국의 취미 또는 취미의 제국
: 이왕가박물관과 문명화=심미화의 시각정치학

박소현

최근의 연구 성과들을 통해 이왕가박물관이라는 이름은 그리 낯설지 않게 되었다. 하지만 이왕가박물관의 존재와 그에 관한 역사적 기록들은 현재의 관점으로는 낯선 장면들을 곳곳에 내포하고 있다. 이는 무엇보다도 이왕가박물관에 관한 기록들이 대부분 일본어인 점에서도 단적으로 드러나듯이, 지금과는 다른 지정학적 지도 내에서, 그리고 그로 인한 생경한 문화적 맥락 속에서 설립되고 지속되었기 때문일 것이다. 데이비드 로웬탈의 '과거는 외국이다'(The past is a foreign country)라는 명제만큼의 거리가 거기에는 존재하기 때문이다.[1]

이러한 거리를 의식하는 것은 "과거로부터 벗어나서 예술을 예술로서 평가할 수 있다"[2]는 인식에 전제되어 있는 박물관상, 즉 과거 이왕가박물관 및 이왕가미술관의 컬렉션을 예술적 보고로 환원해 버림으로써

---

1) David Lowenthal, *The Past is a Foreign Country*, Cambridge: Cambridge University Press, 1985 참조.
2) 森本俊司,「拒否反應から再評價へ: 韓國の『日本近代美術展』」,『朝日新聞』, 2002.11.16.

몰역사적·초역사적인 '화이트 큐브'(white cube)의 신화로 달음질치는 고상한 상식과 대치된다. 박물관으로부터 역사성을 지워 버리는 것은 그 내부의 사물들이 자율적인 예술임을 보증해 주는 기반이 되지만, 역으로 그 예술을 가능케 한 전반적인 물질문화와 사회적 제도, 그리고 그와 관련된 지식들의 체계를 사상해 버리기 때문이다.

따라서 이 역사성의 소거는 앞서 말한 낯설음의 감각을 무디게 한다. 이왕가박물관이 동반했던 미학적 지식들의 체계와 용어들의 집합은 과거와 현재의 심언을 초월한 공용어가 된다. 우리는 박물관에 진열된 불상들과 도자기들, 그리고 왕궁들과 석탑들의 심미적 위용에 압도되고 나도 모르게 고개를 주억거린다. 그 심미적 위용은 특정한 시기에 누군가에 의해 발견되고 구성된 것이 아니라 애초부터 개별 예술작품 안에 내재해 있던 것으로 여겨진다. 하지만 이왕가박물관이라는 특수한 역사적 구성물에 주의를 돌리는 순간, 이러한 심미적 위용의 초역사성은 정치적 사건들과 문화적 담론들이 긴밀한 공모관계를 맺고 변전(變轉)하는 역사적 현장 속으로 소환된다.

이러한 과정을 추적하는 데 실마리가 된 것이 '취미'라는 용어이다. 구체적으로 그 용어는 이왕가박물관의 공식적인 간행물 중 하나였던 『이왕가박물관소장품사진첩』(1912)에서 갓 왕위에 오른 순종이 "새로운 생활에 취미를 느낄 수 있도록" 한다는 설립 취지의 낯선 표현이었다. 알 듯 모를 듯한 이 애매한 문장이 설립 취지로 버젓이 등장하는 것은 당시 그만큼의 설득력과 공인된 의미망을 기반으로 하지 않고는 불가능한 일이다. 물론 서구적인 맥락에서 부르주아 미학의 설립과 밀접한 관계를 맺고 있던 이 '취미'라는 용어는 만국박람회의 개최 및 대영박물관·루브르박물관의 설립 과정에서도 빈번히 등장한다. 그러나 이때 '취미'의 의

미는 무지몽매한 하층계급, 특히 언제 폭도로 변할지 모르는 노동자 계급을 순화시키고 교육시킨다는 의도를 지닌 극히 계급적인 것이었다.[3]

이에 반해 '취미'가 왕을 대상으로 하는 것으로 전위된 이왕가박물관의 설립 취지는 계급적인 의미와는 또 다른 역사와 의미의 지평을 근거로 하는 것이라 할 수 있다. 특히나 왕의 생활을 취미화한다는 기묘한 발상을 가능케 한 당시의 정치적 상황, 도식적으로는 취미의 제공자로서의 제국 일본과 그 수혜자로서의 순종이라는, 설립 취지의 낯선 레토릭이 내포하고 있는 정치적 구도야말로 이왕가박물관의 고유한 역사적 맥락을 구성하는 것이다. 따라서 이 글은 이왕가박물관의 설립 당시부터의 급격한 위상 변화가 이 '취미'라는 용어와 어떻게 맞물려 진행되었는지, 그리고 박물관을 중심으로 하는 당시의 문화적 담론들과 실천들 내에서 '취미'의 개념이 어떠한 외연과 지층들을 포괄하고 있었는지를 기본적인 질문의 축으로 삼고자 한다. 바꿔 말하면 이는 '취미'라는 용어로 집약되는 서구의 심미적 개념과 실천들이 이왕가박물관을 통해 어떻게 식민지 지배의 기술로 활용되었는지를 추적하는 것이라 할 수 있다.

우선 본문은 이왕가박물관의 위상 변화에 관한 것으로 시작하려 한다. 설립 당시부터 급격한 위상의 변화와 그에 따른 명칭의 변화는, 박물관 자체가 당시의 정치적 급변 속에서 크게 유동했던 존재임을 말해 준다. 게다가 현재 전해지는 사료들이 보여 주는 어긋나는 증언들의 혼돈은 당시 박물관을 둘러싼 의견충돌과 논쟁이 만만치 않았음을 짐작케

---

3) Richard D. Altick, "National Monuments", *Representing the Nation: A Reader Histories, heritage, and museums*, London & New York: Loutledge, 1999, pp. 240~257.

한다. 이런 위상의 변화와 사료의 혼돈이야말로 '취미'라는 서구의 심미적 개념이 식민지 행정 내에서 새로운 지배의 레토릭으로 정착해가는 과정의 첨삭 없는 궤적이 아닐까.

1. 흔들리는 위상

1907년 순종의 새로운 거처인 창덕궁의 수선 공사가 진행되면서 창덕궁 동쪽에 인접한 창경궁에 박물관·동물원·식물원을 설치할 것이 결정되었다.[4] 이 최초의 박물관 계획은 '제실박물관'(帝室博物館) 내지는 '제실 소속박물관'의 형태로 제안되었다. 이는 한국 고래의 서적과 미술품 및 현 세계의 문명적 기관·진품을 수집·공람케 하여 국민의 지식을 계발한다는 취지에서였다.[5] 뿐만 아니라 순종이 근대문명을 존중해 궁중을 양풍화하면서, 그 일환으로 "일반 민중에게도 실물교육의 모범을 보여 널리 상하에 지식을 보급해 문명의 기운을 양성하려는 뜻에서 융희 2년 9월 어원사무국을 설치하고 박물관·동물원·식물원을 설치할 계획을 세워 …… 공중에게 관람케 했다"고 한다.[6] 따라서 '실물교육'을 통한 '국민의 지식 계발'이 박물관 설립 목적의 한 축을 형성했음을 알 수 있다.

그러나 그해 9월 2일 반포된 '어원사무국관제'(御苑事務局官制)에 따르면, 어원사무국은 "궁내부 대신의 관리에 속하며 박물관·동물원·식물원에 관한 사무를 관장하는" 기관이었다.[7] 여기에서는 박물관·동

---

4) 李王職(編), 『李王家美術館要覽』, 京城, 1938, 1쪽.
5) 「帝室博物館」, 『皇城新聞』(1908.2.12), 「公立新報」(1908.3.4), 「博物館云設」, 『大韓每日申報』(1908.2.9).
6) 大村友之丞, 「昌德宮李王殿下」, 『朝鮮貴族列傳』, 京城: 朝鮮總督府, 1910, 14~15쪽.

물원·식물원 시설이 통칭 '어원', 다시 말해 황실 소유의 정원으로 규정되었다. 게다가 당시 궁내부 차관이었던 고미야 미호마쓰(小宮三保松)의 기록도 순종이 창덕궁에서의 "새로운 생활에 취미를 느낄 수 있는" 환경 조성을 설립 목적으로 들어,[8] 박물관·동물원·식물원이 황제를 위한 어원으로서 기획되었음을 다시 한번 확인할 수 있다. 또 다른 기록에는 고종의 만년의 적적함을 위로하기 위해 고미야가 고안하여 창설한 것이라 적혀 있는데,[9] 이것도 기본적으로는 박물관·동물원·식물원이 '어원'으로 만들어졌음을 전해 준다.

따라서 고종이나 순종의 생활에 '취미'를 제공하는 왕실 전용 위락 시설로서의 '어원'과, 일반 민중의 실물교육의 장으로서 지식계발과 문명개화를 꾀한 '제실박물관' 내지는 '제실소속박물관'이라는 두 개의 위상이 설립 초기부터 혼재해 있었던 것으로 보인다. 그러나 이 양자는 이듬해 11월 1일에 그 시설들을 창경궁의 명칭을 따라 '창경원'이라 칭하고 일반 공개함으로써 후자의 위상으로 기우는 경향을 보인다. 특히 일반 공개와 동시에 '창경원'이라는 명칭으로 변경된 점은 주목할 만하다. 비록 그 명칭이 왕궁의 이름을 따서 붙인 것이라 해도, '어원'이나 '제실박물관'이 불러일으키는 왕실의 권위나 소유권의 의미가 옅어지고, 단지 그 시설물들이 위치한 장소 혹은 건물을 가리키는 중성적인 지명의 성격이 두드러지기 때문이다.[10]

그 후 한일합방으로 1910년 12월 30일에는 이왕직관제(李王職官

---

7) 『官報』, 4166호, 1908.9.2.
8) 小宮三保松, 「緒言」, 『李王家博物館所藏品寫眞帖』, 京城: 李王職, 1912.
9) 「珍奇의 世界·動物園의 風景」, 『朝光』, 4권 6호(1938.6).

制)가 공포되어 1911년 2월 1일에 시행되었다. 1911년 9월에 간행된 『이왕직 직원록』에 의하면, 이왕직은 "궁내 대신의 관리에 속하고 왕족 및 공족의 가무를 관장하는" 기관으로, 서무계, 회계계, 장시계, 장사계, 장원계를 두었는데, 그중 박물관·동물원·식물원에 관한 사무는 장원계(掌苑係)의 소관이었다.[11] 이 단계에서는 더 이상 '어원'이라는 명칭이 사용되지 않았다. 어원사무국이 장원계로 바뀌면서 '어원'의 특수성과 특권적 지위가 '원'(苑)이라는 보편성 혹은 중성성으로 교체되었는데, 이는 '창경원'이라는 지명의 중성적 성격이 행정구조 내에 반영된 것이라 할 수 있다. 그리고 한일합방이 체결된 날, "구 한국의 황제를 폐하여 왕으로 하고 창덕궁 이왕이라 칭한다"는 일본 황제의 칙령이 내려짐으로써,[12] 박물관의 공식 명칭도 '이왕가박물관'(李王家博物館)으로 바뀌었다. 정확하게는 국립박물관의 형태가 아닌 '이왕가사설박물관'(李王家私設博物館)으로 위치 지어졌다.[13]

여기까지 보면 박물관이 설립 초기부터 두 가지 위상 사이에서 유동하고 있었고, 점차 '어원'에서 근대적인 대중적 박물관으로 변모해 갔던 것으로 이해가 된다. 그러나 박물관 설립기에 그 위상을 둘러싼 의견대립에 관한 또 다른 기록은, 오히려 후자의 위상에 관한 찬반논쟁의 성격을 강하게 풍긴다. 한편에서는 "궁원의 일부를 민중을 위해 개방할 뿐 아

---

10) 한편 『순종실록』에 의하면, 창경원이라 불리기 시작한 것은 1911년 4월 26일부터라고 한다. 1911년 3월 11일에 창덕궁의 동쪽에 있다는 의미에서 '동원(東苑)'이라 불렸다가, 4월 26일에 창경궁 내에 있다는 의미에서 '창경원'으로 개칭했다고 한다(『순종실록』 부록 2권, 1911.4.26). 또한 이에 따라 박물관도 창경원박물관 혹은 창덕궁박물관으로 불렸다.

11) 李王職庶務係人事室, 『李王職職員錄』, 1911.9.

12) 『朝鮮施政の方針及實績』, 京城: 朝鮮總督府, 1915, 38~39쪽.

13) 小宮三保松, 「緖言」, 『李王家博物館所藏品寫眞帖』.

니라, 역대 왕조의 유서 깊은 궁전 건물을 박물관으로 해서 불상, 고기물(古器物), 시체를 넣었던 관곽(棺槨)마저 진열하고, 일반인들이 흙 묻은 발(土足)로 출입케 하는 일은 참을 수 없다"는 격렬한 반대론이 있었다. 이에 대해 고미야 차관이 "조선 고대문화의 흔적을 찾아 후세에 전해 학자들이 연구케 하고, 특히 조선이 예전에 예술이 융성했음을 내외에 알리기 위한 것임을 완고한 궁정 내외의 인사들에게 난만을 무릅쓰고 설득해" 박물관 계획을 진행케 되었다는 것이다.[14]

즉 애초부터 박물관 설립은 순종을 위한 '취미' 시설이 아닌 일반에게 개방하는 쪽으로 계획되어 있었던 셈이다. 게다가 위의 논쟁을 기록한 저자는 이 박물관 시설의 의의를 "사회민인(社會民人)에게 실물교육에 의해 지식을 보급한다는 뜻에서 예부터의 관례를 깨고 궁원을 개방해 박물관·동물원·식물원을 설치해 신라·고려 시대의 예술 및 세계 각국의 진기한 동식물을 관람케 하여 지식을 늘리고 오락을 즐기게 한다"는 것으로 단정 짓는다.[15] 그렇다면 왜 고미야는 이러한 증언들과 배치되는 설립 목적, 즉 순종을 위한 '취미' 시설의 설립을 기술하였는가. 또한 이러한 공공박물관으로서의 위상이 분명하게 부각되었음에도 불구하고, '어원'이라는 위상이 관제화되고, 나아가 '이왕가사설박물관'이라는 기묘한 명칭이 부여된 이유는 무엇인가.

이러한 의문들을 푸는 실마리는 궁정을 둘러싼 당시의 정치적·재정적 상황에서 찾을 수 있다. 직접적으로는 설립 초기부터 박물관 행정을 담당했던 궁내부의 위상 변화와 연관되는 것이라 할 수 있다. 원래 궁내

---

14) 權藤四郎介, 『李王宮秘史』, 京城: 朝鮮新聞社, 1926, 23~24쪽.
15) 같은 책, 7쪽.

부는 갑오개혁 당시 개화파가 왕권의 제한을 위해 설치했다가, 1899년에 대한제국 국제가 반포된 이후에는 그 규모가 확대되어 절대적인 황제권을 실현하는 기구로 되었다.[16] 그러나 1905년 12월에는 이토 히로부미(伊藤博文)가 통감으로 부임하고 궁내부 관제가 개정되어 일본인 관리가 궁내부의 고문관으로 배치되었다. 그리고 이듬해 1906년 6월부터 황제권을 축소하기 위한 '궁중숙청'(宮中肅淸)이 단행되었다. '궁중의 풍기를 일신한다'는 것이 그 명분이었지만, '궁중숙청'이 최초로 구체화된 것은 다음 해 7월의 '궁금령'(宮禁令)이었다. 이는 각 대신을 비롯해 궁중에 출입하는 사람들에게 문표(門票)를 교부하고 궁전의 각 문에 일본인 경관을 배치해 궁중출입을 엄금하는 것이었다. 물론 궁중에서 물건을 반출하는 데에도 그 문표가 요구되었다.[17]

게다가 1907년 6월에 고종이 만국평화회의에 밀사를 파견한 헤이그 밀사사건이 발생하자, 이토는 이를 고종의 양위를 강제하는 구실로 삼았을뿐더러, '일한신협약'의 체결로 한국 정부의 운영에 관한 모든 건에 대한 통감의 동의를 의무화했다. 이때 다시 한번 궁내부 관제가 개정되면서 '제실재산정리국'(帝室財産整理局)이 설치되었다. 이 기구는 정부의 재정에 대한 황제의 권한을 인정하지 않을 뿐 아니라, 그와는 별도로 유지되어 온 황실의 재정까지도 통제·관리하는 것을 목적으로 했다. 즉 황실 소유의 동산·부동산에 대한 관리 및 황실의 세입을 정부의 재정에 통합해서 '정부 이상의 정부'였던 궁중을 무력화하고 통감부의 관리

---

16) 서영희, 「광무정권의 국정 운영과 일제의 국권침탈에 대한 대응」, 서울대학교 국사학과 박사학위논문, 1998.
17) 原田豊次郎, 『伊藤公と韓國』, 京城: 日韓書房, 1919, 8~13쪽.

하에 귀속시키고자 했던 것이다.[18]

특히 제실재산정리국의 사무 중에서 '황실 및 황족의 사유재산과 제실 재산의 구분'이라는 세목은, 정부 재산과 제실 재산의 구분에서 더 나아가 말 그대로 제실 재산을 공적 재산과 사적 재산으로 구분지었다. 이는 황제의 지위를 공인(公人)이 아닌 사인(私人)으로 재규정하는 것이었다.[19] 박물관의 위상이 '이왕가사설박물관'으로 규정되었던 것도, 이러한 재정적인 개념 규정에 의한 것이라 할 수 있다. 또한 사적 재산이라 해도 궁내부가 관리함으로써, 실질적으로는 궁내부의 사업에 전용되었는데, 단적으로 1908년도의 「황실비총예산서」를 보면 제3조 설비비의 제6항에 박물관·동물원·식물원의 설비비가 책정되어 있다.[20]

이 일련의 '궁중숙청'을 담당했던 궁내부 차관으로서 "궁중 대변혁을 실행해 반도 수백 년의 음모굴을 타파한" 인물이 바로 고미야였다. 원래 고미야는 법률학교를 나와 독일에 유학한 뒤 대심원(大審院) 검사로 일했으나, 오랫동안 이토 집안에 출입하면서 이토에게 신임을 얻었다고 한다. 한국 궁내부 차관에도 이토 히로부미에 의해 직접 임명되었음은 물론이다.[21] 이러한 인물과 고종의 퇴위를 주장해 온 이완용·윤용 형제에 의해 박물관 설립의 발의와 입안이 이루어졌던 것이다. 따라서 황실 재산의 일부인 궁전이 황실 재산의 정리 과정에서 궁내부의 소관이 됨에 따라, 특히 왕궁의 토지에 관한 수조권(收租權), 즉 그 토지에 관한 처

---

18) 『韓國施政年報』, 63~75쪽.
19) 이윤상, 「1894~1910 재정제도와 운영의 변화」, 서울대학교 국사학과 박사학위 논문, 1996, 259쪽.
20) 『皇室費豫算書: 隆熙二年度』, 1908, 1~11쪽.
21) ヒマラヤ山人, 「小宮宮内次官及び宮内府中の人物」, 『朝鮮』 3권 1호(1909.3.1), 京城: 日韓書房, 68쪽.

분권이 궁내부에 속함으로써, 궁전을 박물관으로 용도변경하는 것이 어렵지 않게 이루어졌다고 생각된다.

그러나 궁내부에 의해 박물관조사촉탁으로 임명되어 1908년에 부임한 시모고리야마 세이이치(下郡山誠一)에 따르면, 원래 박물관의 창설을 처음 제안한 것은 이토 통감이었으며, 이를 구체적으로 입안한 것이 고미야였다고 회고한다.[22] 통감부 시대부터 궁내부에 근무했던 곤도 시로스케(權藤四郎介)도 이토가 궁내부 대신 민병석과 고미야에게 박물관 등의 시설과 어원사무국의 설치를 명했다고 기록했다.[23] 이토는 메이지 초기의 구미시찰단의 일원이었던 만큼, 당시의 박물관 경험을 토대로 1887년에 황실과 문화재 보호를 연관 짓는 논의를 개진했다. 이미 그는 1886년에 대규모 국립미술박물관 구상을 세워 놓고, "보다 유효한 미술관 및 일본 미술공예 발전 계획"을 페놀로사와 오카쿠라 덴신(岡倉天心)에게 위임했다. 이 계획은 다음 해 미국 공사였던 구키 류이치(九鬼隆一)가 귀국함으로써 제국박물관으로 구체화되었다.[24] 박물관에 대한 이러한 관심과 더불어, 조선통감으로서 이토는 스스로 황태자의 스승이 되

22) 下郡山誠一, 『李王家博物館·昌慶苑創設懷古談』(녹음 테이프), 朝鮮問題研究會, 1966.5.19. 이 시모고리야마는 1902년 3월 29일에 설립된 동경제국대학부설 임시교원양성소의 박물과를 나온 인물이다. 임시교원양성소는 사범학교, 중학교, 고등여자학교 등의 중등학교에 5개의 교과목(국어한문과, 영어과, 수학과, 박물과, 물리화학과)의 교원을 급하게 공급하기 위해 설치되었다. 동경제국대학 제1임시교원양성소에는 국어한문과와 박물과가 있었다. 이 기관의 수학연한은 2년이며 격년으로 학생들을 모집했다. 국어한문과에서는 2회, 박물과에서는 3회의 졸업생을 배출했으나, 각각 1906년 3월, 1908년 3월에 폐지되었다(東京大學百年史編集委員會, 『東京大學百年史 通史二』, 東京: 東京大學, 1985, 143~144쪽). 시모고리야마는 이 박물과를 졸업하자마자 1908년에 궁내부에 촉탁됐다.

23) 權藤四郎介, 『李王宮秘史』, pp.22~23.

24) 高木博志, 『近代天皇制の文化史的研究: 天皇就任儀禮·年中行事·文化財』, 東京: 校倉書房, 1997, pp.286~287.

어 '태자태사'(太子太師)로 불렸으며, 그러한 지위로 인해 궁정 내에서는 '친왕'(親王)의 대우를 받았다.[25] 이처럼 당시 이토가 왕에 비견되는 지위에 있었던 사실은 위의 증언들에 더욱 타당성을 부여한다. 단지 당시의 정치적인 상황으로 미루어 볼 때 국내외의 비판을 면하기 위해 이완용을 비롯한 한국 내각을 전면에 내세워 박물관 계획을 추진했던 것이라 할 수 있다.

또한 다른 기록에 의하면, 고미야 차관이 이토 통감에게 직접 박물관 설립을 제안하고 허가를 받아, 이토의 인척인 스에마쓰 구마히코(末松熊彦)를 선임해서 박물관 설비를 담당케 했다고 한다.[26] 스에마쓰는 원래 세관사무관과 관세국 사무관을 겸했던 인물로, 1908년 5월 29일에 박물관·동물원·식물원의 서무 및 회계 촉탁이 되어 박물관 업무에 종사했다가 얼마 지나지 않아 어원사무국의 사무관으로 임용되었다. 이렇게 박물관의 중요한 담당자 두 명이 이토 통감과의 긴밀한 인간관계에 의해 선임된 점은, 이토 통감이 박물관 설립의 실질적인 결정권자였음을 뒷받침해 준다. 뿐만 아니라 1908년 3월 7일에는 시모고리야마가 박물관 조사사무에 촉탁되고, 1908년 7월 16일에는 노노베 시게루(野野部茂)가 박물관 사무에 촉탁되어,[27] 박물관에 관한 거의 모든 사무가 일본인에 의해 이루어졌다.

그 중에서 특히 고미야는 왕궁의 개방과 전시의 필요성을 다음과 같이 말했다고 전해진다.

---

25) 三好徹,『史傳伊藤博文(下)』,東京: 德間書店, 1995, p.413.
26) 佐々木兆治,『京城美術倶樂部創業二十年記念誌－朝鮮古美術業界二十年の回顧』, 1942, 31쪽.
27) 『純宗』(承政院日記) 2권의 162쪽, 3권의 42~120쪽.

고미야 차관이 항상 말하길, "조선 병합에 대해 외국에서는 아직 얼마간의 오해가 있다. 심하게도 우리 국가 및 황실에서 이 왕가를 이렇게 후히 대우하고 있음을 모르는 자가 많다. 우리들은 우선 이 오해를 일소해야만 한다. 그러기 위해서는 왕가의 실정을 알려야만 한다."

이런 의미에서 창덕궁은 투명한 유리 그릇에 넣은 물체처럼 명백하게 누구에게라도 보이는 것이 좋다고 하여, 내외의 빈객에게는 충분한 대우를 하여 궁전이든 비원이든 원하는 대로 보여 주고, 왕가의 근황은 자신이 직접 설명하려고 노력했다. 그 결과 이왕가에 대해 우리 나라가 얼마나 후하게 대우를 하고 왕가가 얼마나 평화롭고 행복한 생활을 누리고 있는지 주지되어, 특히 외국인들의 오해를 푸는 데 커다란 효과가 있었다.[28]

실제로 고미야를 비롯한 일본인 관리들은 순종이 거주했던 왕궁을 "투명한 유리 그릇에 넣은 물체처럼" 전시하려 했던 것이다. 게다가 원래 이 박물관의 건설 장소는 처음에 경운궁 내의 석조전으로 예정되었으나 도중에 창경궁으로 바뀌었다. 도중에 장소가 바뀐 원인은 "이렇게 오래되면 보통의 건물과는 풍취를 달리하여 하나의 거대한 미술골동품으로서 완상해도 좋을 만큼 고색창연함을 풍깁니다. …… 생각해 보면 건물 자체로서도 지금에 와서 이 고상한 문명의 사업에 이용되는 것이 분명 만족스러울 것입니다. 실제로 다른 건 몰라도 박물관만은 이 오랜 역사를 지닌 고아(古雅)한 건물의 미와 상응해서 무한한 아취를 더하는 것 같습니다"라는 것이었다.[29]

---

28) 權藤四郞介, 『李王宮秘史』, 54~55쪽.

즉 창덕궁 및 창경궁의 고색창연한 건물군이 박물관 안에 진열된 유물처럼 '하나의 거대한 미술골동품'으로 간주되었기 때문에, 박물관 건물로 결정되었던 것이다. 따라서 정치의 장인 왕궁을 미술골동품으로 재정의해서 심미화하는 것이야말로, 이 박물관 설립의 중요한 목적이었다고 할 수 있다. 바꿔 말하면, 고미야의 의도의 한편에는 왕궁을 현실 정치의 컨텍스트로부터 이탈시켜 심미적 관조의 대상으로 삼는 시선, 즉 왕궁을 박물관의 진열장에 전시된 사물로 간주하는 시선이 있다. 이는 1902년부터 조선의 고적조사를 담당했던 동경제국대학 건축학 연구실의 세키노 다다시(關野貞)가 조선의 건축들을 '미술'로서 재발견하고, 양식사적 관점에서 '조선미술사'에 편입시키는 과정과 연루되어 있었다.

다른 한편으로 이러한 왕궁 자체의 전시는 고미야가 "왕가의 근황을 자신이 직접 설명하려고 노력한" 덕분에 더없이 "투명한 유리 그릇에 넣은 물체처럼" 되었다.[30] '이 고상한 문명의 사업'이 박물관 자체뿐 아니라 왕궁 및 왕가마저도 대중 앞에 가시화했던 것이다. 이는 고미야가 말한 대로 "이왕가는 우리 황실의 고마운 대우로 평화롭고 안정되며 영광된 생활을 보내고 있"으며, "우리 천황 폐하의 인정(仁政)하에 문명의 은택(恩澤)을 향유하기 때문에 저들 서민의 행복이 무한하다"는 점을 웅변하는 것이었다. 왕궁을 박물관화해서 일반 공개함으로써 식민지 통치를 '문명의 사업'으로 전시하려 했던 것이다. 요컨대 일본인 관료의 감시

---

29) 井上雅二(談), 「博物館及動植物園の設立について」, 『朝鮮』, 1권 4호(1908년 6월 1일), 京城: 日韓書房, 68~69쪽.

30) 실제로 고미야는 대중잡지에 왕가의 근황을 설명하는 기사들을 발표했다. 小宮三保松, 「李王家の御近狀」, 『朝鮮公論』 제1권 1호(1913년 4월), 京城: 朝鮮公論社, 83~86쪽; 小宮三保松, 「李朝五百年の歷史を語る興味深き昌德宮の建造物」, 『朝鮮公論』 제1권 5호(1913년 8월), 45~50쪽.

의 시선을 토대로 한 문명의 극장이 왕궁을 무대로 전개되었으며, 박물관의 일반 공개를 통해 식민지의 관람자들은 이러한 심미적 시선에 유착된 제국적 시선의 공모자가 되었던 셈이다.

그러므로 '어원'은 일종의 명목상의, 그것도 오래 지속되지 못한 과도기적 위상, 즉 황제의 권력을 약화시켜 황실 재정을 축소하고 결국에는 해체하는 것이 한일합방으로 완성될 때까지의 절충안이었던 것이다. 그리고 마침내는 '이왕가사설박물관'이라는 최소한의 규정, 즉 일본 천황에 종속되고('이왕가') 정치적·경제적으로 공적 권력을 박탈당한 '사인'의 시설물('사설')이라는, '어원'의 존엄이 극소화된 형식으로 탈바꿈했다. 순종의 생활에 제공된 '취미'는 왕권의 무력화와 왕궁의 탈정치화라는 값비싼 대가를 은폐하는 심미적 레토릭이었던 셈이다.

2. '경성의 취미화': '살풍경'에서 문명의 '낙원'으로

실제로 '어원'이라는 명칭이 공식적으로 사용된 기간은 어원사무국의 설치로부터 이왕직 장원계가 설치되기까지의 1년 6개월 정도였다. 그것도 일반 공개와 함께 '창경원'으로 개칭되어 그 두 명칭이 병용되었기 때문에 '어원'이라는 명칭만으로 불린 기간은 6개월 정도에 그친다. 따라서 박물관 설립이 순종의 새로운 생활에 취미를 느끼게 하려는 것이었다고 하지만, 이는 극히 제한된 기간 동안만이었다. 또한 그 설립에 관련된 궁내부 직원들의 증언은 '취미'의 향유자를 일반 대중이라는 보다 확장된 범위로 설정하고 있었다.

1908년, 궁내부 서기관이었던 이노우에 마사지(井上雅二)는 박물관·동물원·식물원의 설립 목적에 대해 다음과 같이 말했다. "특히 순결

(醇潔)한 오락의 취미가 결핍된 한국에서는 가장 필요한 것입니다. 첫째, 일반 관람자들의 마음과 눈을 즐겁게 해주며, 또 한편으로는 유익한 지식을 널리 알릴 수 있으며, 고상하고 청신(淸新)한 취미를 고취하기 때문입니다."[31] 또한 궁내부의 동물원을 공개할 즈음에도 "당국자는 다른 비용을 절약해서라도 이 사회적 공공오락의 방면에 다소의 경비를 투자해", "하루라도 빨리 이 오락기관을 공개해서 경성의 신사숙녀들에게 취미를 제공하고 지식을 공급하며 고상한 오락을 제공함으로써 경성의 삭량(索涼)을 타파할" 것이 요구되었다. 동시에 동물원만 아니라 박물관·도서관·식물원의 공개도 서두를 것을 덧붙였다.[32] 이처럼 박물관·동물원·식물원은 스에마쓰가 말한 대로 "경성인들이 일상에서 취미를 맛볼 수 있는" 곳으로 위치 지어졌던 것이다.[33]

여기에는 우선 '순결한 오락의 취미가 결핍된 한국'이라는 인식이 배경으로 작동했다. 이는 1876년부터 시작된 일본인들의 조선 이민과 관련된 문제였다. 당시 일본에서는 '뒤떨어진 한국'이라는 이미지가 보편화되어 있었다.[34] 가령 1894년에 일본 육군에 이어 조선에 가게 된 민간인들을 위해 만들어진 안내서는 조선인을 게으르고 비굴하고 경박하고 고식적이며 신뢰할 수 없다고 하며, 권총이나 단도를 소지할 것을 권장했다.[35] 또한 조선인은 냄새나고 더럽고 나약하며 무질서하고 가난하고 야만스럽고 게으르며, 그 생활상태는 몽매하고 야만적인 경지를 벗어

31) 井上雅二,「博物館及動植物園の設立について」, 68쪽.
32) 「宮內府動物園の公開」, 『朝鮮』, 3권 1호(1909.3.1), 8쪽.
33) 末松熊彦,「朝鮮の古美術保護と昌德宮博物館」, 『朝鮮及滿洲』, 69호(1913.4.1), 124쪽.
34) 피터·드우스,「朝鮮觀の形成: 明治期の支配イメージ」, 『帝國という幻想: 「大東亞共榮圈」の思想』, 東京: 靑木書店, 1998, 45~46쪽.
35) 難波正一,『朝鮮從軍渡航案內 附·渡韓人夫手續及心得書』, 1894, 7쪽.

나지 못했다는 편견이 횡행했다.[36] 즉 조선의 건물, 의복, 경치 등의 물질문화를 조선의 결점 특히 도덕적·심리적 후진성을 집약한 상징 내지는 비유로 인식했던 것이다.

따라서 정책상으로는 통감부가 들어서는 1905년부터 조선이 영구거주지로 간주되었음에도 불구하고, "우리 재한일본인들의 다수가 게으름·방종·고식에 빠져 활기도 생기도 없을뿐더러, 이 땅을 즐기고 사랑하는 기풍은 없고 단지 돈벌이의 장소로만 생각하는 여행자 근성에서 벗어나질 못하고 있다"[37]는 점이 문제시되었다. 그 원인은 '순결한 오락의 취미가 결핍된 한국', 즉 "공원 하나 없고 도서관 하나 없고 평민적 구락부 하나 없고 유원지 하나 없는" 살풍경하고 무취미한 조선의 환경이었다. 그로 인해 "술집을 유일한 오락장이자 위안의 장으로 삼아, 가는 곳마다 술집과 매춘부들이 번성하며, 부인들은 포목점을 출입하면서 의복을 차려입는 것을 유일한 낙으로 삼고 있다"는 구체적인 폐해들이 지적되었다. 이러한 사회문제를 해결할 수 있는 방법으로 제기된 것이 "동쪽교외에는 매화 숲을 만들고 서쪽 교외에는 벚나무 정원을 열고, 가는 곳마다 작은 공원과 산수를 설치하자. 그래서 아침저녁으로 산책하고 행락(行樂)할 수 있는 위안장을 설치하자. 또한 경성, 평양, 인천, 부산, 원산같은 대시가지에는 당당한 음악당, 도서관 등 정신상의 오락기관을 세우자"라는 주장이었다.

이렇게 당시 '취미'라는 말은 단지 순종의 일상적 위안이라는 의미를 넘어서, 대중적인 오락과 지식계발, 즉 대중계몽을 꾀하는 문명의 상

---

36) 沖田錦成, 『裏面の韓國』, 東京: 輝文館, 1905, 28~29쪽.
37) 「在韓邦人と趣味」, 『朝鮮』, 4권 5호(1910.1.1), 京城: 日韓書房, 6쪽.

태라는 의미까지도 포괄하고 있었다. 이는 '몽매하고 야만적인 경지를 벗어나지 못한' 상태와 극적인 대조를 이룬다. 즉 '순결한 오락의 취미가 결핍된 한국'이라는 관념은 몽매하고 야만적인 상태의 다른 표현이었던 셈이다. 이렇게 문명과 야만의 경계를 상징하는 '취미'는 일본과 한국의 격차를 나타내는 동시에, 일본 지배 이전의 한국과 그 이후의 한국을 가르는 증거이기도 했다.

특히 이 시기의 한 논객은 영국, 독일, 러시아 등의 서구열강이 식민지를 "꽃 피고 새 우는 낙원으로 만든" 예를 들면서, "우리 가난한 국민이 지금 바로 그들이 이룬 바를 배우려는 것은 어렵더라도, 신영토의 수부(首府)인 경성만큼은 조금이라도 도회적인 설비를 갖추어 아름다운 산수국(山水國)에서 태어난 일본인의 면목을 발휘케 하고, 우리 내지인들이 이 땅을 즐기게 하는 동시에 조선인들을 미화(美化)시키는 것이 급무"라고 주장했다. 이러한 '경성의 취미화'에 대한 강한 요구는, "데라우치 총독이 단속과 간섭에 쓰는 국비와 노력을 조금이라도 할애해서 이 취미화의 방면에 분여(分與)하여, 이 살풍경한 조선을 아름다운 산하로 만들고, 이 살풍경한 경성을 즐거운 도시로 만드는 데에 조금이라도 애써주길 바란다"고 할 만큼 절실한 것이었다.[38]

한편 1907년 9월 16일 이토는 '일한친선'을 명목으로 한국 황태자의 일본 유학과 일본 황태자의 한국 순행을 순종에게 진언했다. 그 결과 10월 16일부터 일본 황태자의 순행이 이루어졌는데, 주목할 것은 이 황태자 순행에 앞서 급하게 순종의 순행이 치뤄진 점이다. 이때 완전히 새로운 순행 형식, 즉 일본의 천황이나 황태자의 순행과 동일한 질서공간

---

38) 「趣味化の設備」, 『朝鮮及滿洲』, 49호(1912년 3월 1일), 京城: 朝鮮及滿洲社, 7쪽.

이 연출되었다. 길가에 정렬한 사람들이 황제의 마차에 경례를 하는 이 형식은 다름 아닌 일본형 시각적 지배의 도입이었다. 즉 이토는 황태자의 서울 방문에 대비해 시민들이 새로운 봉영(奉迎) 양식을 습득할 기회를 만들었던 것이다. 이러한 정연한 봉영 의례를 '문명시대를 떠올리는' 것으로 간주한 일진회의 일지처럼, '신영토'에서의 황태자 순행을 통한 일본 제국의 가시화는 '문명 시대'의 개막이었다.[39]

이 순행이 끝난 직후 11월부터 창덕궁 수선공사가 시작되어 박물관을 비롯한 창경원의 창설이 이루어진다. 이런 시간적 배열은 박물관 건설이 흡사 '문명 시대'를 가시화하는 최초의 사업이라는 인상을 준다. 한편으로 경성의 미화 내지는 취미화라는 총체적인 '문명 시대'의 의례공간을 연출하는 상징적 기념물로서, 박물관 등이 위치했던 창경원은 국내외에 전면적으로 개방되었던 것이다. 다음 장에서 논하겠지만, 이는 창경원이 대외적인 관광지로 위치 지어지는 배경이 된다.

게다가 이 정연한 봉영 의례와 박물관 관람규정의 유사성은 '문명 시대'의 매너를 체화하는 것과 식민지 지배의 연관을 드러내 준다. 1909년의 일반 공개와 함께 발표된 '어원종람 규정'은 "광질(狂疾)인 자, 만취한 자, 7세 미만으로 보호자가 없는 자의 입장을 금한다"는 내용과 함께, "누추한 의복을 입는 것이 불가함, 원내에서는 정숙할 것, 담배와 음식물의 사용은 소정의 휴게소에 한해 허락할 것, 가축류의 입장은 불가함, 마차 등을 타는 것은 불가함"의 규정을 담고 있다.[40] 이는 박물관이 건전한 정신과 신체에, 문명인의 상징인 단정한 의복과 매너를 갖춘 이

---

39) 原武史, 『可視化された帝國』, 東京: みすず書房, 2001, 170~171쪽.
40) 「御苑縱覽規定」, 『皇城新聞』, 1909.11.3.

들에게만 제한적으로 공개되었음을 의미한다. 즉 박물관은 사물들의 수집·보존·전시 등의 기능 외에도 '문명의 사업'에 어울리는 관람자를 육성하는 것 또한 중요한 기능으로 포괄하고 있었던 것이다. 앞서 말한 정연한 봉영 의례가 '신영토'에서의 문명화된 국민을 연출하고 궁극적으로는 제국 일본을 가시화하는 이벤트였다면, 박물관은 그러한 이벤트를 상시화하여 안정되게 '관람객-국민'을 양성해 내는 장소, 그리고 이 '관람객-국민'으로서의 매너를 학습하는 '국민학교'[41]였다고 할 수 있다.

그러나 박물관을 비롯한 창경원 시설은 이런 상징적인 측면에만 국한되지 않고 일본 이민자들을 위한 근대적인 생활환경 조성에 이용되었다. 즉 경성의 취미화의 일환으로 창경원이 유원지화된 것이다. "이것이 지금은 동양 건축물의 정화로서 세계적으로 알려진 웅대·장려한 인정전과, 경성 사십만 시민이 봄·가을이면 꽃놀이, 단풍놀이의 행락을 즐기며, 겨울에는 스케이팅으로 설국(雪國)의 정서를 맛볼 수 있는 창경원과, 조선 이천 년의 예술을 볼 수 있는 박물관 및 경성에서 유일한 민중 오락장인 식물원이다"이라는 기록에서 볼 수 있듯이, 창경원은 말 그대로 "살풍경한 경성의 천지에 문화적 취미를 부여하는" 종합적인 행락지로 기능했다.[42]

이러한 성격이 본격적으로 두드러진 것은, 1922년부터 창경원 곳곳에 벚나무를 심기 시작해, 1924년 4월 26일에 '관앵회'(觀櫻會)를 설

---

41) 박물관을 국민도덕을 체화하는 '국민학교'로 간주하는 태도는, 1915년 조선총독부 내무부 학무국의 촉탁으로 부임해 조선의 역사적 사료의 수집과 조선교과서 편찬, 그리고 조선의 고적조사를 담당했던 구로이타 가쓰미(黑板勝美)의 글에 명시되어 있다(黑板勝美,「博物館に就て」(1912),『虛心文集 4』, 497쪽).
42) 權藤四郞介,『李王宮秘史』, 22~23쪽.

치한 때일 것이다. '관앵회'는 원래 순종과 총독부 고관들을 위한 모임이었으나, 같은 해 벚꽃을 대중적으로 감상케 하고자 창경원을 야간에도 개장하게 된다.[43] 그리고 1926년 4월 26일에 순종이 붕어하자, 이듬해 7월 1일부터는 연말연시 6일간을 제외하고 연중무휴로 창경원을 개방했다.[44] 실질적으로 조선 왕조의 최후의 왕이었던 순종의 죽음은, 창경원을 명실 공히 대중적인 유락(遊樂) 공간으로 만드는 계기가 되었다. 민중 위에 군림하는 지배의 상징이었던 왕궁이 민중의 행락지가 된 것은, 지배층의 교체, 즉 새로운 지배자인 일본 제국에 의해서였다. 뿐만 아니라 '관앵'이라는 일본적인 '취미'의 대중화와 함께 실현되었던 것이다.

이에 대해 『박물관연구』에는 다음과 같은 소개문이 실렸다. "원내 울창한 산수의 경취(景趣)가 더해지는 봄·가을의 좋은 계절에는 하루 수천 명의 관람자가 있고, 벚꽃이 흐드러지는 때에는 그 수가 수만 명에 달한다. 또한 그 계절 동안 낮에 꽃구경을 할 수 없는 사람들을 위해 야간에 눈부신 조명을 설치해 밤벚꽃의 정경을 공개하고 있다. 일반 시민들로부터 상당한 호감을 얻어 조선은 물론이고 내지에서도 쉽게 볼 수 없는 일대 낙원으로 알려져 있다."[45] 화려한 조명 아래서 빛나는 벚꽃은 '낙원' 그 자체의 이미지였다. 그 '낙원'은 시모고리야마도 지적한 '조선

---

43) 문화재 관리국, 『창경궁 중건 보고서』, 1989, 31쪽. 그러나 시모고리야마의 증언에 따르면, 벚나무를 심기 시작한 것은 창경원이 설치된 때까지 거슬러 올라간다. 그는 창경원의 황량한 토지를 그대로 두면 관람시설로서 적당하지 않다고 판단해 스스로 벚나무를 심기 시작했다고 한다. 박물관을 중심으로 동물원 쪽까지 수천 그루를 심었는데, 토지의 성격과 잘 맞아 발육상태도 좋아 꽃의 터널처럼 되었다고 한다. 그래서 일본의 밤벚꽃놀이를 생각하면서 야간 공개할 것을 고미야 차관에게 제의했던 것이 자신이라고 주장했다(下郡山誠一, 앞의 녹음 테이프).

44) 李王職, 『李王家美術館要覽』, 4쪽.

45) 『博物館硏究: 朝鮮特輯号』, 8권 4호(1935년 4월), 東京: 日本博物館協會, 10쪽.

의 살풍경'과 극적인 대비를 이루는 '문명의 사업'의 성과였으며, 일본의 식민지 경영의 집약적인 상징이었다. 한편 경성의 일반 시민들에게는 경성의 도시화에 수반된 근대적이고 도회적인 '취미'를 맛볼 수 있는 행락장이었다.

실제로 밤벚꽃놀이는 엄청난 인기를 모아, 하룻밤에 5만 명의 관람객이 몰려든 적도 있다고 한다. 낮에도 5만 명 정도가 입장해 관람객 중에는 부상자가 나올 정도였다.[46] 그리고 1920년대 이후의 창경원 관련 신문 기사들은, 창경원을 모던한 생활양식의 전시장으로 다루었다. 벚꽃이 만개하는 봄의 창경원은 모던 보이와 모던 걸이 첨단 유행의 양장을 뽐내며 산보하는 곳이었으며, 꽃구경뿐 아니라 사람들을 구경하는 곳이기도 했다.[47] 또한 밤벚꽃과 함께 원내에 가설된 대규모 무대에서는 소위 '레뷰-걸'들의 군무가 공연되었다.[48] 맨다리로 군중들의 눈을 매료시켰던 창경원의 '레뷰-'는 모던한 오락의 하나로 경성의 일상생활에 침투했다. '문명의 사업'은 이렇게 서양적이고 근대적인 엔터테인먼트를 동반하여, 정치권력의 중심을 대중적인 행락장으로, 또한 근대적인 취미오락시설로 변모시켰던 것이다.

이렇게 봉건 왕조의 정치적 상징을 대중공원으로 만든 것은 유럽에서 한창 진행된 것이었지만, 가까이는 일본 메이지 정부에 의한 우에노(上野)의 공원화를 들 수 있다. 1873년 "고래의 명소구적이라 불리는 곳을 공원화한다"는 통달이 공포된 후, 우에노를 포함한 다섯 군데가 공원

---

46) 下郡山誠一, 『李王家博物館·昌慶苑創設懷古談』.
47) 신명직, 『모던뽀이, 경성을 거닐다』, 현실문화연구, 2003, 41~49쪽.
48) 安夕影, 「一日一畵(9)」, 『朝鮮日報』, 1930.4.15.

지로 지정되어 서양식 공원으로 조성되었다. '예부터 풍경이 좋아 사람들이 모이는 중심지 중 관유지를 영구히 국민이 즐길 수 있는 공간'으로 만들겠다는 이 공원화 계획은, 1877년의 제1회 내국권업박람회의 개최, 1885년의 동물원 및 박물관의 공개 등으로 전개되었다. 이는 도쿠가와 막부와 인연이 깊은 곳을 서양식 공원으로 만들어, 에도 시대를 부정하고 근대적인 새 정부가 들어섰음을 상징적으로 공표하는 행위였다.[49]

특히 주목할 점은, 메이지 초기부터 제안된 박물관 계획들이 기본적으로 박물관 개념 속에 동물원과 식물원을 포괄하여, 국민의 교육과 쾌락을 위해 관람케 하는 것을 목적으로 했던 것이다. 이는 한국에서의 최초의 박물관을 설립하는 데에도 그대로 반영된 것으로 생각된다. 특히 박물학과를 졸업한 시모고리야마를 촉탁으로 고용한 점은 물론이고, 고미야도 식물원의 설립을 박물관과 동시에 진행할 것을 주장하여, 일본의 히비야(日比谷) 공원과 신주쿠(新宿) 어원에 관계했던 온실 건축의 대가 후쿠바 하야토(福羽逸人)를 초빙해 식물원 온실을 완성케 했다.[50] 특히 식물과 동물을 함께 수용했던 신주쿠 어원이 공개된 3년 후에 '동양 제일'이라고 칭해졌던 창경원의 식물본관인 서양식 유리온실이 완성된 사실은, 식물원이 단지 박물관의 부속 시설에 그치지 않고 박물관을 구성하는 중요한 요소였음을 의미한다.

동물원의 경우는 "성내에 사립 동물원을 경영하기 시작한 유한성

---

49) 浦井正明,「君臨する明治という國家」,『「上野」時空旅行』, 東京: プレジデント社, 2002, 98~136쪽.

50) 원래 궁중 소유로 운영되었던 신주쿠 어원 안에 후쿠바는 온실을 세워 서양의 화초를 재배하고 동물도 들여 와서 야생동물 및 조류들의 우리까지 포함한 일체를 동물원이라 칭해 관리했다. 신주쿠 어원으로 일반 공개한 것은 후쿠바가 일본 궁내성 내원국장으로 취임한 1906년이었다(金井利彦,『新宿御苑』, 東京: 鄕學舍, 1980, 1~48쪽).

(劉漢性)의 동물 전부를 매입하고, 유한성과 또 한 명의 공동자(共同者)를 직원으로 채용해" 설립했다.[51] 유한성은 원래 궁정의사로 출입했던 인물이었는데,[52] 개인적으로 동물을 수집해서 사설 동물원을 운영하고 있었기 때문에, 1908년 6월 18일에 박물관 사무에 촉탁되었다.[53] 이 동물원에는 한국 각지에서 잡아온 호랑이, 늑대, 곰, 학 등과 외국에서 사들인 코끼리, 낙타, 캥거루, 악어 등의 이국적인 동물들도 있었는데, 1930년대에 이르면 그 수가 180종 1000여 점을 넘을 정도로 늘어난다. 이 동물들은 사람들의 애정 어린 관심을 모음으로써, 당시 발간된 신문이나 잡지에는 동물들에 대한 기사가 자주 실렸다. 일례로 1912년 신문 기사에는 인도산 암코끼리가 위장병으로 죽은 것을 애도하면서, 그 코끼리의 기념물을 만들어 동물원 내에 영구 보존할 계획까지도 보도되었다.[54]

이 동물원도 꽃놀이에 뒤지지 않는 대성황을 이뤄 봄에는 식물원에 만개하는 진기한 꽃들과 더불어 하루 수천 명의 관람객을 불러들였으며, 여름에는 피서납량을 위해 나온 경성 사람들이 여름을 만끽하는 동물들을 관람하는 휴게소였다.[55] 특히 일요일에는 아침 일찍부터 줄을 서서 입장하고 폐원 시간이 되면 귀가하는 관람객으로 교통 문제도 심각했던 듯하다.[56] 이렇게 박물관의 일부로 설치된 동물원과 식물원은 급속히 도시화되어 가는 생활 속에서 사람들에게 친밀한 '취미'의 공간이 되었다.

이때 박물관이 누렸던 성황은 동물원과 식물원을 포괄한 종합적인

---

51) 小宮三保松,「緖言」,『李王家博物館所藏品寫眞帖』.
52) 下郡山誠一,『李王家博物館·昌慶苑創設懷古談』.
53)『純宗』(承政院日記) 2권, 66쪽.
54)「動物園의 암코끼리의 죽음」,『每日申報』, 1912.11.14.
55)「苦炎海의 動物園」,『每日申報』, 1913.7.19.
56)「日曜의 動物園」,『每日申報』, 1915.3.17.

공원의 형식이 아니었으면 확실히 불가능했을 것이다. 고미야의 기록에 따르면, 순종조차도 "박물관에 있는 고미술보다는 동물원이나 식물원을 더 좋아하시는 것 같다. 특히 식물원의 온실에 동서양의 진기한 꽃과 나무가 풍기는 향기를 너무 좋아하신다"고 했다.[57] 이렇게 볼 때, 창경원은 순종이 '새로운 일상에 취미를 느낄 수 있는' 공간이었던 동시에, 일반 시민들이 계급에 상관없이 찾았던 말 그대로의 '낙원'이었던 듯하다. 그러나 이처럼 문명의 은혜를 입은 '경성의 취미화'에 수반되었던 것은, 전통적인 정치 중심부의 해체였다.

3. 박물관, 조선여행의 '에센스': 신영토의 전시

일본인 단체여행객들이 처음으로 조선을 찾은 것은 러일전쟁 직후인 1906년, 아사히신문사 주최의 '만한순유여행회'(滿韓巡遊旅行會)라고 알려져 있다. 이는 청일전쟁과 러일전쟁의 전적을 보고 전쟁을 추체험하고, 한국의 영화(榮華)를 상징하는 궁전들이 폐허가 된 상황을 실제로 보고 한국 쇠퇴의 필연성과 이를 식민지화하려는 문명 제국 일본의 정당성을 납득하는 여행이었다. 따라서 여행자들은 제국 일본의 발전과 일체화함으로써 보는 주체·관광의 주체가 된다. 이때, 이국의 명승고적을 바라보는 독특한 시선이 성립되는데, 이 시선은 제국의 시선에 다름 아니었다.[58]

　　이 여행을 시작으로 만선여행(滿鮮旅行)과 수학여행 붐이 일어 이

---

57) 旭邦生, 「小宮前宮內府次官を訪ふ」, 『朝鮮』, 31호(1910년 9월 1일), 京城: 日韓書房, 75쪽.
58) 有山輝雄, 『海外觀光旅行の誕生』, 東京: 吉川弘文館, 2002, 1~88쪽.

왕가박물관이 일반 공개된 1909년에도 요코하마를 출발한 만선관광단의 기사나 창덕궁을 관람한 일본인 실업학생들의 기사가 등장한다.[59] 또한 철도국이 발행한『조선여행안내』에도 이왕가박물관이 경성의 관광코스로 소개되었다. 이렇게 이왕가박물관이 일본인들의 관광지로서도 적극적으로 개방된 것은, 일본의 식민통치 전후의 명암을 분명히 해서 식민통치의 업적과 정당성을 선전하려 한 점과 연관된다. 가령 한국이 '탐험'의 땅으로 그려진 청일전쟁 이전의 경우, 일선동조론(日鮮同祖論)의 기운이 보인다고는 해도 앞서 말한 야만적인 나라로서의 인상이 끊임없이 거론되었다.[60] 그리고 이왕가박물관이 있던 창덕궁과 그 외의 궁전들은 '고래의 무수한 음모, 함정, 변란, 분규의 본거지'라는 이미지로 전형화되었다.[61]

그러나 한일합방 후에 발행된 여행안내서에는 한국이 '제국의 판도' 안에 들어가 동양의 평화가 유지됨과 동시에, 통감부 설치 이후 "경성의 천지는 금새 청신한 공기로 일소되고", "경성 개부(開府) 이래 오늘 같은 성황은 없었다"고 기술되었다. 이때 이왕가박물관은 "신라 시대 이래의 고기물, 서화 등을 진열해 공개하"고, "반도 상대(上代) 문화의 일단을 아는 데 좋은 자료"를 소장한 경성의 명승지로 소개되었다.[62] 이러한 안내서의 구성은 박물관에서의 조선 문화 전시가 '제국의 판도' 내에서의 경성의 발전상을 보여 주는 한 항목으로 취급되었음을 말해 준다.

59) 『大韓民報』, 1909.9.5, 1909.11.12.
60) 金田楢太郎, 「朝鮮探檢の結果」, 『朝鮮彙報』, 東邦學會(編), 東京: 八尾書店, 1893, 98~119쪽.
61) 香月源太郎, 『韓國案內』, 東京: 青木嵩山堂, 1902, 72쪽.
62) 朝鮮統督府鐵道局, 『朝鮮鐵道路線案內』, 東京: 東京印刷株式會社, 1911, 96~118쪽.

이러한 여행안내서의 논조는 개인적인 여행기 속에서도 그대로 반복되었다. 1914년 『풍속화보』(風俗畵報)에 11회에 걸쳐 연재된 「조선기행」은 특히 왕궁과 박물관에 관한 감상에 많은 지면을 할애했다. 이 여행기는 조선이 "신개지(新開地)로서, 신영토로서, 그리고 이민지로서 어떻게 개척되고 있는가", 그리고 "고미술, 명승지, 옛 전쟁터, 왕궁 등은 어떤 모습으로 보존되고 있는가"라는 질문으로 시작된다.[63] 이러한 문제설정은 "근대 조선에서 왕궁 안에 박물관을 설치한 사건은, 일본이 조선의 전통문화의 보호자이며, 이 대지의 관리자임을 선언한 것이다. 조선 왕조의 상징공간은 근대적인 시선 속에서 해체되어 대일본제국의 일부로 편입되었다"라는 이성시의 주장대로,[64] '신영토'에서의 '전통문화의 보호자', '이 대지의 관리자'라는 제국민의 시점에 근거한 것이었다.

특히나 조선 '전통문화의 보호자'를 자처하는 태도는 조선의 고적조사를 담당했던 학자들과 고미야 등의 박물관 관계자들이 개진했던 '조선예술쇠망론'에 근거해 필연적인 것으로 간주되었다. 1900년대 초부터 다양한 논자들에 의해 거듭 주장되었던 이 논리는 "국가가 미의 보호자임을 중단했을 뿐 아니라 미의 파괴자가 된 시대", 그래서 "명백하게 황폐와 쇠퇴의 시대"였던 조선시대와, "비교할 수 없을 만큼 전세(傳世)의 길을 수호해 온 우리 국체의 고마움", "그러한 나라의 미와, 거기에서 태어난 자의 자랑"의 대비로 나아간다. 특히 문화예술의 보호·보존과 미의 역사에 대한 자각, 그리고 국가의 역사에 대한 자각은 별개가 아니기 때

63) 岡田竹雲, 「朝鮮紀行(一)」, 『風俗畵報』 455호(1914.3), 24쪽.
64) 李成市, 「朝鮮王朝の象徴空間と博物館」, 『近代日本の文化史 2(月報 1)』(2001.12), 東京: 岩波書店, 8쪽.

문에, 문화예술의 보호 및 보존은 "어떤 것으로부터도 침범당하지 않는 국위(國威)"에 의존하게 된다. 그러므로 일본의 확고한 국위에 의해서 조선 고미술의 보호·보존시설의 정비와 고적조사가 결실을 맺어, 새로운 현대미술의 창작기를 맞이하게 되었으며, 이때 박물관은 고미술과 현대미술을 매개해 주는 곳이었다.[65] 조선여행자들의 조선 고미술의 보존 및 보호 상태에 대한 관심과 박물관 관람은, 이러한 '전통문화의 보호자'로서의 일본 제국이라는 관념의 자장 내에서 이루어졌던 것으로 볼 수 있다.

시모노세키(下關)에서 부산까지 연락선으로 간 뒤, 부산에서 경성까지 경부선으로 이동하는 당시의 여정에서 여행자들이 목격한 것은, 도요토미 히데요시의 전적과 청일전쟁의 전승지, 그리고 민둥산으로 대표되는 조선의 살풍경이었다. 그 후 도착한 경성은 "금세 청신한 공기로 일소되어 가는 곳마다 활기가 넘치는" 곳이었다.[66] 그것은 "문명의 설비가 없는 것이 없고, 내지 대도시를 능가하는" "문명적 도시의 장관"이었다.[67] 이렇게 극적인 풍경의 역전은 '망국궁'(亡國宮)[68]인 경복궁이나 길가에서 고려자기를 파는 조선인의 모습[69]과 같은 문명적 살풍경에 대한, 창덕궁이나 창경원, 그리고 이왕가박물관의 대비로 전개되었다. "이왕가가 우리 황실의 고마운 대우를 받아 평화롭고 안정되며 영광된 생활을 보내고 있"는 창덕궁과,[70] "고건축이 많이 보존되어 있는" "미술원(美

---

65) 高木紀重, 『朝鮮の古美術』, 東京: 翼書房, 1944, 294~299쪽.
66) 岡田竹雲, 「朝鮮紀行(二)」, 『風俗畵報』 456호(1914.4), 16쪽.
67) 『朝鮮案內: 施政5年記念朝鮮物産共進會』, 京城: 朝鮮總督府, 1915, 1쪽.
68) 岡田竹雲, 「朝鮮紀行(四)」, 『風俗畵報』 458호(1914.6), 15쪽.
69) 岡田竹雲, 「朝鮮紀行(六)」, 『風俗畵報』 460호(1914.8), 30쪽.
70) 岡田竹雲, 「朝鮮紀行(八)」, 『風俗畵報』 463호(1914.11), 12쪽.

術苑)"인 창경원[71]은 '취미'의 야만을 일소한 쾌거였다. 따라서 여행자는 "박물관에서 불상, 도기, 자기, 회화, 고전(古錢), 금속품, 조각물 등의 세계적인 보물 앞에서 걸음을 멈추"고, "조선의 고미술을 연구할 때 이왕가의 박물관에서 며칠을 보내고 창덕궁, 창경원, 그 외에 누각, 성문, 전당, 탑 등을 순람·탐사한다면, 실로 회심의 열쇠를 얻으리라"고 결론짓는다.[72]

이런 대비에서 알 수 있듯이, 창경원 및 이왕가박물관은 통감부 설치 이후 개조된 '문명적 도시' 경성의 중요한 관광자원이었다. 이는 일본 통치의 업적인 동시에, 황량한 식민지의 고미술에 대한 문명화된 제국의 보존·보호 행정을 과시하는 훈장과 같은 것이었다. 그러므로 이는 단지 하나의 관광 코스에 머물지 않고, 조선관광을 집약한 공간으로서 위치 지어졌다. 1920년대에 12일 정도의 조선관광 일정이 확립되었을 때, 창경원과 이왕가박물관이 여행의 이틀째에 배치된 점은 그런 사실을 뒷받침해 준다.[73] 물론 '경성 유일의 낙원이라 불린' 곳이었던 만큼 조선여행의 필수 코스였을 테지만,[74] 그 이후의 여행 일정에서 이왕가박물관의 전시가 일종의 길잡이 역할을 하도록 기획되었던 것이다.

이 「조선기행」은 마지막에 한일합방의 의의로 마무리 지어졌다. 조선여행은 '신영토'의 풍광을 맛보는 식민지 여행 그 자체였던 것이다. 1917년에 출판된 『조선 여행』(朝鮮の旅)의 저자 하라 쇼이치로(原象一

71) 岡田竹雲, 「朝鮮紀行(十)」, 『風俗畵報』, 465호(1915.1), p.24.
72) 같은 글, 24~25쪽.
73) 『朝鮮旅行案內』, 京城: 朝鮮總督府鐵道局, 1926, 1쪽.
74) 朝鮮山岳會, 『大日本山林會三十六回大會視察旅行地案內記』, 京城: 佐藤印刷所, 1926, 31쪽.

郎)는 "이처럼 좁은 국토 안에 틀어박혀 장래 세계 강국으로 웅비하는 데 필요한 물력을 어떻게 확보해 나아갈 것인가"라는 질문을 조선여행의 사명으로 삼았다. 그는 세계 강국이 모두 본국 영토의 몇 배 혹은 몇십 배나 되는 식민지를 가지고 있는 상황을 지적하면서, 국가의 재원을 마련하고 과잉된 인구를 토해 낼 장소로서 식민지의 중요성을 역설했다. 그러므로 이 여행자에게는 조선이라는 식민지 경영에 국가의 통치만이 아닌 '거국일치의 힘', 즉 "세인이 조선에 주의를 돌리고 취미를 갖는 것"이 절실한 과제였다.[75] 이러한 식민지 여행이라는 시대적 유행을 통해 구체화되는 제국의 '취미'야말로 이왕가박물관의 '취미'를 가능케 한 토대였다.

이처럼 일본 국민이 '신영토'를 체험할 기회, 즉 식민지로의 여행이 성행했던 분위기 내에서 이왕가박물관은 일본의 관광사업과 밀접하게 결부되어 있었다. 특히 수학여행은 박물관의 실물교육과 연동하는 것이었기 때문에, 박물관에 더욱 중요한 지위가 부여되었다. 일본박물관협회는 "박물관 시설이야말로 부분적으로 게다가 얕게 치우치기 쉬운 지식을 넓고 깊게 해주어, 수학여행의 취지를 철저하게 실행하는 데 최대의 조수이다"라는 취지로, 1934년 9월에 '수학여행호'를 발간했다.[76] 그로부터 약 반년 후에는 '수학여행호'의 연장선 위에서 '조선특집호'를 발행했다.

'조선특집호'에서는 현실적으로 조선산 쌀이나 인삼이 일본에서 다량 소비되고 있는 점, 일본의 금 생산량의 과반수를 조선이 점하고 있는

---

75) 原象一郎, 『朝鮮の旅』, 東京: 嚴松堂書店, 1917, 1~8쪽.
76) 「卷頭言」, 『博物館硏究』, 7권 9호(1934.9), 東京: 日本博物館協會, 3쪽.

점, 그리고 역사적으로 일본과 조선이 긴밀한 관계를 지녀 온 점 등이 일본 국민에게 확실하게 인식되어 있지 못하다는 점을 들면서, "과연 조선을 이러한 일반인들의 애매모호한 관념 속에 방치해 두어도 좋은가, 특히 지금 우방 만주국과 흙으로 연결되어 있는 이 반도에 대해서 보다 깊은 인식, 혹은 재인식이 요구되고 있는 것은 아닌가"라고 주의를 환기시켰다.[77] 이러한 문제의식은 "수많은 사적, 수많은 유품들이 또한 우리에게 조선의 재인식을 재촉하고 있다"는 사명감과 더불어 조선에의 수학여행을 부추겼다.

지금 이렇게 우릴 부르는 조선!
기회 있는 사람, 특히 젊은 학생들이 이 땅에 족적을 남기는 일은 여러 면에서 의의와 효과를 초래하고 장래를 풍부하게 해줄 것이다.
관광이든 견학이든 사업이든 만유(漫遊)이든 그 여행하는 땅의 전모를 가장 단적으로 또한 신속하게 가르쳐주는 것이 박물관 시설이라는 점은 본 협회에서 항상 제창해 온 것일뿐더러, 지금에 와서는 일반의 상식이 되었다. 박물관에서 에센스를 포착하여 거기에서 점점 범위를 넓혀 시간과 비용이 허락하는 한 각지를 방문하는 것이야말로 만전의 여행 플랜이라 할 것이다.[78]

이미 「조선기행」의 여행자가 선취한 인식, 즉 박물관을 일종의 여행 안내서로 파악하는 태도가 여기에서 다시 확인된다. 그러나 박물관에서

---

77) 「卷頭言」, 『博物館硏究』 8권 4호(1935.4), 東京: 日本博物館協會, 2쪽.
78) 같은 글.

포착할 여행의 가이드라인은 이미 '조선특집호'에 집약되어 있었다. "내지와 조선이 고대부터 하나가 될 기이한 운명", 즉 인류학상으로도 같은 종족이고, 언어학상으로도 일본어와 조선어가 가장 유사하며, 조선 남단과 일본 서쪽은 오래전부터 동일한 문화권이었다는[79] 내선일체의 운명이 그 가이드라인을 지배하고 있었다. 이 가이드라인은 박물관과 여행안내서, 그리고 개인적인 여행기 등을 통해 반복·증폭됨으로써 식민지 조선을 확고부동한 실체로 경험케 했다. "조선색이 아닌 순수한 '내지풍의 시가'"로 꾸며진 부산에서 시작해 "조선에서 만주로 들어가는 사람이 최후로 제국의 영토를 되돌아보는" 신의주에서 끝나는 여정에서 가는 곳마다 "일본과의 교섭이 없었던 곳이 없는 것처럼" 보이는 시각적 체험.[80] 이 일본화된 조선 풍경을 집약한 에센스가 '낙원'으로서의 창경원이었던 것이다.

그런데 일본박물관협회가 이렇게 적극적으로 관광사업에 관여한 데에는 또 하나의 배경이 있었다. 일본의 관광사업과 문화재보호행정이 긴밀한 관계를 갖기 시작한 것은 메이지 시대부터였지만, 제1차 세계대전 이후 관광사업을 외화 획득의 중요한 수단으로 주목하기 시작해서, 1930년에는 외국인 관광객 유치를 위한 국제관광국이 설치되었다.[81] 이 국제관광국 설치가 결정된 1929년에는 『박물관연구』에도 「외국인 관광객 유치와 관람시설」이라는 기사가 실렸다. 여기에서는 경제의 진작을 위해서 외국인 관광객의 유치가 주장되었는데, 특히 일본은 "서구 국가

---

79) 峰村三朗, 「朝鮮の文化について」, 『博物館研究』, 3쪽.
80) 「朝鮮ところどころ」, 『博物館研究』, 6~9쪽.
81) 内閣總理大臣官房審議室(編), 『觀光行政百年と觀光政策審議會三十年の歩み』, 東京: ぎょうせい, 1980, 5~40쪽.

들과 전혀 풍속 및 관습을 달리하며, 풍경이 좋은 곳이 많기 때문에 외국인 관광객의 유치에 상당한 매력을 가지고 있다"고 인식되었다. 하지만 이러한 장점을 더욱 잘 살리기 위해서는 미술관, 박물관, 동·식물원, 수족관, 공원 등, "멀리서 오는 외국인 관광객에게 위안과 만족을 줄 수 있는 관람시설을 정비해야 한다"고 주장했다.[82]

또한 1931년에는 외국인 관광객들에게 좋은 인상을 주기 위해서 박물관의 설명문을 영어와 프랑스어로 하고, 박물관 및 중요한 신사와 절에서도 간단한 영문 목록을 준비해 판매할 것이 건의됐다.[83] 1934년에는 "우리 나라의 문화를 외국에 소개하기 위해서 현재 각종 박물관에 관한 사무를 정리해서 영문 안내서를 만들 것"이 결정되었다.[84] 특히 이 영문 박물관 안내서는 1932년에 간행된 『전국박물관안내』라는 책자에 근거한 것이었다. 이 책자는 일반 여행자에게 편의를 제공하기 위해서 "전국 박물관의 소재지, 수집품의 종류, 관람·견학상의 필요한 사항을 하나의 소책자로 묶은" 것이었다. 이것을 편찬할 때 국제관광국의 직원이 참여한 것과, "본서는 국내의 여행자, 수학여행단 등에게 도움이 되도록 하는 것만 아니라, 동시에 외국인 관광객에게 편리를 제공하고 본국 문화시설의 일단을 해외에 소개하는 데 기여한다"는 간행목적을 보면, 애초부터 외국인 관광객을 염두에 두고 만들어진 것임을 알 수 있다.[85]

물론 그 '전국'이라는 범위에는 일본의 식민지였던 타이완, 홋카이도, 가라후토, 조선, 관동주가 하나의 항목으로 포함되어 있다. 그러므로

---

82) 「觀光外客の誘致と觀覽施設」, 『博物館研究』, 2권 4호(1929년 4월), 12쪽.
83) 「觀光外客と博物館説明札」, 『博物館研究』, 4권 4호(1931년 4월), 6~7쪽.
84) 「英文博物館案內」, 『博物館研究』, 7권 7호(1934년 7월), 2쪽.
85) 日本博物館協會(編), 『全國博物館案內』, 東京: 刀江書院, 1932, 1~2쪽.

일본의 관광객뿐만 아니라 외국인 관광객들에게도 일본의 식민지, 즉 '신영토'의 전시가 적극적으로 이루어졌다고 할 수 있다. 이 소책자에 열거된 각지의 박물관은 문명화된 제국으로서의 일본의 판도를 보여 주는 것이었던 셈이다. 물론 이러한 판도를 과시하는 『전국박물관안내』에 포함되었던 이왕가박물관에도 예외 없이 진열장마다 영문 설명서가 붙어 있었으며, "특별 관람자 및 외국인 관광객 중에서 특별히 희망하는 자에게는 직원이 안내설명을 하"는 것으로 되어 있었다.[86]

이러한 관광 정책과 박물관 정책을 바탕으로 1939년에는 『조선의 관광』(朝鮮之觀光)이라는 500페이지 분량의 종합적인 가이드북이 만들어졌다. 이 안내서의 표지와 조선에 관한 간단한 소개문은 일본어와 영어로 병기되었다. 그 내용은 문명화된 모던한 조선, "가는 곳마다 문화의 물결이 출렁이는 반도"의 모습을 웅변하면서, "보세요, 근대의 반도를. 즐겁고 재미있는 이 반도를 보지 않고 반도를 얘기하지 마세요. 관광과 업무, 그리고 기타의 시설들을 둘러 보세요. 반드시 얻는 바가 있을 겁니다"라며 조선여행을 독려하는 것이었다.[87]

특히 조선에 관한 영문 소개에는 "옛날의 서울과 새로운 정권하에 개조된 현재의 경성을 비교해 보는 것은 흥미로운 일이다. 미술관, 동물원, 식물원은 동양 제일이다"라는 내용이 덧붙여져 있다.[88] 여기에는 조선관광의 관람 포인트가 집약되어 있다. 하나는 기존의 여행 안내서나 여행기에서도 나타나는, 과거의 조선과 현재의 문명화된 조선의 대비이

---

86) 日本博物館協會(編), 『全國博物館案內』, 262~264쪽.
87) 今井晴夫(編), 『朝鮮之觀光』, 京城, 1939, 12~13쪽.
88) 같은 책, 34쪽.

다. 이 대비 자체가 조선관광의 중요한 관광자원 내지는 관광전략으로 취급되었던 것이다. 또 하나는 미술관, 동물원, 식물원이 그 관광자원의 제일선에 도출되었으며, 그것도 '동양 제일'이라는 칭송과 함께 빼놓을 수 없는 볼거리로 제시된 것이다.

따라서 조선의 관광지로 제일 먼저 소개된 것은 1938년에 이왕가 박물관을 이전·개관한 이왕가미술관과 창경원이었다. 이왕가미술관은 "천고(千古)의 비보(秘寶)가 일당(一堂)에 모인" "반도예술 극지(極地) 의 진당"으로 찬양되고 선전되었다. 또한 창경원은 "관광 루트의 감상장 (鑑賞場)", "백화(百花)가 서로 겨루는 꿈의 세계"로 묘사되었다. 이렇게 이왕가미술관이 조선관광에서 가장 주목받게 된 것은, 미술품을 외국인 이 왔을 때 '국민의 자랑'으로 보여 주는 것으로 인식하는 경향 때문이었 다. 1930년 『박물관 연구』에는 "국제경쟁이 문화의 우수함을 보여 주는 데에 집중되어 있는 오늘날, 국민문화를 선양하는 기념비로서 미술관은 가장 중요한 세계적 의의를" 갖는다는 주장이 게재되었다. 이때 "미술 관은 애국심·애향심의 발현"인 동시에, "국민문화·지방문화의 결정"으 로 위치 지어졌다.[89] 그러므로 『조선의 관광』에서 이왕가미술관이 전면 에 부각된 것은, 우선 박물관이 '국민문화'의 결정으로서 자국민들의 '애 향심'을 유발한다는 관념에 연동되어 있었기 때문이며, 나아가 외국인을 대상으로 '국민문화를 선양하는 기념비'로서, 경제적 이익을 가져다주 는 중요한 관광자원으로서 이용되었기 때문이라 할 것이다.

이렇게 해서 이왕가박물관을 무대로 한 '취미'의 의미망은 종국에는 제국 일본의 국민문화에의 편입으로까지 그 외연을 확장한다. 그 과정에

---

89) 矢代幸雄,「美術館問題」,『博物館研究』, 3권 3호(1930년 3월), 1~2쪽.

서 식민지 조선의 유물들을 매개로 한 '취미'의 출처와 대상은 '전통문화의 보호자'인 제국 일본을 중심으로 재편된다. 결국엔 '어원'이라는 위상이 그랬던 것처럼 순종도 대외적인 정당성을 획득하기 위한 알리바이로, 문명화된 제국의 식민지 통치를 선전하는 전시물로 사용되었던 셈이라 할 수 있다. 또한 이 '취미'의 체계를 동반한 제국의 시선을 통해 박물관에 전시된 유물들을 보게 된 식민지의 관람자들은, "미운 일본인은 동시에 고마운 일본인이기도 하다"[90]라는 판단의 혼란 혹은 분열을 경험할 수밖에 없었다. 이왕가박물관에서 전개된 일본의 박물관 정책이 식민지의 '관람자-국민'에게 초래한 이 분열은, 문명화된 상태로서의 '취미'가 제국 일본의 식민지 지배 기술이자 레토릭으로서 기능했던 점에 기인한다고 할 수 있다. 문명의 취미가 곧 제국의 전략이었던 점에 말이다.

---

90) 이는 박물관과 뗄 수 없는 관계에 있던 조선고적조사에 대한 최남선의 평이다. 그는 조선인 생명의 흔적을 일본인이 선명하게 드러낸 점은 민족적 수치이지만, 일본인의 조선고적조사사업은 세계 인류가 영원히 감사해야 할 일이기 때문에 당연히 조선인들도 감사해야 한다는 논리를 전개한다[최남선, 「朝鮮歷史通俗講話 解題」, 『週刊東明』, 1권 3호(1922년)·2권 11호(1923년)].

6장_조선-만주 관광문화영화와 극장 이벤트로서의 '동아신질서'

: 일본 도호 니치에이 아카이브 소장작 「동경-북경」을 중심으로

김한상

1. 1930년대 후반의 관광문화영화

기록영화나 뉴스릴, 혹은 교육 계몽을 목적으로 한 극영화를 포괄하는 '문화영화'가 식민지 조선을 비롯한 일본 제국의 지배권 내에서 전성기를 맞았던 것은 1931년 관동군의 만주침략전쟁과 1937년의 중일전쟁으로 이어지는 전시체제화의 흐름 속에서이다.[1] 전시체제로의 진입은 전선에서의 소식을 전달하거나 점령지의 풍물을 소개하는 등의 새로운 소재들로 문화영화의 제작 범위를 확대시켰고, 전시체제하의 식민지 대중에 대한 교육과 계몽의 필요 때문에도 문화영화의 활용 빈도는 더욱 높

---

* 본 연구는 일본 도호스텔라 주식회사 니치에이 아카이브(株式会社東宝ステラ日映アーカイブ)의 비영리 연구목적하에 자료 지원으로 이루어졌다. 또한 이 글은 『영화연구』, 43호(2010.3)에 게재된 논문 「조선-만주 관광문화영화와 '동아신질서'의 극장 경험: 일본 도호니치에이 아카이브 소장작 「동경-북경」 발견조사 보고를 중심으로」(81~114쪽)를 수정 및 보완한 것이다.
1) 김한상, 「1930~40년대 조선에서의 문화영화 상영」, 『발굴된 과거 네번째: 고스필모폰드 발굴영상 모음』(DVD 해설자료집), 한국영상자료원, 2009, 16~19쪽.

아졌다. 일본 정부와 지역 총독부 등이 제공한 세제상의 특혜나 의무 상영을 위한 법적·제도적인 지원²⁾을 통해 문화영화의 제작은 활황을 이루었고, 도호(東宝)와 쇼치쿠(松竹) 등의 일본 주요 영화사들은 안정적인 문화영화 제작 시스템을 개발하기도 했다.³⁾ 식민지 조선에서도 '(사회)교화영화'나 '선전영화' 혹은 좀더 세분화한 '위생영화', '군사영화' 등의 명칭으로 다양한 상영회가 개최된 기록이 있으며,⁴⁾ 일반 상영관에서의 상영 독려를 위한 특혜나 강제적인 상영을 위한 법적 장치들이 마련되었다.⁵⁾

이와 같은 문화영화의 호조건 속에서 돋보이는 점은 교육, 계몽, 군사(軍事) 등의 주제 이외에도 관광을 다룬 작품들이 다수 제작되고 상영되었다는 사실이다. 문헌 기록으로 볼 때 주로 1930년대 후반에 자주 보이는 관광 소재의 문화영화들은 대부분 조선총독부 철도국, 남만주철도 주식회사(이하 '만철') 등 철도 당국이 의뢰하고 니카쓰(日活), 쇼치쿠 등

---

2) 1939년 일본에서 제정된 영화법은 제15조에서 상영관의 문화영화 의무사항을 법제화했다. 김한상, 「1930~40년대 조선에서의 문화영화 상영」 참조.

3) P. B. High, *The Imperial Screen: Japanese Film Culture in the Fifteen Years' War, 1931-1945*, Madison: The University of Wisconsin Press, 2003, pp.92~148.

4) 「寧邊 衛生宣傳映畫會」, 『동아일보』, 1931.6.13, 3면; 「敎育映畫會, 府內各學校에」, 『동아일보』, 1931.11.1, 7면; 「敎育映畫會 東部隣保館에서」, 『동아일보』 1933.3.10, 조간 2면; 「少年軍主催敎化映畫」, 『조선일보』, 1935.8.18, 조간 2면; 「納稅宣傳映畫巡廻(淸州)」, 『동아일보』 1938.11.15, 4면; 「軍事映畫會(淳昌)」, 『동아일보』 1939.4.20, 석간 7면; 「軍事映畫盛況」, 『조선일보』 1939.7.9, 조간 3면; 「忠北敎化映畫會」, 『조선일보』 1939.8.8, 조간 3면; 「社會敎化映畫」, 『조선일보』 1939.8.30, 조간 3면 등.

5) 조선총독부가 1926년 7월에 반포한 '활동사진필름 검열규칙'은 1933년 개정을 통해 "영화 내용이 사회공익에 관한 것", "관공서·학교·공공단체 등이 공익을 위하여 사용하는 영화", "신문사·통신사가 공익을 위하여 무료로 공개할 영화"의 검열수수료를 면제하는 내용을 추가하였으며, 1934년 8월에 반포한 '활동사진영화 취체규칙'은 "사회교화에 필요하다고 인정할 때에는 강제상영"이라는 조항을 통해 문화영화의 조선 상업극장 내 의무 상영을 제도적으로 가능케 했다. 김한상, 앞의 글 참조.

의 영화사에서 제작하는 방식을 취하고 있다. 이는 철도를 통한 관광 상품을 홍보하기 위한 목적이 컸던 것으로 보인다. 일례로 철도국에서 니카쓰에 의뢰하여 1938년에 제작한「대금강산보」(大金剛山譜)의 경우 무용가 최승희를 주연으로 발탁하는 등 대중적 요소를 고려하였고[6] 이를 "각 선만(鮮滿) 안내소"에 배포하여 "대대적으로" 선전하였다고 하며,[7] "조선만주방면 여객의 유치선전에 많은 효과"[8]를 얻은 것으로 기록하고 있다. 이러한 노력은 작품의 시나리오를 하마모토 히로시(濱本浩)와 같은 대중작가에게 의뢰하거나,[9] 풍습과 절경을 담기 위해 로케이션 촬영을 하고,[10] 일본의 각본가들을 조선으로 초청하여 취재케 하는 등[11] 다양한 방식의 투자를 통해 이루어졌다. 이와 같은 경향으로 국내 신문자료에서 찾을 수 있는 작품들로는 조선총독부 철도국이 제작 의뢰한「겨울의 조선」,[12]「약동하는 조선」,[13]「대경성」,[14]「경성」,[15]「동무들」[16](이상 쇼치쿠 제작),「조선의 여행」,[17]「대금강산보」,「대륙에의 길」[18](이상 니카쓰 제작), 만철이 제작 의뢰한「비경열하」(秘境熱河),「초원 바르가」(草

6)「鐵道局의 映畵宣傳」,『동아일보』 1938.3.11, 조간 2면.
7)「朝鮮內旅行을 大大的으로 宣傳, 鐵道局의 主催로: 來二日에 關係者 會議開催」,『조선일보』 1938.1.18, 조간 2면.
8)「貨物宣傳映畵, 鐵道局에서 制作」,『동아일보』 1938.5.20, 조간 2면.
9)「鐵道局의 映畵宣傳」,『동아일보』.
10)「鐵道局宣傳撮影隊, 朝鮮風習을 撮影」,『동아일보』 1939.2.2, 석간 7면.
11)「風致宣傳에서 産業, 文化轉換: 觀光客誘致新方策」,『조선일보』 1939.10.26, 조간 2면.
12)「鐵道局宣傳撮影隊, 朝鮮風習을 撮影」,『동아일보』.
13)「風致宣傳에서 産業, 文化轉換: 觀光客誘致新方策」,『조선일보』.
14) 같은 글.
15)「文化映畵 "京城" 製作完成」,『조선일보』 1939.12.15, 조간 4면.
16)「鐵道局製作映畵 "동무들" 完成」,『동아일보』 1940.5.29, 석간 2면.
17)「貨物宣傳映畵, 鐵道局에서 制作」,『동아일보』.
18)「鐵道局 宣傳映畵 "大陸에의 길" 六卷最近完成」,『조선일보』 1939.3.12, 조간 2면;「貨物宣傳映畵, 鐵道局에서 制作」,『동아일보』.

原バルガ), 「만철 30년」(滿鐵三十年), 「만주대두」(滿洲大豆, 이상 아쿠타가와 코조芥川光蔵 감독)[19] 등이 있다.

버락 쿠시너는 이 시기의 문화영화들이 이처럼 '관광'을 다루면서 일본의 근대화를 선전하는 데 주력했음을 지적한다. 아시아의 맹주로서 일본의 제국 건설과 테크놀로지를 선전하는 데 있어서 식민지 조선에서 만주국을 거쳐 북중국으로 향하는 철도와 그것이 가능케 만든 관광(지)의 소개가 효과적인 수단이 되었다는 것이다.[20] 당대 대다수의 관객들에게 철도당국이 선전하는 관광지는 아직 눈으로 보지 못한 곳이었을 것이며, 철도와 열차가 가 닿는 근대화된 도시의 문물들 역시 낯설거나 경험하지 못한 것이 대부분이었을 것임을 추측할 수 있다. 따라서 이를 담아낸 문화영화는 아직 가시화되지 못한 제국의 영토, 그리고 근대화된 세계의 면모를 미리 체험케 하는 역할을 했던 것으로 볼 수 있다. 이와 같은 관광의 대리 체험으로서 문화영화 상영은 관객들이 '동아'(東亞)라는 세계를 인지케 하는 이벤트였던 것이다.

본 연구는 이러한 전제 아래 관광서사를 담고 있는 작품의 분석을 통해 식민지 시기 관광문화영화가 당대 관객들에게 보여 주려 한 것이 무엇이었는지, 그리고 그것이 목적한 바의 단일한 귀결로 이끌어질 수 있었을지를 고찰하고자 한다. 이를 통해 '관광'과 '선전'이 영화라는 시

---

19) 『동아일보』 1938년 12.8, 석간 5면의 기사 「대륙기록영화 『만철 30년』 완성」에는 감독 이름이 '芥川龍蔵'로 표기되어 있으나 '芥川光蔵'가 옳은 표기이다. 또한 기사에 나오는 「열하」(熱河)라는 작품은 1936년작 「비경열하」로 추정된다. 岡田秀則, 「CURATOR'S CHOICE/上映作品解説10 「秘境熱河」」, 『NFCニュースレター』, 18호, 1998년 3~4월호, 東京国立近代美術館フィルムセンター.

20) Barak Kushner, *The Thought War: Japanese Imperial Propaganda*, Honolunu: University of Hawai'i Press, 2006, pp.38~49.

각적 체험을 매개로 관객-대중을 조우한 극장 경험의 이론적 함의를 이끌어 내고자 한다.

2. 관광문화영화 장르와 시각주의

관광을 매개로 한 문화영화들이 비가시적인 제국의 영토와 아직 완성되지 않은 근대 세계의 면모를 보여 주려는 이벤트였다는 전제에서 시작해 보자. 여기에서 주목할 점은 이 영화들이 낯선 대상에 대한 시각적인 체험을 제공함으로써 선전의 기능을 획득했다는, 혹은 적어도 제작·배급의 주체에게 그렇게 인지되었다는 사실이다. 이는 시각적 장치가 선사할 수 있는 새로운 경험이 관객들을 특정한 방향으로 설득, 혹은 동원할 수 있다는 신념에서 나온 것으로 볼 수 있다. 그렇다면 그러한 신념을 가능케 한 인식은 무엇이었을까? 또한 그러한 배경에서 제작, 상영된 관광문화영화는 관객들에게 어떻게 다가갔을까? 이론적 함의를 살펴보자.

1) 제국과 영화: 시각의 지배

프로파간다로서의 영화가 적어도 제작 주체에 있어서는 사진적 사실 (photographic reality)에 대한 믿음에서 비롯되었음은 의심할 여지가 없다. 정부 시책과 전선의 소식을 전했던 뉴스릴 영화는 국가의 작용을 '보이는 사실'을 통해 증명할 수 있는 기제로 여겨졌고, 낯선 지역의 문물을 담아 해설적인 내레이션을 덧붙였던 기록영화들은 그 속에 담긴 '사실'들을 통해 '세계'에 대한 교육을 담당하는 것으로 여겨졌다. 이러한 사진적 증거의 나열이 선전의 목적에 부합한다고 여겨질 수 있었던 것은 그것을 제공하는 선전주체가 지식의 우월을 통한 권위를 획득할 수 있었기 때문이다. 기록으로서의 영화가 실존하는 대상을 증명할 수 있다는 이러한 믿음은 달리 말해 시각적 감각의 우위에 대한 서구 근대의 오랜 지지를 수용한 것이라 할 수 있다. 이는 하이데거가 지적한바, 플라톤에서부터 데카르트에 이르기까지 이어져 온 시각주의의 전통에서 유래한다.[21] 시각은 세계를 인식하기 위한 절대적 우위를 지닌 감각이며, 세계는 시각을 통해 객관적으로 인식된다고 여겨진다. 사진은 그처럼 시각이 보장한다고 여겨지는 객관성의 담지체로서 나타난 과학의 산물이다. 조너선 크래리는 사진이 등장한 19세기에 사진이 화폐와 상응하는 사회적 힘을 갖고 있음을 지적한다. 즉 "모든 주체를 가치와 욕망의 단일한 전 지구적 네트워크 속으로 묶어 들이고 결합시키는 총체화하는 시스템"이라는 것이다.[22] 사진적 사실은 화폐의 계량적 가치와 같이 측정 가능하고 교환할 수 있는 과학적 도구로 인정받았던 것이며, 사진적 사실의 조합으로서의 프로파간다 영화는 그러한 과학적 도구의 행위자로서 제국의 현전을 매개하는 것이기도 했다.

또한 제국의 도구로서 시각은 소유의 확장에 대한 등가물이기도 했다. 이미지는 낯선, 새로운 대상들을 포획하는 것이고, 이미지를 소비하는 우리는 이미지를 소유함으로써 대상과 그 대상을 둘러싼 세계를 소유하는 것으로 여겨진다. 톰 거닝은 관광객들이 여행지에서 사진엽서를 구매하는 행위가 "이미지를 통해 세계를 전유"[23]하려는 것임을 지적한다. 시각주의는 세계에 대한 주체의 지배와 소유 의식을 시각의 절대적

---

21) 강범석, 「시각의 로고스를 넘어서」, 『시대와 철학』, 제10권 2호, 한국철학사상연구회, 1999, 89~118쪽.
22) Jonathan Crary, *Techniques of the Observer: On Vision and Modernity in the Nineteenth Century*, Cambridge: MIT Press, 1992, pp.13~14.

힘을 통해 내면화한다. 제국 일본이 관광을 주제로 한 문화영화를 다수 만들었다는 사실은 이런 점과 연관해 해석할 수 있다. 조선과 만주가 관광문화영화의 대상으로 촬영될 때, 그 지역들은 제국이라는 시각 주체의 소유물이 된다. 조선과 만주는 영화를 통해 제국의 영토로 전유되는 것이며, 영화 속에 나타난 이들 지역의 모습은 영화라는 시각 행위의 행위자인 제국의 일부가 되는 것이다. 여기에 더해 운송기관의 움직임과 병행하는 이미지의 움직임은 확장하는 제국의 존재를 확인시키는 것이다.

2) 세계상: 그림으로서의 세계와 고양된 관찰자

그렇다면 직접 몸으로 경험한 적 없는 장소의 풍경과 낯선 문물들을 극장이라는 시청각적 체험의 공간에서 마주하는 과정은 관객들에게 어떤 기회를 제공했을까? 무엇보다 그것은 자신을 둘러싼 '세계'(world)에 대한 이해를 바꾸는 계기가 되었을 것이다. 관광 형식을 통한 낯선 문물의 시각적 체험은 접근 가능한 거리에 있는 대상으로부터 '세계'의 범위를 확장하는 경험이었을 것이며, 이는 '세계'에 대한 접근 방법을 바꿈으로써 인지 방식 자체를 바꾸는 계기가 되었을 것이다. 즉 '세계'는 물리적으로 접근 가능한 대상들의 단순한 물리적 확장에 그치는 것이 아니라 그 작동방식과 구조에 있어 다른 차원의 확장 속에 놓이게 되는 것이다.

그러나 이것을 세계에 대한 어떤 관점, 가령 서구적 근대 사상과 같은 특정한 사고 체계가 시각적으로 '번역'되는 것으로 규정할 수는 없다.

---

23) Tom Gunning, "'The Whole World Within Reach': Travel Images without Borders", Jeffrey Ruoff ed., *Virtual Voyages: Cinema and Travel*, Durham and London: Duke University Press, 2006, p.27.

세계 자체가 그림으로 제시되는바, 즉 '그림으로서의 세계'(world as a picture)가 관객의 눈앞에 제시되는 것이다. 이것은 거닝 역시 인용하고 있듯이[24] 하이데거가 개념화했던 '세계상'(Weltbild / World-Picture)을 통해 설명할 수 있다.

따라서 근본적으로 이해될 때의 세계상은 세계에 대한 하나의 상이 아니라, 세계를 상으로 파악하는 것이다. 이제 존재자 전체는, 그것이 앞에 세우고-만들어 세우는 인간에 의해 세워지는 한에 있어서만, 비로소 단지 존재자로 받아들여진다. 존재자 전체가 세계상으로 나타나는 곳에서 존재자 전체에 대한 근본적인 결정이 이루어진다. 존재자의 존재는 존재자의 앞에 세워짐(표상됨) 안에서 찾아지고 발견된다.[25]

즉 여기서 세계는 재-현(re-present)의 대상으로 선재하는 것이 아니며, 그 자체로 하나의 그림으로서 존재하는 것이다. 다시 말해 관객 앞에 나타나는 것은 '세계의 그림'(the pictures of the world)이 아니라 '그림으로서의 세계'(the world itself constituted as a picture)이다.[26] 관객들은 관광의 극장 경험을 통해 그 환영이 선사하는 세계가 "손 닿을 거리에 있다고"[27] 느끼게 되는 것이며, 이는 이미지를 통한 세계의 전유라는 시각주의의 문제와도 맞닿아 있다. 데카르트주의의 근본철학과 관련

24) Gunning, "'The Whole World Within Reach': Travel Images without Borders", pp.25~41.
25) 마르틴 하이데거, 『세계상의 시대』, 최상욱 옮김, 서광사, 1995, 42~43쪽.
26) W. J. T. Mitchell, "World Pictures: Globalization and Visual Culture", *Neohelicon*, XXXIV 2, 2007, pp.49~59.
27) Gunning, op. cit., pp.32~33.

지어 캐린 볼은 하이데거의 주장이 "그림으로서의 세계의 출현은 주체(subjectum)로서의 인간의 구성과 함께 일어난다"는 사실에 있다고 해석한다.[28] 이에 따르면 식민지 시기 관광문화영화는 제국의 확장과 산업 근대화가 구성하고자 하는 근대적 주체가 바라보는 세계의 이미지, 즉 근대인의 시지각으로 전유할 수 있는 세계의 상을 그 주체의 생산과 동시에 발현시키는 것이라 볼 수 있다.

그러나 거닝은 그러한 데카르트적 주체, 즉 "파편화된 채 관조적으로 응시하는 구경꾼(spectator)"이 아니라, "심리적으로 고양된 관찰자(observer)"[29]로서 초기 관광영화 관객의 정체를 규정한다. 이것은 사진의 충격 이전에 이미 시각체제에 결정적인 단절이 있었다는 크래리의 정의에 따른 것이다.[30] 즉 데카르트적인 의미에서 객관적인 진리를 포착하는 합목적적인 개인이 아니라, 폭발하는 주관적 질료들의 세례 속에서 자발적이고 생산적으로 주관적 의미를 획득해 내는 관찰자들이 객석의 주인이었다는 것이다. 거닝이 주된 근거로 제시하는 것이 대중관광(mass tourism)이 운송 산업 자본에 의해 추동받던 19세기 말과 20세기 초 서구의 관객 경험이라는 점에서 볼 때, 이를 일본제국하 식민지에서의 주체성 형성에까지 쉽게 일반화할 수는 없을 것이다. 그러나 여행상품 소비의 주체로서 관객들이 관광과 결부된 이미지를 실제 여행의 대용물로 체험하고자 했던 것이 아니라, 관광 이미지 그 자체를 완결적인 체험의 대상으로 즐기고 소비하고자 했던 것이라는 지적[31]에 이르면 그

---

28) Karyn Ball, "Paranoia in the Age of the World Picture", *Cultural Critique*, vol. 61 Fall 2005, pp.115~147.

29) Gunning, op. cit., pp.36~38.

30) Crary, *Techniques of the Observer*, pp.13~14, 25~26.

가 상정하는 '근대적 관찰자'의 지위와 식민지 관객들의 연결고리를 찾을 수 있다. 요컨대 식민지 관광문화영화의 관객들은 눈앞에 펼쳐진 새로운 볼거리 앞에서 선전당국이 목표로 했던 '단일한 진리'를 객관적으로 수용한 것이 아니라 그들 스스로의 욕구와 몸의 필요에 따라 세계상을 구성했던 것이라 가정할 수 있다. 다시 말해 프로파간다로서 관광문화영화의 향유에 있어서 특정한 세계관(world-view)의 설득과 이해라는 언어적 과정이 아닌 시각적 체험의 제시와 주체의 반응이라는 시지각적 과정이 보다 중요한 함의를 가지는 것이다.

그러나 현재의 시점에서 제시와 반응 양자를 온전히 분석해 내기란 한계가 있다. 이에 이하에서는 제시의 측면에서 당대 관광문화영화가 구현하려 했던 바를 구체적인 작품을 통해 분석하고, 그 속에서 단일한 의도로는 포섭되지 않게 했을 "탈출과 비상"(escape and flight)[32]의 가능성을 추적해 보고자 한다.

3. '동아신질서'의 심상지리와 영화 「동경-북경」

1) '비자발적 선전자' 혹은 '의사-제국주의자'로서 규정된 일선만지(日鮮滿支) 관광객

태평양문제연구회(Institute of Pacific Relations) 미주위원회의 일원으로 동아시아 지역과 서구의 사회적 관계를 연구했던 브루노 래스커가 1937년 7월부터 12월까지 미국에서 배포되었던 중국과 일본의 인

---

31) Gunning, "'The Whole World Within Reach': Travel Images without Borders", p.38.
32) ibid., pp.39~40.

쇄 선전물에 대해 분석한 보고서에 따르면, 관광이 프로파간다의 일환으로 조직되었다는 점은 이미 상대국인 미국에서도 간파하고 있는 사실이었다.[33] "어떤 나라의 후한 접대나 전람회, 친선 사절단, 문화적 밀사들——음악인들, 비정치적 주제에 대한 강연자들, 함께 여행 중인 극적인 동석자들——의 파견, 과학적인 학술회의나 체육대회 참여, 부족이나 공동체에 증여된 특색 있는 예술품이나 민족적인 사회생활의 좋은 면을 그린 출판물들"[34]과 같은 관광 판촉물들, 매력물들은 효과적인 선전 수단이 되었다. 일본 철도원(鐵道院)은 1913년부터 *An Official Guide to Eastern Asia: Trans-continental Connections between Europe and Asia*라는 제명의 영문 관광안내서를 간행해 일본, 조선, 만주, 지나(支那) 등을 관광지로서 소개했으며,[35] 이와 같은 서구 대상의 관광안내사업은 전시인 1930년대까지도 지속됐다. 일례로 1939년에 미국 소학교 여교원단 및 운동선수 20명을 대상으로 일본국제관광국(國際觀光局)이 초청 관광을 시행한 것은 그러한 선전의 일환이라 볼 수 있다.[36]

그러나 선전으로서의 관광이 제국의 외부를 대상으로 한 것만은 아니었다. 20세기 초반부터 시작된 일본의 관광 열풍은 철도산업의 발달과 일본제국의 영토 확장이라는 기술적, 공간적 조건 속에서 빠르게 성장했다. 조선, 만주 및 북중국으로 확장해 가던 일본 교통 산업과의 깊은

---

33) Bruno Lasker, *Propaganda from China and Japan: A Case Study in Propaganda Analysis*, New York: AMS Press, 1978(1938), pp.9~10.

34) ibid. p.9.

35) 서기재, 「일본 근대 여행관련 미디어와 식민지 조선」, 『일본문화연구』, 14집, 동아시아일본학회, 2005, 73~91쪽.

36) 이경훈, 「식민지와 관광지: 만주라는 근대 극장」, 『사이』, 6호, 국제한국문학문화학회, 2009, 73~112쪽.

연관 속에서 내지(內地)뿐 아니라 외지(外地) 여행에 대한 관심도 고조되었던 것이다. 1924년 2월에는 철도성(鐵道省), 만철, 일본우선(郵船) 주식회사, 오사카상선주식회사, 그리고 타이완철도주식회사 등의 대표자를 회원으로 하는 일본여행문화협회가 발족하였고 협회가 발행하는 잡지 『여행』(旅)이 같은 해 4월에 창간되었으며,[37] 외무성이 주관하여 1937년 전후에 시작된 동방문화사업은 문화교류, 취업연수, 어학연수 등을 위한 학생 대상 만주·조선·지나(滿鮮支) 시찰여행을 조직했다.[38] 만철과 조선총독부 철도국이 관광 홍보용으로 제작한 영화 「만주여행」 (滿洲の旅, 1937)의 '내지편'(內地篇)은 도쿄, 오사카, 시모노세키, 모지 등 일본 4개 지역에 설치된 선만안내소를 소개하면서 여행의 출발지로서 일본 본토를 자리매김하고 있다.[39] 이른바 '선만'(鮮滿) 혹은 '만선'으로 지칭되던 '조선', '만주' 관광은 이러한 외지 여행의 수요를 충족시키면서도, 일본인들에게 조선을 거쳐 만주와 북중국으로 점차 영토를 확장해 가던 자국의 경계를 확인시켜 주는 교육적 역할을 담당했다고 볼 수 있다.

선전으로서의 관광산업은 또한 피식민자였던 조선인들에게도 큰 영향을 끼쳤다. 1900년대 초반부터 조선인을 대상으로 조직되었던 '내지관광단'이 근대화된 일본의 모습을 통해 식민의 당위성을 주장하기 위한 것이었다면,[40] 1920~30년대에 활발하게 진행된 만주 관광은 제국

---

37) 나카네 다카유키(中根隆行), 「제국 일본의 '만선(滿鮮)' 관광지와 고도 경주의 표상」, 『한국문학연구』, 제36집, 동국대학교 한국문학연구소, 2009, 55~78쪽.

38) 長 志珠繪, 「戰時下の「滿支」視察旅行: 戰地と觀光·歷史の消費」, 『전북사학』, 34호, 전북사학회, 2009, 275~315쪽.

39) 南滿洲鉄道株式会社, 朝鮮總督府鉄道局 提供, 『滿洲の旅·內地篇』, 昭和12年(1937).

의 영토를 여행하는 국민으로서 조선인을 조직하는 한편, 만주와 북중국의 저개발 지역을 바라보는 발전된 지역으로서의 조선을 식민주체의 하위파트너로서 위치 짓는 것이었다고 볼 수 있다. 내지 일본에서와 마찬가지로 조선에서도 1930년 이후 경성과 평양에 '저팬 투어리스트 뷰로'(Japan Tourist Bureau)의 안내소가 설치되었고, 학교 단위의 만주 수학여행이 기획되었다는 사실[41]은 이러한 조직화가 공적인 수준에서 활발하게 이루어졌음을 보여 준다.

래스커는 이러한 관광 프로그램의 참가자들을 "비자발적 선전자"(involuntary propagandist)라고 규정한다.[42] 이것이 선전 주체와 관광객들의 분리, 선전 매개자(agency)로서의 관광객을 가정하는 입장이라면, 관광객들이 "일본 제국의 질서정연한 건설력에서 자신의 낭만적 자아를 찾"는 "의사-제국주의자"로 조직되는 것으로 파악하는 한민주의 견해[43]는 관광을 하나의 주체성(subjectivity) 형성의 과정으로 보는 입장이라 할 수 있다. 이 두 입장은 관광문화영화의 시각적 경험에 대한 앞서의 이론적 논의와도 연결되는데, 전자가 매개 과정의 주체생산을 간과하고 있다면 후자는 경험의 제공자와 경험자 간 제시와 반응의 경우의 수를 단일하게 가정하고 있다는 한계가 있다. 이에 대한 논의는 4절과 5절에서 이어가고자 한다.

---

40) 곽승미, 「식민지 시대 여행 문화의 향유 실태와 서사적 수용 양상」, 『대중서사연구』, 제15호, 대중서사학회, 2006, 229~256쪽.
41) 이경훈, 「식민지와 관광지: 만주라는 근대 극장」.
42) Lasker, *Propaganda from China and Japan*, p.120.
43) 한민주, 「일제 말기 전선 기행문에 나타난 재현의 정치학」, 『한국문학연구』, 제33집, 동국대학교 한국문학연구소, 2007, 339~366쪽.

2) 관광문화영화의 동아 심상지리지

논의의 초점을 다시 관광문화영화로 옮겨 보자. 국제관광국과 만철, 조선총독부 철도국 등이 기획한 관광영화는 일정하게 유사한 형식을 따르고 있는 것으로 보인다. 상기한 영화 「만주여행」의 '내지편'[44]이나 같은 해에 오사카상선주식회사가 제작한 「선만 주유여행」(鮮滿周遊の旅)의 '내지편'이 보여 주듯 여행의 출발지로서 여행정보를 취득하고 교통편을 마련하는 방법을 설명해 주는 내용을 담는 부분으로 일본 본토를 소개하는 챕터가 있고, 역시 같은 해에 만철영화제작소(滿鉄映画製作所)가 촬영한 「내선만 주유여행」(內鮮滿周遊の旅)의 '만주편'(滿洲篇)[45]처럼 조선, 만주 등을 독립된 챕터로 연결하는 옴니버스 구성이 그것이다. 지금부터 분석하고자 하는 「동경-북경: 조선과 만주국을 거쳐」(Tokyo-Peking: Through Tyosen and Manchoukuo, 이하「동경-북경」) 역시 그러한 옴니버스 형식으로 제작된 대표적인 사례로 볼 수 있다.

「동경-북경」은 국제관광국이 기획·의뢰하고 일본 도호 영화사가 1939년 제작한 작품이다.[46] 명확한 제작기록을 현재로서는 확보하지 못했지만 1938년 신문지면에 크랭크인 소식이 소개된 외국인 관광객 유치 목적의 관광영화[47]와 동일한 작품인 것으로 추정된다. 이 기사에 따르면 최초 기획 당시 이 작품의 촬영지는 동경으로부터 교토(京都), 나라(奈良), 오사카(大阪), 미야지마(宮島), 경성(京城), 금강산(金剛山), 압록강

---

44) 大阪商船株式会社 提供,「鮮滿周遊の旅」, 昭和12年(1937)
45) 滿鉄映画製作所 撮影,「內鮮滿周遊の旅」, 昭和12年(1937)
46) 한국영상자료원 2004년 수집본의 기증자 정보상으로는 제작년도가 1938년으로 기록되어 있었으나, 원 저작자인 도호영화사의 기록에 근거하여 1939년으로 표기한다.
47)「觀光映畵: 外國人觀光客誘致코저 內地, 朝鮮, 滿, 支를 背景으로 製作」,『조선일보』 1938년 4.9일 조간 2면.

(鴨綠江), 봉천(奉天), 신경(新京), 하얼빈(哈爾濱), 대련(大連), 승덕(承德), 산해관(山海關), 북경(北京), 대동(大同)의 각지를 담은 것으로 소개되어 있으며, 이 중 실제 촬영된 지역의 전체 범위가 어디까지인지 현재는 정확히 확인되지 않고 있다.[48] 한편 최근까지 국내에서는 작품의 일부분인 '조선(Tyosen)' 편(12분)만을 볼 수 있었으나,[49] 본 연구에서는 필자가 2008년 도호스텔라주식회사 니치에이 아카이브(日映アーカイブ)에서 입수한 38분 판본을 통해 만주국에 대한 묘사를 분석하고자 한다. 이 판본에는 '만주국'(Manchoukuo) 편 및 '북중국'(North China) 편이 수록되어 있어서 일본 제국이 만주국의 계획도시와 철도를 통해 도달할 수 있는 중국 북방 지역들을 어떻게 묘사하고 있는지를 볼 수 있다.[50] 외국인 관광객 유치를 위한 목적에 따라 영어 내레이션으로 더빙되어 있으나, 작품의 일부인 '조선' 편과 동일한 촬영으로 이루어진 일본

---

48) 일례로 이 작품은 제명에 동경(도쿄)이 명시되어 있음에도 아직까지 일본 지역을 담은 부분이 존재하는지 여부는 밝혀지지 않았다. '조선', '만주국', '북중국'으로 이루어져 있는 현존 판본의 경우, 옴니버스의 첫번째 작품인 '조선' 편의 오프닝이 작품 전체의 오프닝 크레딧과 연결되어 있어서 일본 부분이 본래부터 존재하지 않은 것으로 추정할 수 있겠으나, 내레이션의 첫 대사 "We are now in Tyosen"(우리는 이제 조선에 있습니다)가 조선 이전 부분의 누락을 추정케도 한다.

49) 한국영상자료원이 2004년 일본 Planet Bibliotheque에서 수집한 판본이다. '조선' 편과 관련하여 동일한 촬영본으로 제작된 일본어판 「朝鮮素描」를 분석한 오카와 히토미의 선행 연구는 식민지 통치 수단이 되었던 관광 정책을 조선에 대한 이미지 표상과의 연관 속에서 분석하고 있다. 오카와는 일본어판과 영어판이 동일한 촬영에 근거한 것임을 명시했으나, 김려실의 후속 연구는 오카와가 이를 간과했다고 오인하여 비판하고 있다. 오카와 히토미, 「일제시대 선전영화에 표상된 조선의 이미지: 「朝鮮素描」(1939)를 중심으로」, 이화여자대학교 석사학위논문, 2007; 김려실, 「기록영화 「Tyosen」 연구」, 『상허학보』, 24집, 상허학회, 2008, 201~227쪽.

50) 기존의 12분 본과 달리 이 판본은 '조선' 편의 마지막 1분 15초 분량을 누락하고 있으며, '북중국' 편의 일부 장면에서 사운드가 유실되었다. 본 연구에서는 '조선' 편의 누락된 부분을 기존의 12분 판본에 근거하여 분석하였다.

어판 문화영화 「조선소묘」(朝鮮素描)가 존재하는 것으로 볼 때[51] 이 작품이 제시하는 시각적 경험의 양상은 당시 일본 제국에서 만들어진 관광문화영화 일반의 그것을 상당 부분 공유하고 있을 것이라 추정할 수 있다. 본 절에서는 우선 조선, 만주, 북중국으로 독립된 옴니버스 형식의 각 지역 형상화에 대한 내용적 측면을 살펴보면서 일종의 심상지리지로서 관광문화영화 형식을 고찰해 보도록 하겠다.

(1) 조선, 여성화된 식민지와 남근적 기표로서의 철도

'조선' 편은 크게 세 가지 부분으로 이루어져 있다. 오프닝으로 금강산의 모습을 보여 준 후 경주 불국사, 석굴암 등 문화유적과 자연절경에서 시작하는 첫 부분과 근대화된 도시 경성을 소개하는 두번째 부분, 그리고 대동강 뱃놀이와 만주행 기차의 출발로 끝맺는 세번째 부분이 그것이다. 지역별로 상이한 문물과 민속이 나열식으로 전시되는 '만주국' 편이나 전반에 걸쳐 문화유적의 보고로서 묘사되는 '북중국' 편에 비해, '조선' 편은 시작에서부터 끝까지 완결적이면서도 종합적인 지역 이미지를 보여 준다. 이는 타 지역에 비해 상대적으로 오랜 식민 역사를 통해 조선이 안정적인 식민지로서의 지위를 갖추었음을 반영한다.

'조선' 편 전반에 걸쳐 지역 이미지를 형성하는 중요한 특징은 여성성이다. "어딜 가나 같은 차림의 여인들이 같은 동작으로 빨래를 하고 있다"는 내레이터의 대사처럼 인물이 나오는 대부분의 장면에서 〈사진 1〉과 같은 흰색 한복 차림의 조선 여성들을 볼 수 있으며, 빨래, 다림질같이 전통적으로 여성에게 맡겨져 오던 역할에서부터 널뛰기, 활쏘기, 전통

---

51) 오카와 히토미, 「일제시대 선전영화에 표상된 조선의 이미지」, 47쪽.

무용 같은 조선 고유의 민속 문화나 대학 교육, 신도 예식 등의 외래적 요소까지 그 수행자로서 여성이 등장하고 있다. 이처럼 조선 전체가 여성적인 이미지를 획득하게 되는데, 이는 식민지를 여성화하여 사고하는 식민주의의 일단을 잘 보여

사진 1 '조선' 편의 여성들

준다. 서양 관객을 염두에 두었을 영어 내레이션의 남성 내레이터가 빨래터의 여성들을 향해 "조심해, 귀여운 아가씨! 예쁜 손 다칠라"라고 말을 건네는 모습이나, 여행코스의 후반부에 묘사된 대동강 뱃놀이의 기생 관광 묘사는 식민자가 식민지와 피식민자를 여성적인 것으로 전시하면서 소비 혹은 소유할 것을 제안하는 전형적 장면이라 할 수 있다.

이렇게 볼 때 조선을 거쳐 만주로 향하는 기차는 그에 상응하는 남성적 이미지를 획득하고 있음을 알 수 있다. 평화롭게 묘사된 조선의 평야 한복판을 가로질러 달리는 증기기관차는 식민지의 느린 속도와 연약한 질감에 대비되는 고속의 단단한 철근 기계의 형상을 보여 준다(〈사진 2〉). 기차의 내부에는 서양식 실내장식과 함께 예법에 맞게 차려 입은 백인 남녀, 그리고 일본인 관광객들이 타고 있으며, 조선 관광이 끝남과 함께 힘차게 만주로 출발하는 역동성을 보여 준다. 선만지(鮮滿支) 관광의 운송수단이자 일본 제국의 근대성을 상징하는 철도는 이처럼 식민지를 관통하는 남근적 기표로서 제시되고 있는 것이다.[52]

---

52) 김한상, 「고전영화관: 「동경-북경(조선과 만주국을 거쳐)」 '조선'(Tyosen) 편」, 『넥스트플러스』, 52호, 영화진흥위원회, 2008.5.23, 4쪽.

사진 2 평야를 가로지르는 기차('조선' 편)

(2) 만주국, 철도가 만들어 낸 세계

'조선' 편, '북중국' 편과 비교할 때 '만주국' 편은 철도의 현전성이 특히 두드러진다. 봉천, 신경, 대련, 하얼빈, 제홀 등 만주국을 대표하는 각 지역들은 기차의 출발과 도착으로 연결됐다는 사실이 지속적으로 강조된다. 조선과 북중국에서는 기차가 여행의 시작과 끝을 연결하는 교통수단으로 제시됐지만, 만주국에서 기차는 여행과정 전반을 안내하고 설계하는 역할을 맡는다. 이는 만주국 자체가 '만철'이라는 철도회사를 통해 기획·조직되었던 역사적 현실과 무관치 않다. 1907년부터 시작된 만철의 만주지역 영업은 교통수단 제공을 표방한 회사가 바로 그 교통수단으로 식민지역을 통치하는[53] 일종의 의사-국가기구로 성장해 갔음을 보여 준다. 1931년 관동군의 만주 침공과 1932년의 만주국 건국으로 만주지역에 대한 실질적 경영권이 관동군으로 넘어갔음에도, 이 영화는 만주국이라는 식민국가의 조직원리가 여전히 철도라는 시스템을 경유하고 있음을 말해 준다. 이에 대해서는 아래 4절에서 심층분석해 보도록 하겠다.

(3) 북중국, 반서구적 공간으로서의 동양에 대한 박물학적 시선

'만주국' 편 다음으로 이어지는 마지막 편 '북중국'은 안정적인 식민지로서의 조선과 성공적인 기획도시국가로서의 만주국이 과시되던 방식과

---

53) 진시원, 「동아시아 철도 네트워크의 기원과 역사: 청일전쟁에서 태평양전쟁까지」, 『국제정치논총』, 44집 3호, 한국국제정치학회, 2004, 125~149쪽.

는 달리 탐사적인 시선으로 제시되고 있다. 북경역에 도착한 기차의 모습을 보여 준 직후 카메라는 북경 시내의 번잡한 시장가를 인파를 뚫으며 전진하여 지나간다. 약 1분간 계속되는 이 달리쇼트(dolly shot)는 새로운 광경을 두리번거리며 구경하는 관광객의 시선임을 환기시키는 역동적 움직임으로 이루어졌다. 곧 이어지는 북경 내 유적지 장면들 역시 이국적인 관광매력물로 진입하는 관습적인 표현을 잘 보여 준다. 시야를 막는 출입문을 프레임 중간을 가르며 열어 그 뒤편에 가려 있던 자금성(紫禁城)의 거대한 궁궐들 혹은 경산공원(景山公园)의

사진 3 '북중국'편. 천단(상), 경산공원 (중), 돌사자상(하)

정자들을 보여 주는 연속된 장면들이나, 천단(天坛) 옆쪽에 전통의상을 입은 중국여성을 세워 놓은 전형적인 관광엽서풍 쇼트, 그리고 돌사자 (石獅)상처럼 이국적인 조각물들을 풀쇼트-클로즈업-익스트림클로즈업 순으로 세밀하게 보여 주는 일련의 장면들은 중국이라는 '동양적' 공간에 대한 탐미적이면서도 박물학적인 시선을 담고 있다(《사진 3》). 이런 묘사는 아직 온전히 정복하지 못한 예비 식민지로서의 중국을 향한 소유-소비의 욕망을 자극하는 것이면서도, 1933년의 국제연맹 탈퇴와 1937년 중일전쟁 개시 등을 통해 점차 서구 진영과 대립하는 위치에 서

게 된 일본의 지정학적 선택을 보여 주는 상징적 장치다. 즉 '반(反)서구' 혹은 '반(反)근대'로서 '동양'이 이른바 '근대의 초극'을 위한 공간적 표상이 된 것이다.[54] 중국의 고성(古城)과 조각들에 대한 신비주의적 시선은 그러한 지정학에서 비롯된 경외감의 표현으로 볼 수 있을 것이다.

이상에서 살펴본 바와 같은 옴니버스식 구성은 일본 제국의 영향권 아래에 놓인 지역들에 대한 각기 독립적인 로컬 이미지들을 구성하고 있다. 그러나 또한 이 세 지역은 철도라는 하나의 교통수단으로 단절 없이 연결될 수 있는 하나의 관광 코스 속에 놓여 있으며, 세 개의 챕터를 연결하는 동일한 내레이터의 음성과 연속성을 강조하는 사운드트랙의 존재는 그러한 종합적 이미지를 뒷받침하고 있다. 옴니버스라는 형식을 통해 세 지역의 이야기는 동경과 북경을 잇는 하나의 여행 이야기로 통합되고 있으며, 동일한 교통수단으로 접근할 수 있는 동일한 지역권, 즉 '동아'라는 심상지리를 구성하는 것이다. 이것은 중일전쟁 이후 일선만지(日鮮滿支)를 하나의 블록으로 개념화했던[55] '동아신질서'론이 영화적으로 구현되는 방식에 다름 아니었다.

4. 제국을 여행하는 관광객으로의 시각적 훈육

그러면 이제 「동경-북경」에 나타난 시각적 표현에 대해서 본격적으로 살펴보도록 하자. 관광이라는 외부세계에 대한 경험을 문화영화라는 시

---

54) 이석원, 「대동아 공간의 창출: 전시기 일본의 지정학과 공간담론」, 『역사문제연구』, 제19호, 역사문제연구소, 2008, 271~311쪽.
55) 이상우, 「심상지리로서의 대동아(大東亞): 1940년대 전반기 희곡에 나타난 반서양주의와 인종적 상상력」, 『한국극예술연구』, 제27집, 2008, 163~201쪽.

각적인 프로파간다 체험을 통해 대신
하게 했던 당대 선전기구의 의식적·무
의식적 제시를 이 영화는 잘 보여 주고
있다. 그것은 1차적으로는 '훈육'의 측
면을 띠고 있으며, 시각의 지배와 그 속
에서 형성되는 주체성의 한 단면을 추
측케 한다.

사진 4 오프닝 타이틀 로고

1) 기하학적인 지리적 공간 묘사와 영토의
지각화

이 작품에서 우선적으로 주목할 지점
은 시각적으로 표현된 지리 관념에 있다. '조선'과 '만주국', '북중국'을
종합하는 작품 전체의 오프닝 타이틀 로고는 〈사진 4〉와 같은 애니메이
션이다. 동경에서 시작된 반원이 조선과 만주국을 거쳐 북중국으로 도착
하면, 북경에서 동경을 향하는 점선이 그어진다. 이를 통해 이 작품의 제
목처럼 동경과 북경을 잇는 가상적 경로의 생성을 형상화하는 것이다.
대륙으로의 진출을 의미하는 이런 기하학적 묘사는 조선과 만주의 철도
망을 통해 측정가능성으로서의 기하학적 근거를 확보한다.

오프닝 타이틀이 끝난 후 각 섹션별 타이틀 로고 다음 컷은 지도상
에 나타난 철도망과 도시 지점의 이미지이다. '만주국' 편의 경우를 살펴
보자. 〈사진 5〉에서 보듯이 만주국의 지도가 그려진 후 그 주요 도시들이
점으로 지도상에 표시된다. 그 후 그 각 지점들을 잇는 철도와 도로 교
통망이 선으로 각각 표시된다. 이와 같은 지도 묘사는 그 뒤에 이어지는
'출발-이동-도착'의 만주국 여행 형식과 쌍을 이룬다. 출발과 도착 지점

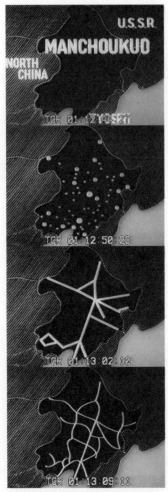

사진 5 '만주국' 편 오프닝 로고

이 되는 도시와 함께 그 지점들을 선형적으로 이어 주는 교통망의 발달이 시각화되는 양상인 것이다. 이러한 묘사에서 공간은 계량화할 수 있고 과학적으로 측정 가능한 대상이 된다. 이는 하비가 르네상스 시대의 지도에 대한 분석을 통해 "냉담하게 기하학적"이고 "체계적인" 장소감의 형성, 즉 "인지가능한 총체성으로서 지구를 바라보는 능력"의 생성[56]을 읽어 내었던 바와 연결된다. 따라서 이러한 장소감의 형성은 '세계'를 이해가능한 것으로 조망하는 총체적인 시선의 형성에 다름 아닌 것이다.

뿐만 아니라 조선과 만주국, 그리고 미래의 영토로서 중국 본토를 이처럼 기하학적으로 나타내는 것은 그러한 공간에 대한 소유 의식을 시각적으로 표현하는 것이기도 하다. 이해 가능하고 인지 가능한 대상, 계량적이고 과학적인 수치로 파악할 수 있는 대상으로서 미래의 영토를 바라보는 이 시선은 하비가 말

---

56) 데이비드 하비, 『포스트모더니티의 조건』, 구동회 외 옮김, 한울, 1994, 282~303쪽.

하는 바와 같이 "인간의 점유와 행동을 위하여 정복될 수 있고 통제될 수 있는" 공간을 표현하는 것이다.[57] 달리 말해, 이것은 '동아'라는, 아직 실감하지 못한 심상 속의 지리를 시각적으로 표현해 낸 것이라 할 수 있다.

2) 교통수단의 묘사와 새로운 장소감

3절에서 분석한 바와 같이 '만주국' 편은 전체가 기차의 이동에 따른 장소 이동으로 구성되어 있다. 〈표 1〉(다음 쪽 참조)에서 보듯이 이 작품은 만철의 주요 도시들이 기차 네트워크를 통해 이어지고 있음을 행선지 표지판의 몽타주와 기차가 도착하고 출발하는 모습을 통해 관객들에게 인지시키고 있다. 봉천(선양, Mukden)역의 인파와 역 주변으로 사람과 차량이 분주하게 지나다니는 모습은 이러한 기차 이동의 이미지와 병치되면서 신체와 교통기관을 잇는 효과를 창출하고 있다. 〈표 1〉에 수록한 봉천역 장면의 마지막 컷인 기적 울리는 모습은 종소리의 음향효과 속에서 자연스럽게 도시 속의 성당을 찍은 컷으로 연결되며, 야마타 호텔, 만주 의과대학, 상점가, 일본군 기념관, 청국 초대 황제 묘역 등 주요 관광매력물들을 연달아 보여 준다. 이어지는 다음 장면에서 내레이터는 "이제 우리 특급열차는 신경을 향해 달립니다"(Now our express runs into Hsingking)라고 설명하며 이를 통해 영화는 봉천에서 신경(장춘)으로 곧바로 이어진다. 특급열차의 빠른 이동을 전경에서 찍은 〈사진 6〉은 이러한 급격한 이동감에 근거를 부여한다.

'만주국' 편은 이와 같은 형식으로 신경, 다롄, 하얼빈 등지를 연결하고 있다. 이처럼 컷과 컷으로 분절된 장면들의 기계적 연속으로서 공간

---

57) 같은 책, 289쪽.

이미지	장면설명
	동트는 모습, 도시 전경, 기차 진입 모습
	사람들과 차량 이동 모습
	플랫폼에서 줄지어 있는 사람들
	기차의 도착
	행선지 표지판 (치치하얼/ 북경/ 신경/ 푸순/ 다롄)
	기적 울리는 모습과 성당 종소리의 몽타주

표 1 「동경-북경」중 '만주국'(Manchuokuo) 편의 첫 장면

이 인지되는 것을 쉬벨부쉬가 말한 "파노라마적 광경"[58] 체험으로 해석할 수 있다. '세계'는 출발지에서 목적지로 향해 가는 과정 속에서 파노라마와 같이 바라보아야 하는 광경이 된다. 그 과정에서 출발지와

사진 6 신경으로 달리는 기차

목적지 사이의 장소, 혹은 전진 이동을 통해 지나쳐 버린 후경(後景)은 인지할 대상에서 제외되고 만다. 주요 도시들을 통해 만주국을 소개하려는 목적의 이 문화영화는 이를 통해 만주국이라는 실제 장소를 재현하는 것이 아니라 그것을 인지하는 새로운 '장소감'을 창출하게 된다. 즉 대도시와 대도시를 잇는 철도망 속에서 그사이 공간이 생략되는 경험은 관객의 시공간 인지에서 근대적 도시 공간 이외의 장소를 탈락시키거나 혹은 폐제(foreclosure)[59]시키는 것이다. 이는 만철과 만주국이 추구하는 근대국가 모델의 공간적 표현이기도 하다.

3) 동양적 이미지와 근대화된 세계의 스펙터클의 병치

관광을 소재로 한 문화영화로서 이 작품의 형식에서 주목할 점은 근대 도시를 거점으로 다루면서도 각 지역에 고유한 전통과 풍속, 문화유산 등을 함께 묘사하고 있다는 점이다. 봉천에서 신경으로 넘어간 기차는 다롄을 거쳐 하얼빈으로 당도한다. 내레이터는 이곳을 "작은 러시아"

---

58) 이에 대한 상세한 논의는 볼프강 쉬벨부쉬, 『철도 여행의 역사: 철도는 시간과 공간을 어떻게 변화시켰는가』, 박진희 옮김, 궁리, 1999(1977), 85~86쪽을 참조.
59) 가야트리 스피박, 『포스트식민 이성 비판』, 태혜숙·박미선 옮김, 갈무리, 2005, 38~42쪽.

사진 7 '만주국' 편. 제흘 지역

(little Russia)라 부르고, 카메라는 러시아풍의 그리스 정교회 예배당을 비춘다. 그다음 장면은 하얼빈의 만철 직원들이 연주하는 전통음악과 춤을 보여 준다. 곧이어 하얼빈에서 제흘(熱河省)로 향하는 특급 열차의 빠른 이동 모습이 뒤따른다. 몽골 지역인 제흘에 도달하면 라마사원과 그곳의 전통 음악, 전통 춤 등이 연달아 묘사된다(〈사진 7〉).

즉 러시아와 몽골의 전통은 '만주국'이라는 근대국가의 다양성 안에서 설명되고 있으며, 그 서로 다른 풍속을 잇는 것은 근대적 이동수단인 철도이다. 이는 봉천과 신경의 근대적 도시의 일상과 병치되면서 하나의 전체로서의 그림을 이룬다. 지역의 민족성(ethnicity)은 철도 관광이 선사하는 관광매력물 상품이기도 하며, 다른 한편으로 파노라마화된 민족성의 나열은 만주국, 혹은 일본 제국의 심상적 지도를 완성하는 것이다. 그러나 이것을 2항에서 살펴본 전근대적 공간의 탈락과 폐제를 보완하는 장치로 볼 수는 없다. 그보다는 오히려 만주국 영토 내 각 지역의 지역성을 특정한 풍속에 환원시키는 스테레오타입화로 볼 수 있으며, 관광엽서처럼 분절된 지역 이미지들이 사이공간을 생략한 채 전체로서의 국가 지도를 만들고 있는 것으로 보아야 할 것이다.

이를 확인케 하는 것은 이들 동양적 이미지와 병치되면서 반복적으로 나타나는 근대세계의 스펙터클이다. 다시 신경을 다룬 시퀀스로 돌아가보자(〈사진 8〉). 만주국의 새 수도인 신경은 계획도시로서의 면모를 잘 보여 주는 장면들로 묘사되고 있다. 내레이터가 '신경 건설 5개년 계획'을 소개하는 동안 잘 구획된 대로와 건설 현장의 모습이 나열된다. 주로 건설되는 건물의 웅장함과 넓은 대로와 전경 등을 비추는 이 장면이 노리는 것이 산업의 스펙터클 체험임은 자명하다. 측량기사와 측량 기계는 이러한 근대도시 건설을 수행하는 과학적이고 합리적인 이성을 상징한다. 공사 현장을 보여 준 카메라는 구획된 도로를 따라 움직이는 차량과 이동을 함께하며, 꽃을 따는 아이들의 모습을 잠깐 보여 준 후, 만주영화협회의 영화 제작 현장을 경쾌하게 보여 주는 장면으로 넘어간다. 신경 시퀀스를 끝맺는 장면들은 거대한 공장의 산업 이미지와 농촌의 사과 농사, 콩 재배 모습이다. 산업 현장은 용광로에서 타오르는 불길, 뜨겁게 달궈진 쇳물, 증기가 피어오르는 공장 전경의 앙각 쇼

사진 8 '만주국' 편. 신경(장춘)

트, 그리고 공장 부지의 거대한 부감 쇼트 등으로 이루어져 있다. 근대 문물과 '동양적' 풍속 혹은 자연의 병치이다. 이러한 이미지의 연쇄는 장중한 관악기 배경의 사운드와 결합되고 있다.

이처럼 스펙터클 체험으로 유도된 산업현장 이미지는 만주국과 만주국의 수도 신경을 힘찬 기계적 근대화의 현장으로 묘사한다. 이것은 만주국 혹은 일본 제국의 영토를 소비하는 관광적 시선이 이 문화영화가 구현하고자 하는 세계의 이미지와 어떻게 결합되고 있는지를 잘 보여 주는 사례다. 산업 현장은 스펙터클로 체험되어야 할 일종의 엔터테인먼트이자 관광매력물이다. 그것은 민족적 다양성이 '동양적' 고유성의 이미지로 나열되는 사이사이에 그들 이질적 문화를 필연성으로 연결하는 가교 역할을 한다. 이는 국가의 발전과 그로 인한 풍요라는 근미래(近未來)를 미리 체험하는 것이기도 하다.

이상의 분석에서 주목할 점은 프로파간다 영화로서의 관광문화영화들이 관광지의 소개와 철도정책의 홍보 수준을 넘어서는, 어떤 적극적인 생산을 도모하고 있다는 것이다. 그것은 관객이 아직 보지 못한 근대화 결과물의 형태를 보여 주고 그 미래상을 제시하는 이미지 생산의 기제를 따르고 있다. 철도와 도시화가 제시하는 새로운 삶의 방식, 새로운 상품과 서비스, 그리고 새로운 이동과 새로운 장소의 향유는 관객들에게 아직 도래하지 않은 미래, 아직 그 실체적 이미지를 경험해 보지 못한 담론상의 언표들이다. 반면 이 영화들이 제시하는 시각적 구조물은 바로 그러한 미래적 이미지를 '경험'하게 한다. 철도여행으로 도달하게 된 만주국의 여러 거점들은 관객들에게 일본제국의 영토에 대한 정보를 줄 뿐만 아니라 그것을 보고 있는 관객들의 인지 대상을 새롭게 바꾸는 것이다. 대도시로 설명되는 주요 경유지와 목적지, 그리고 그 가운데 생략된 사이공간이라는 새로운 장소감의 형성, 계량적 수치로 설명되는 지리적이고 기하학적 공간 인지, 그리고 대도시 경험이 균질적이고 폐쇄적인 순환에 대한 수용으로 이어지는 경험은 근대화의 슬로건이 약속하는 미래에 대한 이해를 넘어선다. 관객들은 이를 스펙터클로, 이국적 관광매력물로 소비하면서 동시에 그러한 소비의 자세를 체화하고 훈육받는다.

5. 프레임의 바깥, 초-감각적 세계상과 잔여물

그렇다면 관광문화영화는 온전하게 훈육의 기제로서만 작동했을까? 혹은 그러한 훈육 장치의 작동에도 불구하고 이를 이탈하는 다른 효과들을 낳았을까? 70여 년의 시간이 흘렀고 같은 관람 경험을 공유했을 관객의 장 역시 사라지고 없는 지금 이에 대한 온전한 진단을 하기란 불가능에 가깝다. 그러나 비슷한 문제의식에서 벤야민이 말한 "영화의 유토피아적 힘"을 찾고자 한 거닝이 주목한 방법론은 줄리아나 브루노의 'transito' 개념을 끌어들이는 것이다.[60] "통과(passages), 횡단(traversals), 변이(transitions), 일시적 상태(transitory states)"[61] 등 다면적인 의미를 함축하고 있는 이탈리아어 transito는 "공과 사의 출입구, 가정의 안팎, 공간의 내부와 외부 양쪽의 차이를 부식시키며 가로지르는 '사이(in-between)'의 방법론"[62]이면서, "억제와 이데올로기의 전략으로부터 탈출하는, 영화적 향유의 부인된 원천"이다.[63] 거닝이 이러

---

60) Gunning, "'The Whole World Within Reach': Travel Images without Borders", pp.39~40.
61) Giuliana Bruno, "Bodily Architectures", *Assemblage*, no.19, Dec., 1992, pp.106~111.
62) ibid., pp.106~111.

한 문제를 속에서 주목한 것은 에디슨의 초기 관광영화 속에 찍힌 나소 (Nassau)의 흑인 아이의 모습이다. 촬영자의 프레임으로부터 갑작스럽게 달아나 버리는 어린 아이의 모습이, 원시적 삶의 스펙터클을 담고자 했던 이 관광영화의 의도를 피사체가 거부하고 해체하는 순간이라는 것이다.[64] 이 순간은 단순히 촬영자와 피사체의 관계만을 말해 주지 않는다. 지각할 수 있는 것, 잡을 수 있는 것으로서의 '세계'가 그렇지 못한 지각의 이면, 욕망의 저편과 겹쳐지는 순간이며, 제시되는 그림(像)과 이에 반응하는 관객이 욕망의 협상을 벌이는 순간인 것이다. 「동경-북경」 속에서도 이와 같은 *transito*의 순간을 찾을 수 있다.

1) 시각경험과 지배-피지배 관계의 긴장

'조선' 편의 초반 시퀀스에서 내레이터는 조선 전역 어디에서나 볼 수 있는 흰 한복 차림으로 빨래하는 조선 여성들에 대해 소개한다. 빨래터를 보여 주는 부감 쇼트에 이어 카메라는 점차 여성들에게로 접근한다. 삼삼오오 무리지어 방망이질을 하고 있는 여성들을 번갈아 비추던 끝에 한 여성에게 시선이 머물고, 화면 속의 여성은 카메라를 의식한 듯이 화면 바깥의 다른 여성을 향해 웃는다. "으흠, 이 여자 예쁘지 않습니까?" (Uhm-hmm, isn't she pretty?)라며 관객들에게 던지는 대사, 그리고 앞서 인용한 것처럼 손 다치지 않게 조심하라는 대사를 피사체 여성에게 던지는 내레이터는 관객들에게 식민지 조선의 온화한 미모의 여성을 함께 소비할 것을 요청하고 있다. 그런데 그 순간 카메라를 의식은 하되 시

---

63) Gunning, "'The Whole World Within Reach': Travel Images without Borders", p.39.
64) ibid, pp.39~40.

선은 피하고 있던 여성이 웃음기를 가라앉히고 카메라를 정면으로 응시한다(〈사진 9〉). 피사체의 위치에 있던 여성은 그 순간 카메라와 그 너머의 관객들을 응시하는 반대의 위치에 서게 된다.

이 순간은 피사체들이 카메라의 존재를 환기시키지 않는 영화 「동경-북경」 전체의 문법 속에서 볼 때 돌출적인 장면이다. 이와 같은 역-응시(reverse gaze)의 돌출성은 때때로 관객들에게 불편한 감정을 수반한다. 라다크 주민들을 촬영하는 서양 관광객들이 피사체 주민들의 역-응시에 대해 보이는 반응을 인류학적으로 분석한 연구에서 길레스피는, 관광객들이 주민들의 역-응시에 불편해하는 이유가 자신들이 그동안 다른 관광객들의 소비적인 시선에 대해 불편하게 생각해 왔던 점이 이 역-응시를 통해 자신의 시선 속에도 있음을 폭로당했다고 느끼기 때문이라고 분석한다.[65] 이러한 해석을 식민지의

사진 9 '조선' 편의 한 장면. 피사체의 역-응시.

관광문화영화 관객의 사정에도 대입해 볼 수 있을 것이다. 일본 제국의 영토를 탐방하는 관광문화영화는 관객을 의사-제국주의자로 주체화하는 과정일 수도 있지만, 이 같은 역-응시의 순간은 그러한 주체화 과정을 관객들 스스로에게 비판적으로 환기시키는 순간일 수도 있다. 혹은 보다 단순하게 볼 때, 이 순간은 시선의 주체와 대상의 관계가 역전되는 순간, 응시의 소유 관계가 뒤바뀌는 순간, 따라서 식민자와 피식민자라는 견고한 지위에 일시적인 교란이 구성되는 순간으로 해석될 수도 있을 것이다.

또한 이것은 관광지에서 포획되어 온 날것의 고유성(authenticity)으로 여겨지던 것이 그 실체를 드러내는 순간이기도 하다. 관광지에만 고유하게 존재하는 것으로 생각되는 것, 이를테면 조선 여성의 흰색 전통 복장, 빨래와 살림살이에 매진하는 순종성, 유순하고 평화적인 심성 등이 '조선' 편에서 전시되는 조선 여성의 고유성이다. 그런데 이 역-응시의 순간은 그러한 고유성이 실상 공연된(staged)[66] 것일 수도 있다는 사실을 환기시킨다. 순종적이고 수동적인 피사체 여성의 돌출적인 응시는 고유성의 신화에 상처를 입힌다.

2) 식민지로부터의 기록과 잔여물의 (비)증언

또 하나의 주목할 순간은 '조선' 편에서 인터뷰 형식으로 촬영된 조선 노인이 등장하는 장면이다. 득남을 의미하는 고추 낀 금줄을 잡은 컷 바로

---

65) Alex Gillespie, "Tourist Photography and the Reverse Gaze", *Ethos*, vol.34, no.3, 2006, pp.343~366.
66) Dean MacCannell, "Staged Authenticity: Arrangements of Social Space in Tourist Settings", *The American Journal of Sociology*, vol.79, no.3, (Nov., 1973), pp.589~603.

다음에 이어, 앉아 있는 노
인을 풀 쇼트로 찍은 이 장
면에서 내레이터는 "이 노
인은 많은 아들을 두어서 행
복하다고 말하고 있습니다"
(This grand old man says
he has only one dozen

사진 10 '조선' 편. 말하는 노인.

boys that he is happy home)라고 소개한다. 내레이션 너머로 노인이
실제로 무슨 말을 하고 있는지는 판별할 수 없다. 처음부터 내레이션에
비해 희미한 음색으로 흘러나오는 그의 음성은 관객들에게 들려 주기
위해 녹음된 것으로 보이지 않는다. 단지 내레이터가 '통역'하고 있다는
현장감을 주기 위한 기능으로 보이며, 그래서 그의 음성은 웅얼거림에
가깝게 뭉개져 있다. 그런데 약 3초간의 내레이션이 지난 후에도 노인은
8초 정도 계속해서 무언가를 말하는데, 이때 그의 웃음 띤 표정과 말하
면서 힘이 들어가는 어깨 움직임은 상대방에게 무언가를 설명 혹은 설
득하려 하고 있다는 인상을 준다(〈사진 10〉). 3초의 짧은 내레이션이 그
가 하는 말을 모두 번역하여 전달한 것인지 관객으로서는 확인할 길이
없는 것이다.

　이와 같은 해석 불가능의 장면은 관람자, 혹은 의사-제국주의자
로 조직된 주체가 관광문화영화 속에 전시된 피식민자의 행동과 언어
를 온전히 포획하지 못하는 순간이다. 불가해한, 무의미한 소리는 전
유되지 않는 비밀의 언어로 공중에 흩어진다. 이처럼 비(非)언어(non-
language)가 발화되는 순간을 아감벤이 주목한 아우슈비츠의 한 순간
과 견주어 볼 수 있다. 프리모 레비가 수용소에서 목격한 이 순간은, 죽음

앞에 처한 어느 어린 희생자의 입에서 해석되지 않는 비언어('massklo' 혹은 'matisklo')가 흘러나오는 순간이다. '증언자'이기 위해서는 '생존자'로 살아남아야 한다는 역설 때문에, 희생자는 원천적으로 증언(testimony)을 할 수 없다. 이와 같은 증언의 불가능성은 언어화된 증언의 근본적인 공백을 보여 준다. 아감벤은 증언을 하기 위해서는, 증언하기의 불가능성을 보여 주기 위해 언어가 비언어에게 자리를 내주어야 한다고 말한다.[67] 아우슈비츠의 희생자와 조선 노인의 입에서 흘러나오는 해석 불가능한 웅얼거림은 언어화할 수 없는 증언으로서의 비(非)증언이 된다. 지식을 포획하는 자로서의 관객(혹은 청자), 의사-가해자, 의사-식민자로서의 위치에 서게 된 관객이 이해·전유할 수 없는, 강제수용소와 피식민지의 증언 불가능성을 증언한다. 이해되지 않고 공중에 흩어진 비언어는 잔여물이 되어 관광문화영화의 매끈한 표면에 지속적인 굴절을 만들어 내는 것이다.

위에서 살펴본 두 가지 사례가 관광문화영화를 접했을 식민지의 관객들에게 제시되었을 '탈출과 비상'을 의미한다고 할 수는 없을 것이다. 그러나 이 두 개의 장면은 '새로운 세계'의 원리로 조직하고 훈육하는 장으로서의 영화관람 경험이 그처럼 단일하고 합목적적인 방향으로 귀결되지만은 않았을 것임을 증명하는 일종의 *transito*의 순간이다. 이 순간들이 환기하는 복수의 출구의 가능성은 극장경험이 복잡한 협상의 장이 되었을 수 있음을 말해 준다.

---

67) Giorgio Agamben, *Remnants of Auschwitz: The Witness and the Archive*, tr. Daniel Heller-Roazen, New York: Zone Books, 1999, pp.15~39.

6. 나가며: 식민지 관광문화영화의 극장경험

지금까지 「동경-북경」을 중심으로 1930년대 후반 일본 제국 영토를 배경으로 제작되었던 관광문화영화에 대해 살펴보았다. 20세기 전반 전 세계적인 대중관광의 산업적 성공 속에서 관광영화 역시 세계적으로 유행했던 장르였지만, 다른 한편으로 일본 식민지배하에서의 관광문화영화는 철도산업을 기반으로 한 일본 제국의 영토 확장과 반서구 블록으로서 '동아신질서'의 주창이라는 역사적 배경을 지닌 특수한 영화적 산물이기도 했다. 살펴본 바와 같이 그 속에서 식민지 조선과 만주, 북중국은 지역적 특성이 부각되면서도 이를 상위에서 종합하는 하나의 질서 아래에서 전시되고 있으며, 이러한 질서를 긴밀하게 조직하는 메커니즘으로서의 근대적 이동과 공간구획이 철도의 기계적 이미지를 통해 표현되고 있다. 또한 관광문화영화에서 철도의 운동감과 병치를 이루는 메커니즘이라 할 수 있는 영화적 운동은 관객들에게 새롭게 장소와 세계를 인지하는 기술을 훈련시키는 역할을 하고 있다. 이른바 '기관차식 근대성'(locomotive modernity)이라고도 부를 수 있을 이러한 특성은 근대적 교통수단으로서의 철도와 근대적 시각 경험의 장으로서의 영화가 어떻게 제국의 질서를 만들었는지를 설명해 준다. 철도와 영화는 제국을 조직하는 수단인 동시에 제국의 작동 원리인 것이다.[68]

그러나 한편으로 관광과 영화 관람 이벤트라는 새로운 경험이 가능케 했을 새로운 욕망과 이를 위한 협상의 장 역시 그러한 근대성을 이

---

68) 이상의 논의에 대한 구상과 발전적 논의가 가능하도록 유익한 토론을 해주신 유선영, 주은우 선생님께 감사의 말씀을 전한다.

루는 한 부분이었을 것임을 간과할 수 없다. 관광문화영화가 보여 주는 *transito*의 순간들은 단일하게 조직될 수 없었을 극장경험의 산만함을 증명하며, 그 속에서의 부단한 협상과 일탈의 가능성을 추측케 한다. 이러한 해석의 가능성은 지속적인 시각 선전의 장 속으로 노출되어야 했던 관객들의 경험을 단순히 '훈육과 동원'으로 설명하는 시각체제의 비관적 숙명론을 변증법적으로 지양하는 유토피아적 힘이 될 수 있을 것이다. 일본 제국의 몰락 이후에도 계속되었던 프로파간다의 세례, 즉 마셜 플랜과 점령지 원조 경제의 집행자로서 세계 각지의 발전상을 '자유진영'의 우산 아래에 그려냈던 미국 공보원(USIS)의 선전영화들, 그리고 위로부터의 동원으로 구축된 산업근대화의 발전상을 철도와 고속도로를 이용한 여행영화의 형식으로 향유케 했던 박정희 정권의 문화영화들을, 단지 강제된 적응과 설득의 도구로 보지 않고 또 다른 탈출의 계기로 읽어 내는 것이 중요한 과제인 것은 이 때문이다.

찾아보기

필자소개(논문 수록 순)

유선영 _ 성공회대학교 동아시아연구소 HK교수, syfarthom@gmail.com

윤상길 _ 신흥대학교 언론방송창작과 조교수, cyrus92@naver.com

이민주 _ 극동대학교 언론홍보학과 조교수, minju77@hotmail.com

차승기 _ 성공회대학교 동아시아연구소 HK교수, neuzeit@hanmail.net

박소현 _ 한국문화관광연구원 문화예술연구실 책임연구원, siriai73@naver.com

김한상 _ 서울대학교 사회학 박사, visual.social@gmail.com

수록논문 초출 서지사항

1장 _ 주변이 아시아를 사유하는 탈아(脫亞)의 시선과 '소소한' 역사: 제국의 '아시아' 이벤트
　　와 식민지의 트랜스내셔널리티 _ 유선영

→ '아시아 이벤트: (서로 다른) 아시아들의 경합'(성공회대학교 동아시아연구소 주최
　　학술대회, 2012.11.19)에서의 발표문을 수정·보완.

2장 _ 상상된 아시아의 화합축제, 극동올림픽: 극동올림픽 관련 스포츠이벤트에 대한 조선
　　인의 인식 _ 윤상길

→ 「상상된 아시아의 화합축제, 극동올림픽: 극동올림픽 관련 스포츠이벤트에 대한 조
　　선인의 인식을 중심으로」, 부산대학교 한국민족문화연구소 엮음, 『한국민족문화』 제
　　47호, 2013.5. 이 글은 '아시아 이벤트: (서로 다른) 아시아들의 경합'(성공회대학교
　　동아시아연구소 주최 학술대회, 2012.11.19)에서의 발표문을 수정·보완한 것.

3장 _ 인도 청년 자전거 조선 방문기: 근대의 체험과 호명된 아시아 _ 이민주

→ '아시아 이벤트: (서로 다른) 아시아들의 경합'(성공회대학교 동아시아연구소 주최
　　학술대회, 2012.11.19)에서의 발표문을 수정·보완.

4장 _ 제국의 아상블라주와 사건의 정치학: 무라야마 도모요시(村山知義)와 조선 _ 차승기

→ 「제국의 아상블라주와 사건의 정치학: 무라야마 도모요시(村山知義)와 조선」, 『동방
　　학지』 제161집, 연세대학교 국학연구원, 2013.3.

5장 _ 제국의 취미 또는 취미의 제국: 이왕가박물관과 문명화=심미화의 시각정치학 _ 박소
　　현

→ 「제국의 취미: 이왕가 박물관과 일본의 박물관 정책에 대해」, 『미술사논단』, 제18호,
　　2004.

6장 _ 조선-만주 관광문화영화와 극장 이벤트로서의 '동아신질서': 일본 도호 니치에이 아카
　　이브 소장작 「동경-북경」을 중심으로 _ 김한상

→ 「조선-만주 관광문화영화와 '동아신질서'의 극장 경험: 일본 도호 니치에이 아카이
　　브 소장작 「동경-북경」 발견조사 보고를 중심으로」, 『영화연구』, 제43호, 2010.